克敌制胜

HOW GREAT GENERALS WIN

世界著名将帅与经典战例

[美] 贝文·亚历山大　著　　尹宏毅　滕飞　译

新华出版社

图书在版编目（CIP）数据

克敌制胜：世界著名将帅与经典战例 /（美）亚历山大著；
尹宏毅，滕飞译. ——北京：新华出版社，2014.5
书名原文：How Great Generals Win

ISBN 978-7-5166-0995-8

Ⅰ.①克… Ⅱ.①亚… ②尹… ③滕… Ⅲ.①战例—分析—世界
Ⅳ.①E19-49

中国版本图书馆CIP数据核字（2014）第088468号
著作权合同登记号：图字：01-2014-1508

克敌制胜：世界著名将帅与经典战例

作　　者：[美] 贝文·亚历山大		译　　者：尹宏毅　滕　飞	

出 版 人：张百新　　　　　　　　责任编辑：张　敬
封面设计：图鸦文化　　　　　　　责任印制：廖成华

出版发行：新华出版社
地　　址：北京石景山区京原路8号　　邮　　编：100040
网　　址：http://www.xinhuapub.com　　http://press.xinhuanet.com
经　　销：新华书店
购书热线：010 - 63077122　　中国新闻书店购书热线：010 - 63072012

照　　排：图鸦文化
印　　刷：北京市新魏印刷厂

成品尺寸：170mm×240mm　1/16
印　　张：17.25　　　　　　　　字　　数：200千字
版　　次：2014年6月第一版　　　印　　次：2014年6月第一次印刷

书　　号：ISBN 978-7-5166-0995-8
定　　价：36.00元

图书如有印装问题请与出版社联系调换：010 - 63077101

目录

序　言：战争的规则虽然简单，但是很少得到遵守…………… 1

第1章　打败汉尼拔的将军 ……………………………… 1

第2章　蒙古人的奥秘：速度和诡计 ………………… 29

第3章　拿破仑和歼灭战 ………………………… 55

第4章　"石壁"杰克逊：迷惑、引入歧途和出其不意 ……… 83

第5章　谢尔曼：赢得南北战争胜利的将军 ………………… 103

第6章　1918年的巴勒斯坦战役：打破堑壕战的僵局 ……… 129

第7章　毛泽东：赢得中国 ………………… 147

第8章　1940年的法兰西战事：出奇制胜 ………………… 165

第9章　"沙漠之狐"隆美尔 ………………… 191

第10章　麦克阿瑟：在朝鲜战争中表现出两重性的人物…… 229

第11章　战争的持久统一性 ………………… 247

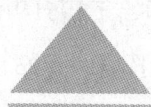

序言：战争的规则虽然简单，但是很少得到遵守

　　我对高明的将帅们如何决胜的理解，是从认识到平庸的将帅们何以不胜开始的。这个了解过程始于1951年8月炎热的一天；那时我担任美国陆军第五战史小分队的指挥官，正站在韩国东部太白山的一个山谷中，目睹美军炮火轰炸我面前大约1000码（914.4米）处的983高地。

　　这座山峰和它北面紧靠的一座相似的山峰那时还没有获得其名字——"流血岭"和"伤心岭"。在那个夏日里，站在那里目睹炮弹消灭983高地上的所有植被痕迹的我们，已经知道即将发生什么事情。

　　这次攻击将是正面的——直接地沿陡峭的山坡而上，升至海拔3200英尺（975.36米）。这次进攻还将是意料之中的：炮兵部队在山南的大量集结使朝鲜防守者们知道，驻韩美军最高指挥官詹姆斯·范弗利特少将选中了他们的防御阵地作为袭击目标。

　　因此，这场令人毛骨悚然的战争，以及紧接着发生的争夺"伤心岭"的更加可怕的战斗，从一开始就是按计划进行的，好像拿到了一个剧本，准确地照着它演出一样。

　　美军的炮火摧毁了山上所有的植被，但对共军士兵在其中隐藏的，被泥土、岩石和木料掩盖着的掩体，破坏却很少。然后，美国、韩国——在"伤心岭"上还有法国——的步兵沿着羊肠小道攀登险峰，因为这是唯一的路径。朝鲜和中国的士兵们像联合国军一样熟悉这些上山的道路，他们将其自动武器和迫击炮的火力集中对准这些小径，造成一片火海，以大量杀伤登山的联合国军步兵。

　　一切都像计划好的一样进行——联合国军的优势火力终于使这些山峰从共军手中被夺取过来——但是，代价是惊人的。联合国军的伤亡——主要是美国人——共计为6400人，而共军的损失可能达到了4万。尽管如此，联合国军司令部一无所获。它在朝鲜的战略地位丝毫也没有提高，在战术上也几乎没有获得任何好处：在"伤心岭"后面耸立着另一座同样布满掩体的山岭。它的背后屹立着许多其他的这种山峰，它们都可以由掩体来武装。

这两场令人伤心的流血厮杀，以及驻朝美国陆军第八集团军于1951年秋季下令进行的争夺制高点的所有多次战斗的唯一收获是，美军司令部终于认识到，对严阵以待的共军阵地发动正面进攻是徒劳的。对这项政策之鲁莽的认识用不着什么大彻大悟。原因很简单：再发动这样的攻击代价太高。在从7月间"和谈"开始到1951年10月底争夺制高点的进攻停止的这段时间里，联合国军伤亡达到6万人，共军的伤亡估计为23.4万人。

汲取这样一个明显的教训非要经过这样的大流血不可，这是令人难以置信的。从有组织的战争初次发生起，对有准备的防御工事发动的正面攻击通常就是失败的；这个事实在军事史书中醒目地写着，所有将领都可以看到。更为切题的是第一次世界大战的堑壕战——朝鲜战争的这一阶段对此进行了几乎丝毫不差的模仿。说它更为相关，是因为它是朝战中高级将领们的现役经历或培训内容的一部分。第一次世界大战已经为正面进攻盖棺定论，表明它是不能成功的，除非付出大量伤亡的代价，以至于"胜利者"一词变得带有嘲讽意味，因为在西部前线上两军对垒时与死神的约会中，没有任何赢家。

但是，人们并没有汲取这一教训。正是那些目睹过或者研究过第一次世界大战堑壕战的人们，在朝鲜战争中又一次下令这样做。这种做法在朝战中的结果与在欧战中的结果是相同的：人员损失惨重，战术或战略上的效益却很小。

我从"流血岭"和"伤心岭"战斗中所领教到的一点是，高明的将帅们不像朝战中下令争夺山岭的将帅们那样行事。高明的统帅不重蹈前人的覆辙。他们不把部队投入敌人严阵以待的战斗。恰恰相反，高明的统帅们出其不意，专攻敌人力量虚弱和组织薄弱的地方。

朝鲜战争以来，军事技术上的巨大进步并没有改变这个基本的真理。技术只决定着我们采用什么方法实现军事决策。武器的改进实际上使统帅们更需要避开有重兵把守的危险阵地，寻求在敌人没有预料到会遭到打击的地方决战。

特别是从越南战争以来，由于采用卫星精确导航和利用雷达、红外线、激光和其他探测装置引导"智能"炸弹和导弹打击目标，火箭和常规（非核）武器的命中精度和杀伤力惊人地提高了。这种技术进步带来了一种预言，即未来战争将在"自动化战场"上展开，武器将会十分有效，以致人员在战场上将无法幸存，战斗将由机器人和各种无人操纵的飞机、车辆和武器来进行。

但是，有一股重要的逆反潮流，它预示着战争将较少地依赖占压倒优势的火力，而较多地依靠隐蔽的小部队的行动；这种小部队通过出其不意、伏击和难以预料的调动实现其目标。

战争之所以可能正朝着这个貌似矛盾的方向转变，是因为产生了主战坦克、攻击机、战舰和火箭的技术，也造就了能够摧毁许多这种进攻性武器的武器。防御性武器比进攻性武器要廉价得多。其中有些武器一个人即可操纵。20世纪80年代苏联干预阿富汗期间，阿富汗用来击落直升飞机的高效"毒刺"式导弹就是这类武器。"爱国者"导弹在1991年的波斯湾战争中摧毁了伊拉克的"飞毛腿"导弹，并能够摧毁攻击机；而其造价只有一枚"飞毛腿"导弹价格的很小一部分，仅占一架战斗轰炸机的1%左右。

如果像技术专家们所认为的那样，坦克已经过时，有人驾驶的飞机和大型战舰造价太高，结构太复杂而且太容易受到打击，因而在防御性导弹面前无法长期幸存，那么未来的战争可能很少由无人操纵的武器和机器人在"自动化战场"上打，而较多地依靠分散的、训练有素和武器精良的小部队来打；它们狡诈地悄悄绕过障碍，其战略战术就像我们今天对游击或半游击力量所联想的那样。苏联在阿富汗输掉了这样一场战争。

人类不大可能诉诸于核战争。任何采用核弹的做法都将立即招致核报复；这种报复可能愈演愈烈，超过人类所能控制的程度，使得地球的绝大部分地方无法居住。没有任何明智的统治者想要给自己的人民判死刑。即使一个疯狂的独裁者弄到一个核装置并使用它，理智的世界领导人也几乎肯定会采取彻底解决的办法，消灭他和他的科学家们，而不会甘心遭受核毁灭。

我们这一代是看不到未来了。但是未来战争中大概将遇到统帅们从有武装冲突以来一直遇到的难题：怎样避开敌人的主力，以及如何给敌人以决定性打击。战争将发生变化，但是战争的原则将保持不变。

英格兰战略家哈特说，高明将帅的目标与3000年前的希腊传说的特洛伊战争中的帕里斯的目标是一样的。帕里斯在与希腊大斗士阿喀琉斯的战斗中避实就虚，把箭射向阿喀琉斯的唯一弱点，即他的脚跟。

美国南北战争中南方军中杰出的骑兵指挥官弗里斯特概括了高明统帅的奥秘，他说，获胜的诀窍是"率领最多的力量捷足先登"。

然而，对高明统帅的真正考验范围比这要广泛：是判断弱点在哪里，在哪里才能找到阿喀琉斯的脚跟。因为成功的指挥官集中力量打击的地方一定是敌人的要害部位。要想捷足先登，军事指挥者必须明白和实践另外一位伟大的南军领导人"石壁"杰克逊的目标——使敌人"迷惑、误入歧途和猝不及防"。

因为没有任何聪明的敌方指挥官愿意暴露自己的要害部位。他只有在被迫或受骗上当的情况下才会这样做。为实现这种强迫或迷惑，高明的统帅几乎总是以两种方式之一行事。他调兵遣将，以使敌方统帅以为他瞄准的是另外一个部位。抑或用美国南北战争中的北方军队最伟大的统帅谢尔曼的话来说，他将使敌方指挥官"左右为难"，无力守卫两个或更多的地点或目标，因而被迫为保住一地而起码让出另外一地。

纵观全部历史，有关高明统帅的引人注目的事实之一就是，除非在拥有压倒优势的情况下，他们的成功行动都是对敌人的侧翼或后部采取的，不是实际上就是在心理上。高明的统帅认识到，攻敌后部使之分散精力、猝不及防，往往使敌人溃败，因为敌人的给养、通信和增援被切断，从精神上讲，其信心和安全感也被大大削弱。另一方面，高明的统帅们知道，正面进攻使敌人的防御力量得到巩固，即使被击溃，也只不过迫使它退到后备力量和供应所在地。

长期以来，这些概念在许多军队中被普遍接受。用来对付一个虚弱或不胜其任的敌人，它们采用起来是得心应手的。例如在1991年的海湾战争中，美国陆军上将施瓦茨科普夫采用这一经典理论，在100小时内打败了拥有50万人的伊拉克军队。他以从海上发动一次两栖入侵相威胁，并派遣美国海军陆战队的两个师和另外一些兵力正面进攻科威特，从而使侵入科威特的伊拉克军队主力滞留原地；与此同时，派遣两个机动军团西进差不多200英里，进入阿拉伯沙漠。这两支部队绕到伊军后方，切断其供应线和通向巴格达的退路，将其逼入幼发拉底河、波斯湾和南来挺进的海军陆战队之间的一个狭窄的角落中。伊军数以千计地投降，抵抗力崩溃。

并非所有战争都像1991年的海湾战争那样一边倒；敌人也并非都这样愿意投降。战争中最难以估计的就是人的抵抗力。由于敌人的反应无法预料，普通平庸的统帅们往往不了解侧面或后部进攻的全部重要性；此外，通常由于敌人的顽强抵抗，统帅们不由自主地采取直截了当的战略和正面进攻，而这种做法很少具有决胜意义。

高明的统帅之所以高明并且罕见，一个因素就是他能够顶住大多数部下的要求，不急急忙忙地正面交战，并且能够认识到怎样才能避实就虚地打击敌人。

这种将领所以难得，一个原因是军界像整个社会一样，赞赏直截了当的解决办法，对不直接和不熟悉的方法持怀疑态度，给它们戴上狡诈、不诚实或偷偷摸摸的帽子。第二次世界大战中，美国人之所以憎恨日本人，一大原因是日本人对夏威夷的珍珠港这个始料未及的地点发动"偷袭"。军界和公众普遍认为，只有光明磊落地面对敌人的、直截了当的英雄的"好汉"美德才是理想的。这种英雄在美国西部的牛仔身上被浪漫化了，他一直等到对手已经伸手掏枪时才掏出自己的六响左轮手枪。

几代军人一直把战争比喻为体育。惠灵顿伯爵说，滑铁卢之战是在伊顿公学的体育场上打赢的。在当今的美军中，一种司空见惯的现象就是把战争同美式橄榄球画等号。这并非偶然。橄榄球——而不是棒球——成了战争的象征，因为橄榄球主要包括进攻者对防守者的直接挑战。同棒球相比，它肯定不是一种采用微妙伎俩、出奇制胜和施展诡计的运动项目，尽管橄榄球也能具有避实击虚的方面。直到20世纪70年代中期为止，美军的理论很像20世纪中叶在俄亥俄州州立大学进行的这种"三码和一股尘烟"的、直截了当的实力竞赛。虽然从那时以来，教学重点已经转向运动战，但是直接的解决办法和正面攻击在军界的心理中根深蒂固，很难根除。

真诚、坦率、光明磊落的领导人一直是人们的理想。因此，成功的高明统帅必须具有两面性格，一方面向部下表现出诚实和公开性，另一方面隐藏或掩盖品格中得以使敌人"迷惑、误入歧途和猝不及防"的部分。

一些高明的统帅发现这是一项艰难的任务，并在执行过程中吃了许多苦。"石壁"杰克逊就因守口如瓶，不愿把计划告诉部下而臭名远扬。虽然他的士兵因他给他们带来胜利而崇拜他，但是他们认为他很古怪、不平易近人，他的主要上司们认为他难以共事、苛求、不善于沟通。他对这些指责的回答令人很受启发："如果我能瞒过我的朋友们，我就能确保瞒过敌人。"

能够表现出高明统帅所必须具备的两面矛盾人格的人寥寥无几。此外，军队中的体制也往往使直率的人比胸有城府的人较多地获得提升。因此，大多数将帅是老实厚道的、单纯的武士，率众发动硬拼的战役，下令从正面进攻。他们所造成的成为大多数战争特点的惨重伤亡和久攻不下是预料之中的。

就连一些德高望重的统帅实际上也是胸无城府的军人，并且给自己一方带来灾难。罗伯特·E·李就是一位这样的统帅——南部邦联心目中十全十美的人物。他极为正直，有正义感和忠诚；作为一名指挥官，他的能力也远远超过与他对阵的北方军将领。但是，李自己并不是一位高明的统帅。

李在正常的和十分关键的情况下总是选择直接硬拼的做法，而不是避实就虚。例如，当1862年攻占马里兰州的行动流产时，李并没有迅速撤回到弗吉尼亚州，而是任凭自己卷入发生在安蒂坦的一场正面对抗。他没有丝毫希望获胜。这场战斗成为美国历史上流血最多的一场战斗。由于南方邦联在兵力上同北方相比处于严重劣势，所以这种伤亡很大的血战只有在争取战略上的巨大好处的时候才应当进行。坚守安蒂坦是徒劳无益的，而撤退到弗吉尼亚会保住南方的进攻力量。安蒂坦之战还使林肯获得了他发表解放黑奴的宣言所需要的北方胜利，从而确保英法两国不会援助南方邦联。

1863年，李任凭自己卷入了一场相同的消耗战。当李靠直接硬拼击溃联邦部队的努力失败后，他一错再错，使北弗吉尼亚军的最后一点进攻实力在穿越将近一英里弹坑累累的开阔地的皮克特冲锋中被摧毁。这场正面进攻在开始之前就注定要失败。朗斯特里特等将领认识到这一点，李本人在战斗灾难性的结尾时也承认了失误；而此时冲锋的1.5万名士兵当中只有一半回到南方邦联的阵地。

但是，当李在葛底斯堡与波托马克联邦军遭遇时，他的处境并不危险。他当时位于联邦军的北面；由于在这一方向上的给养比撤回到弗吉尼亚要多得多，所以他本来能够不费吹灰之力就冲破联邦军的阻拦，攻占哈里斯堡或约克，从而在一个方向上威胁费城，在另一方向上威胁巴尔的摩，在第三个方向上威胁华盛顿。倘若波托马克军的主力撤退回去守卫首都，李本来可以沿萨斯奎哈纳河向东南挺进，威胁费城或巴尔的摩。假如联邦军司令米德按兵不动，守卫华盛顿，李本来可以攻占巴尔的摩。那里是通往北方的所有铁路线的汇聚点，因而他本可切断华盛顿的增援和给养。如果米德出兵保卫巴尔的摩，李可以渡过萨斯奎哈纳河，夺取费城。费城当时是美国第二大城市，对北方来说，失去它会是一场灾难。

另外一位很有名气但几乎输掉南北战争的统帅是北方的尤利塞斯·S·格兰特。在1864年的弗吉尼亚战役中，格兰特一次又一次地将其军队投入对严阵以待的南方邦联军队的正面进攻中。格兰特的目的是要摧毁李的部队，但他差一点毁掉自己的军队，从春季的野战到仲夏的彼得斯堡僵局为止，他损失了自己全部实力的一半。到这次战役后期，格兰特的部队不再愿意竭力进攻了，因为他们知道自己会被打败。的确，在冷港，联邦军的士兵们确信自己必死无疑，因而在冲锋之前把自己的名字和住址贴在军装背后，以便家人在战斗结束后能够得到通知。

格兰特唯一的战略成功不是靠战斗，而是靠部队的转移获得的。他渡过詹姆斯河，逼近南方供给里士满给养的主要铁路，因为他没有再次直接硬拼，而是决定悄悄渡过詹姆斯河，使敌人猝不及防，攻占彼得斯堡。他几乎失败；弗吉尼亚的战争出现僵持局面；是谢尔曼，而不是格兰特，通过袭击南军的尾部打破了这一僵局。

类似于李和格兰特行动思路的直接行动促使德国在两次世界大

战中战败。在第一次世界大战初期，德军司令毛奇破坏了谢里芬伯爵的著名计划，即派遣德军主力"迂回"到巴黎西面和南面。这个德军主力之"锤"按计划将回到北面，利用位于法德边境上的堡垒之中的德军之"砧"粉碎法军和英军。毛奇放弃横渡塞纳河的迂回包抄，而是在河北面发动正对巴黎的直接进攻。这使法军得以阻止德军的前进道路，制止德军的进攻，造成持续到1918年的堑壕战僵局，从而创造"马恩奇迹"。

1942年年底，希特勒坚持主张正面进攻斯大林格勒，而不是在还来得及的时候撤走德军，结果使一支庞大的德国军队毁于一旦，并失去了在东线的主动地位，最终将战争输给了俄国人和其他盟国。

本书旨在利用具体实例表明，以往的高明统帅们如何应用由来已久的战争规则和原理而制胜，即使只不过因为他们抢在对手前面运用了它们。这些规则不是像代数公式那样需要机械地照搬的方法，而是必须技艺高超地看情况而应用的概念。它们不是只有军事专家和军事指挥及参谋学院的高年级学生才能懂得的、深奥的抽象理论，而是两个国家或国家集团进行殊死的战争时用来解决常见问题的对常识的运用。

每个交战者的目的都是使对手服从他的意志，试图引诱别人遵照其意愿行事。这是适用于个人、集团和国家的很平常的人类宗旨。普通的人类争端和战争的唯一区别在于，战争是一方对另一方施加武力的暴力行动。倘若一方不动用武力即能实现其目的，它当然会这样做，因为除非存在抵抗力量，没有任何国家会发动攻击。19世纪普鲁士理论家卡尔·冯·克劳塞维茨所下的定义是，战争是国家政策通过其他途径的继续。

看来可能很明显的一点是，卷入任何冲突的每个个人、集团和国家都始终应当采用帕里斯在特洛伊战争中所采取的策略，只打击阿喀琉斯的脚跟。但是，战争和人际关系的历史结论性地表明，人类经常忽视或看不到对敌人或对手迂回包抄的机遇，而是正面打击他们所看到的最明显的目标。

人们并不经常实际或比喻性地迂回到其对手的后面去。经过100万年的文化熏陶，人类已经习惯于在一个集团中合作。这种熏陶使得我们忠诚于自己的集团，对自己集团的敌人采取好斗态度。不论是与朋友合作还是同敌人斗争，我们的趋势都是直截了当，而不是避实就虚或迂回包抄。

只有非凡的人才能把与敌人正面对抗的原始欲望，同为使敌人猝不及防和易受打击而掩盖或隐藏自己的行动的必要性相分离。但这却是成为高明统帅的唯一道路。大约在公元前400年，中国著名战略家孙子写道："兵者，诡道也。故能而示之不能，用而示之不用，近而示之远，远而示之近。利而诱之，乱而取之。"孙子还写到，在战争中，"避实而击虚"。

许多人误解了战争中的真正目的。这一目的并不像众多军界和文职领导人所认为的那样，是在战场上摧毁敌人的武装力量。这一简称为"拿破仑主义"的观念在一个多世纪以来的军事教科书和规章的编写和制订中，以及在参谋学院的教学中，都曾占据主导地位。

拿破仑本人并不是这一理论的始作俑者，尽管正如哈特所指出，它来自于拿破仑在1806年的耶拿之战以后的做法，即倚仗重兵，而不是依靠机动性；机动性在此之前一直主宰着他的战略。耶拿之战后，拿破仑只关心战斗，信心十足地认为，短兵相接，他能够毁灭对手。

拿破仑后来的以纯粹进攻实力为基础的战役使得早些时候的战役中可供借鉴之处变得不明显了；在早期战役中，拿破仑把诡计、机动性和出其不意结合起来，在节省大量实力的情况下取得巨大战果。克劳塞维茨对拿破仑后期的战役印象最深刻，并且成为"大兵团作战的鼓吹者"，把注意力集中在大规模战斗上。这一理论适合于普鲁士为实现"全民皆兵"目标而大量征兵的制度。这一观念在1870至1871年的法普战争中获得胜利，因为普鲁士的优势兵力占据了有利地位。此后，另外一些强国迫不及待地模仿了德国的模式。第一次世界大战表明，统帅们的厮杀欲望与最新研制出的机关枪使战争沦为大规模屠杀。虽然其结果是给欧洲的青年们造成大量伤亡，但是认为战争是为了在战斗中消灭敌人主力的观点继续影响——在许多情况中还指导了——我们的思维，直到今天仍旧是这样。

但是战争的目的根本不是厮杀，而是实现更加完善的和平。要实现和平，战斗者必须破坏敌国人民打仗的意志。没有任何国家为打仗而发动战争。它发动战争是为了实现国家的宗旨。一个国家要实现这一目的，可能必须消灭敌人的军队。但这种毁灭并不是目的，而只不过是达到目的的附带副产品或者是手段。

倘若一位指挥官研究一下他在战争结束时所要寻求的和平，他可能会发现许多这样的实现和平的途径，即避开敌人主力，打击一些目标，从而破坏敌人作战的愿望或能力。第二次布匿战争中伟大的罗马军队统帅西庇阿不理睬敌军，而是出其不意地攻占敌军大本营、今天的卡塔赫纳，从而削弱了迦太基对西班牙的控制。在1814年的拿破仑战争末期，盟军避开他的军队，而攻陷巴黎，从而使法国人民丧失信心，放弃努力，迫使拿破仑投降。1864年年底和1865年年初，谢尔曼的军队很少打仗，但是却向佐治亚州和南北卡罗来纳州进军，从而破坏了南方人民打仗的意志，使许多叛军士兵纷纷开小差回家。

克劳塞维茨懂得，战争的目的是政治性的，而不是军事性的，并且在其著作中实际表达了这一观点。但是，他的句法和逻辑晦涩难解，以致从他的著作中获得灵感的军人们不大注意他的观点的限制条件，而较多地注意了他的概括性语句——"流血的解决办法，摧毁敌军是战争的长子"；"让我们对有的将领不造成流血就实现征服的论点充耳不闻吧"。克劳塞维茨对作战的重视显示出了其理论的一个矛盾。因为假如战争是政治的继续，战争中所要实现的目标就是主要目的。但是，克劳塞维茨重视战争的胜利，因而只期待着战争结束，而不是战争结束后的和平。

虽然克劳塞维茨实际上是说，战争是达到一国目标的最通常的办法，但是几代喜欢正面作战的军人未能权衡其论点的矛盾之处，也不能理解其晦涩的论点，因而理解为战争是唯一的途径。

我们现在能够给军事战略或指挥战争的目的下定义了。这就是缩小抵抗的可能性。高明的统帅利用运动战和出其不意等手段消灭或缩小抵抗的可能性。正如孙子所说："不战而屈人之兵，善之善者也。"为实现这一目的，孙子为成功的统帅出谋划策："攻其无备，出其不意。"如果统帅率军出现在敌人必须迅速前往保卫的地点，那么敌人的精力很可能分散，并且很可能削弱其他地点的防御力量，或者将其放弃，因而促成自己战败，或者使自己失败无疑。速度和机动性是战略的基本特点。拿破仑说："空间我们能够收复，时间绝对不能。"

在以下的本书各章中，我们将考察像拿破仑这样高明的统帅们是怎样实践战争原理的。在这里简要概述一些最主要的原理可能是有益的，为的是使高明统帅们的行动易于追踪。

B·H·利德尔·哈特的两句格言体现了巨大的军事智慧。他说："成功的统帅选择（敌人）最没料到的路线或行动方向；他利用抵抗力量最弱的路线。"

虽然这两则警句听起来似乎是不说自明的，但是统帅们很少按其行事，在它们被用来对付他们时也不知晓。"流血岭"和"伤心岭"之战是在敌人最预料到的和其抵抗力量最强大的战线上展开的。1940年5月，当德军入侵低地国家时，英军和法军的指挥官所考虑的只是迅速出兵比利时，以便从正面抗击他们所认为的德军主要的、也是正面的进攻。这使德军得以出其不意，越过"不可逾越的"阿登高原，在色当突破敌人防线。德军既已迂回到盟军背后，便能够奔向英吉利海峡，沿途所向披靡。类似的，1941年12月，美国领导人预料，敌人将在东印度群岛，也许还有菲律宾发动进攻。因此，日军对珍珠港的空袭使之猝不及防。

成吉思汗及其大将速布台实行了用兵的另外一项原则；这项原则在速布台1241年入侵东欧时得到完美的运用。我们不知道蒙古人对它的称呼，但是，18世纪初的法军战略家皮埃尔·鲍塞独立地构思了同一原理，称之为"分进合围的计划"。

速布台向欧洲派遣了4支彼此分离的部队。一支部队冲入喀尔巴阡山脉以北的波兰和德国，在那一方向上吸引了所有的欧洲力量。其他三支部队在相距很远的不同地点进入匈牙利，威胁若干不同目标，因而使奥地利等国的军队无法同匈牙利军队联合。这三支蒙古部队然后在布达佩斯附近的多瑙河畔会师，以对付现已孤立无援的匈牙利人。

鲍塞建议，将帅们应当将其进攻力量分散成两支或更多的前进部队，这些部队在必要时能够迅速重新会合，但却采取威胁多个目标的行动路线，从而使敌人不得不守卫这些众多目标，被迫分散力量，无法集中兵力。倘若敌人封锁一条进攻路线，统帅们便能够立即在另外一条路上形成攻势，以便为同一目的服务。联邦军将领谢尔曼在1864年至1865年的佐治亚和南北卡罗来纳进军中采用了这一方法。他的彼此相距很远的分进部队威胁着两个或更多的目标，使邦联军被迫分散力量保卫所有的目标，因而无法守卫任何一个目标。这使叛军在大多数情况下都不战而放弃保卫兵力薄弱的阵地。

像谢尔曼和速布台一样，采用"分进合围计划"的进攻者往往能够在敌人作出反应、集中兵力对付他之前将兵力合起来夺取一个目标。

一个与此大同小异的做法是部分兵力汇集起来攻击一个已知目标，而其余兵力包抄其后部。

在1862年的谢南多厄谷地战役中，"石壁"杰克逊利用纯粹的诡计实施了略加修改的这种计划；他沿着主要道路正面进攻联邦军主力，然后悄悄改变路线，翻越一座高山，出其不意地降临在联邦军侧翼和后方。

拿破仑对鲍塞的分进合围计划加以发挥，他把单独挺进的部队分散得彼此相距很远，犹如一张沉重的渔网。这些部队能够迅速集中起来包围在路上遇到的任何孤立的敌人。

拿破仑的战绩在很大程度上还归功于另外一位18世纪法国理论家——吉伯特。吉伯特提倡灵活机动的战略战术，以集中优势兵力攻击敌人的一个弱点，迂回到敌人侧翼或后方。拿破仑充分利用了机动的战术，张开一张浮动的大网。这使他的敌人大惑不解，无法揣摩拿破仑的真实目的。他们通常分散自己的兵力，希望反击拿破仑的迷惑行动。这时拿破仑便迅速集中起其分散的部队，以便在一支单一敌军获得增援之前将其消灭，抑或用自己的全部军队犹如神兵天降，打击敌人的后部。

拿破仑的战略绝招就是"迂回包抄，攻其后部"。他的用兵之道体现了孙子的训谕：攻其无备，出其不意，避实击虚。战争的艺术妙就妙在在敌人的弱点上形成强大兵力。

拿破仑增添了一个获胜的要素，即经常占据敌人后方的优势地形，譬如一条山脉、峡道或河流，在那里建立战略要塞，防止敌人撤退或获得给养和增援。例如，在1800年的意大利马伦戈战役中和导致他于1805年在奥斯特利茨获胜的乌尔姆战役中，拿破仑就是利用战略要塞而获胜的。到美国南北战争时，已经没有必要夺取有利地形了。军队依靠铁路供给给养和兵源。只要在敌后阻塞一条铁路线，就能建立一个战略要塞。1863年，格兰特将军在密西西比州的杰克逊就是这样做的，从而在维克斯堡使南方军孤立无援。这导致该市的投降、密西西比河向联邦船只的开放和南方邦联失去密西西比河流域各州。

攻敌后方由于一些原因而具有毁灭性。敌人如果被迫改变前线位置，他往往会方寸大乱，无力应战或降低作战效率。一支军队像一个人一样，对来自后方的威胁比对前方的威胁要敏感得多。因此，攻其后部容易造成恐惧和混乱。此外，包抄敌后往往打乱敌军的部署和组织，可能使之彼此分离，威胁其退路并危及给养和增援部队的运送。一支现代军队在没有食物增添的情况下能够生存一段时间；但是，在缺乏弹药和机动车燃料的情况下只能维持几天。

攻敌后部对敌军士兵造成严重的心理效应。而对敌军指挥官尤为如此。这样做往往在敌军指挥官的心里造成中计和无力抗拒的恐惧。在极端情况下，这可能会导致敌军指挥官决策能力的丧失和军队的溃败。

攻敌侧翼或后部必须出奇，才能完全制胜。不论战术、实战还是战略，都应遵循这一原理。倘若敌人预料到后方受到攻击，他往往能够调兵遣将来应战，并且通常做好自卫的准备。此外，在一般情况下，只有当敌人被前方其他部队所牵制而腾不出兵力的时候，或者当他无法及时派兵应付突然袭击的时候，攻敌后部才能成功。

普鲁士的腓特烈大帝没有充分理解这一原理，战斗中损失惨重，以致他几乎丧失自己的国家。虽然腓特烈总是采取迂回战术，但是他的侧面和后方攻击的迂回路线太短，而且并没有出其不意。例如，1757年，他发现奥地利军队牢固地驻守在布拉格的河畔。他只把少量兵力留下来掩盖自己的计划，率军沿河而上，渡过河去，挺进到奥军右侧。奥军探知了这一行动，及时改变了前线方位。普鲁士步兵试图越过一个被火力严密封锁的缓坡发动正面进攻，结果成千上万地倒下。多亏了普鲁士骑兵出其不意地到来，才扭转了败局。

　　实战的基本方案是一场会合式的进攻。指挥官通过把攻击力量分成两个或更多部分来达到这一目的。在理想情况下，所有部分都在同一时刻袭击同一目标，并密切配合，但攻击的方向或路线却各不相同，从而使敌军的所有兵力都疲于应战，无法相互援助。有时一部分兵力牵制住敌人或分散其注意力，而其他兵力迂回突袭攻破防线。

　　一场真正的分进合击与由一支部队佯攻或牵制敌人，以分散敌人对主攻的注意力是截然不同的。千百年来，无数的指挥官采取被精明的敌人识破的、明显是佯装的行动，以致使自己的希望破灭；抑或试图打击的目标很分散，以致敌人的兵力没有分散，能够击退每次攻击。

　　一个分进合围的主要战例发生在"三十年战争"期间的1632年：瑞典的古斯塔弗斯·阿道弗斯架起大炮并点燃秸秆以制造烟幕，同时在巴伐利亚的莱希河上的一点发动进攻，从而使奥地利的蒂利元帅被牵制；与此同时，另外一支瑞典部队从上游一英里处的一架浮桥上渡过莱希河。在来自两个方向的同时夹击下，蒂利无法保卫两点之中的任何一点。他的军队败退下来，他本人也受了致命伤。

　　拿破仑的典型作战计划是"包围、突破和扩大战果"。他发动强大的正面进攻，从而吸引住敌人的注意力，使敌军全部后备力量都投入战斗。这时，拿破仑调遣大军进攻紧靠敌人给养和撤退路线的敌人侧面或后部。当敌人从前线调兵保卫侧翼时，拿破仑便在正面主要前线的一个被削弱的部位打开突破口，派骑兵和步兵从此处造成突破，然后用骑兵击败和迫击溃不成军的敌人。

　　在朝鲜战争中，挺进中的中共部队采用了类似的策略。他们把主要的攻击放在夜间进行。他们的一般计策是出兵攻打敌人阵地的侧翼，以切断其逃跑路线和给养道路。然后，他们在黑暗中发动正面和侧面的夹击，以便与敌人短兵相接。中国部队一般从几方包围一支敌军小部队的阵地，直至实现突破，要么消灭之，要么使之被迫撤退。中国人然后悄悄前进，再攻击下一支小部队的暴露着的侧翼。

伟大统帅们所恪守的原则都不高深难懂。实际上，一旦采用成功，这些原则便暴露出其内在的简单，看上去很显而易见，有时还是唯一合乎逻辑的解决办法。但是，一切伟大思想都是简单明了的。诀窍在于，要赶在别人前面明白它们。本书所讲述的就是高瞻远瞩，在别人之前认识到明显道理的统帅们的事迹。

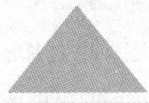

第1章 打败汉尼拔的将军

　　同其他威胁相比，罗马共和国在第二次布匿战争（公元前219年至202年）中所受到的来自商业大国迦太基的威胁远远严重得多；迦太基由腓尼基人创建，位于当今北非的突尼斯附近。迦太基人在汉尼拔身上拥有了所有时代中最伟大的军事天才之一。汉尼拔曾经发誓，要报罗马在公元前241年结束的第一次布匿战争中打败迦太基之仇。汉尼拔所激起的恐惧深深地渗透罗马人的思想，以致只要喊一声"汉尼拔在门口！"便能吓住几代的儿童。

　　由于罗马控制着地中海西部，所以汉尼拔决定不从海上进攻意大利。他选择了率领他在西班牙组成的一支迦太基大军，绕过这一水上屏障，从陆路进攻。在第一次布匿战争后的年代里，汉尼拔的父亲哈米尔卡在西班牙建立了一个强大的基地。

　　从公元前218年3月起，汉尼拔的5万步兵、9000骑兵和80头大象翻

统帅1：汉尼拔

越了比利牛斯山，跨过南高卢。汉尼拔回避了罗马执政官老西庇阿所率领的、姗姗来迟、试图在马塞阻止他前进的罗马军队，掉头向北挺进，顺罗讷河而上。西庇阿没有试图追击汉尼拔，而是派遣由其兄弟戈尼斯率领的、他自己的军队到西班牙去，试图阻止剩下的其余迦太基部队增援。他本人则到意大利北部去筹建新的军队，并且以逸待劳，准备迎战汉尼拔。此举是使罗马最终获胜的根本性战略决策。

汉尼拔向东挺进，经过德龙河谷，进入阿尔卑斯山地区。那里积雪很厚。许多士兵被冻死和在山地部落的猛烈抵抗之下阵亡。牲畜也冻死了很多。公元前218年10月，汉尼拔前出阿尔卑斯山，进入意大利北部，他的步兵只剩一半，骑兵剩下2/3，大象所剩无几。

执政官西庇阿火速派遣其骑兵在提契诺河畔迎战汉尼拔；但是，汉尼拔的精锐得多的非洲骑兵于11月间打败了他们，将其逐回。得到来自西西里的一支由蒂伯利厄斯率领的军队增援的西庇阿在特雷比亚河以西不远处向汉尼拔发起攻击。

与此同时，汉尼拔通过招募高卢人，已经把他的军队扩充到3万人以上。蒂伯利厄斯不听西庇阿的劝告，任凭汉尼拔引诱4万人的罗马军队于12月间横渡特雷比亚河，在又湿又冷的情况下在河的西岸上列阵。罗马军现在背靠河流，一旦战败便无法撤退，在这种情况下迎战汉尼拔；汉尼拔的步兵在中央正面进攻，他的主要骑兵、大象和轻型的弓矢部队从两翼驱赶处于劣势的罗马骑兵，攻击罗马军队的侧翼。在罗马军队竭力应付这些攻击的同时，汉尼拔的兄弟马戈所率领的一支有两千人的迦太基骑兵和步兵——曾隐藏在上游的一条沟壑中——突然降临在罗马军队的后方。对前方、侧翼和后方的夹击使罗马人溃不成军。只有1万人得以逃生，主要是靠从迦太基军队的中央杀出一条血路突围。其余的人都战死。汉尼拔大概只损失了5000人。

在冬季剩下的时间里，汉尼拔一直屯兵于波谷之中养精蓄锐，招

大
西
洋

比斯开湾

利格尔河

高 卢

阿尔戈尔河

热纳瓦

卢格杜努姆

瓦伦西亚

罗讷河

布迪加拉

杜拉尼乌斯河

加卢姆纳河

托洛萨

坎塔夫里

比利牛斯山脉

伊比卢斯河
（埃布罗河）

萨尔杜巴

纳尔博

马西利亚
（马赛）

阿雷拉特

毛索斯

杜里乌斯河

凯尔蒂贝里

伊莱盖蒂斯

萨拉曼提卡

韦托尼斯

汉尼拔公元前218—217年的进军路线

巴尔齐诺

塔拉科

塔古斯河

托莱图姆

卡佩塔尼

尔托萨

卢西塔尼

阿纳斯河

奥利西波
（里斯本）

萨尔图斯·卡斯图洛嫩塞斯
巴埃库拉（拜伦）

苏克罗河

萨贡图姆

巴利阿里群岛

中

科尔杜瓦

公元前208年
卡斯图洛

利西

卢塞恩图姆

公元前206年

伊利帕（里奥豨）

伊斯帕利斯
塞维列（巴埃蒂斯河）

瓜达尔基维尔河

伊利图尔吉斯

公元前209年

地

巴埃蒂卡
马拉卡

新迦太基
（卡塔赫纳）

伊科西乌姆
（阿尔及尔）

加的斯

伊奥尔

锡尔塔
（君士坦丁）

卡泰亚
阿比拉

廷吉斯

利克苏斯

鲁萨迪尔

笑列马恩河

努米底亚

毛里塔尼亚

德卢恩河

公

0   100

地图1：第二次布匿战争

达努维纳斯河

德拉乌斯河

阿奎莱亚

萨乌斯河

维罗纳

拉韦纳姆

伊利里库姆

博诺尼亚

拉韦纳

鲁比肯河

阿里米努姆

梅陶鲁斯河

安科纳

亚德里亚海

科萨

前217年

克卢西乌姆

罗马

坎尼
公元前
216年

奥斯蒂亚

卡普阿

贝内文图姆

布伦迪休姆

他林敦

奈阿波利斯

第勒尼安海

帕诺姆斯

梅萨纳

雷吉乌姆

克罗顿

西西里

阿格里真图姆

卡塔纳

叙拉古

乌提卡

迦太基

梅利塔

哈德鲁梅
公元前202年

匿战争

—202年

300　　400　　500英里

募高卢人。他还建立了一个庞大的间谍网，考察该地区的地理，并探明了与其对垒的罗马军队的态势。

到公元前217年春季，罗马人组成了两支封锁从波谷通向意大利中部和罗马的主要道路的军队。一支部队有4万人，由执政官尼波斯率领，驻守在东托斯卡纳山区的阿雷提乌姆；另外一支部队有两万人，由执政官盖米纳斯统率，驻扎在亚德里亚海上的阿里米努姆（里米尼）。

虽然汉尼拔的大象在意大利的严冬中几乎全部冻死，但是他的军队拥有4万人左右。他的步兵在数量上不如罗马步兵；但是，他的装备着长矛和剑的重骑兵和放矢的轻骑兵仍然占据优势。他决定不走两条明显和直接的南进道路。倘若他采取这条意料之中的路线，这两支罗马军队会集中力量对付他。像所有伟大将帅所了解的一样，他知道，战争中最捉摸不定的因素不是物质障碍，而是人的抵抗。虽然他曾经两次打败罗马人，但是他们仍是一个可怕的对手；假如汉尼拔采取明显的路线，他们会严阵以待，成竹在胸，认为他们的领导人选择了恰当的防御位置，确信他们人多势众，而且是遐迩闻名的善于短兵相接，用投枪和短剑搏斗的战士，因而定会获胜。

汉尼拔选择了迷惑罗马军队统帅的做法。他掉头摆脱严阵以待的罗马军队，翻越热那亚北面的亚平宁山，抵达海岸，沿海岸线进军，罗马军感到吃惊，但他们并不担忧，因为他们知道，汉尼拔必须穿过托斯卡纳的阿诺河沼泽地；那里在任何天气中都是险境，据说在春季的洪水中更是不可逾越。因此，当汉尼拔于4月份到达沼泽地时，罗马人没有采取任何预防措施阻挡他。

而迦太基人采取了完全出其不意的行动，使罗马人不知所措，从而彻底扭转战局：汉尼拔率军直接穿过被洪水淹没的沼泽，历时四天三夜，士兵们吃了许多苦，时而隐入泥潭，险些淹死，时而深深沉入水中。许多人累死。汉尼拔虽然骑着仅存的一头大象未被淹没，但是一只眼睛却感染失明。

汉尼拔的军队处于非常有利的位置，因为他们在阿雷提乌姆南面30英里处的克卢西乌姆（丘西）附近走出沼泽，切断弗拉米尼厄斯同罗马之间的联系，使自己处于比弗拉米尼厄斯更接近罗马的位置。这位罗马执政官的将领们劝他等待瑟尔维里厄斯与他们会合，以便以强大兵力攻击敌人。弗拉米尼厄斯拒绝采纳，部分出于傲慢，部分因为他担心，由于前方道路畅通无阻，汉尼拔会直取罗马。汉尼拔佯装如此行动，实际前进缓慢，同时在沿途农村大肆破坏，以引诱弗拉米尼厄斯追击。弗拉米尼厄斯命令其军队迅速追赶敌人，以寻求与之交锋，牺牲安全以求速决。

汉尼拔设下陷阱。他在特拉西梅诺湖畔找到一个绝好的地方。那里沿湖的北岸有一条路。在路边的丘陵上，汉尼拔隐藏了高卢盟军、他自己的骑兵和他的来自巴利阿里群岛的投石手们。在东面视野之中的高地上，他驻扎了其非洲和西班牙步兵。

清晨，罗马军队呈纵队队形穿过湖西面的一个隘口，沿湖畔道路进军。他们没有进行任何侦察，湖面上升起的浓雾使得能见度极差。这支纵队的前部遭遇聚集在一起的迦太基重步兵时，暂停下来，纵队的其余部分紧跟上来。汉尼拔命令他的骑兵封锁湖西的隘口，防止敌人撤退。然后，他指挥其轻步兵从山麓发动进攻。罗马人完全没有意料到，十分惊慌。由于无处藏身和只接到进军命令而不是作战命令，他们像牲畜一样被屠宰了，整整3万人，其中包括弗拉米尼厄斯。1万残兵败将分散地翻过山去逃亡，向罗马禀报这场灾难。汉尼拔损失了2500人。特拉西梅诺湖之战是历史上最了不起的一次伏击。

汉尼拔没有向罗马进军，主要因为他没有攻城设备，而罗马的城墙难以逾越。此外，汉尼拔在意大利没有基地，也没有通向迦太基的正规给养线，因而无法长期围困敌人。他的力量寓于运动及他的优越的骑兵和他的高超统率能力之中。因此，他没有理睬罗马本身，而是集中力量试图破坏罗马与其意大利盟邦的联系，并组成一个城市联盟来反对罗马。

公元前217年夏天，汉尼拔屯兵于与罗马隔亚德里亚海相望的皮采努姆（马尔凯）。在整个秋季和进入冬季的一段时间里，他洗劫了意大利南部的阿普利亚（普利亚）和那不勒斯周围的坎帕尼亚。

罗马人没有进行任何认真的抵抗，因为他们认识到，他们在战场上无法奈何汉尼拔。他们任命非比阿斯担任6个月的独裁官。他采取了一项使世人获得"非比阿斯式战略"总概念的方针，即回避决战，利用游击队式的袭击和骚扰提高士气，从而赢得时间，并防止可能的盟友加入敌人行列。

非比阿斯战略的关键内容是，罗马军队应当始终待在山区，以抵消汉尼拔骑兵的决定性优势。罗马人在迦太基人附近徘徊，消灭掉队者和粮秣征收人员，阻止迦太基人建立永久性基地。这项战略使罗马人避免战败，使汉尼拔的荣耀黯然失色。它成功地阻止罗马的盟邦宣布站到迦太基一边参战。但是，它在罗马人自己内部引起坚决反对，因为他们的城邦一直是依靠进攻性战争的传统兴旺发展的。

当非比阿斯的任期结束时，罗马元老院不愿延长他的独裁统治，通过了一项关于军队应当与敌人交战的决议，任命了两名执政官——无知的和做事莽撞的瓦罗和较为谨慎的保卢斯。罗马人组成了他们有史以来投入战场的最大一支军队——8万步兵和7000骑兵。这支军队开始向汉尼拔驻扎的地方进军，瓦罗和保卢斯一人一天地轮流指挥。

保卢斯想要等待并进行军队的调动，以获得有利的机遇；而瓦罗则迫不及待地寻求交战，利用他的轮流指挥日向着驻扎在阿普利亚的奥菲都斯（奥凡托）河畔的坎尼的4万名汉尼拔步兵和1万名骑兵挺进。

汉尼拔于公元前216年8月2日渡河，到达奥菲都斯河西岸。在河向东弯曲的带状地带指挥其主力列阵，从而使他的侧翼受到河岸的保护。虽然这条河在这个季节里水位很低，但是它仍形成了万一溃败阻止撤退的障碍。

两军都以惯常队形排列，步兵在中央，骑兵在两翼。但是，汉尼拔使其比较不可靠的高卢军和西班牙步兵处于正中央，而使他的强大的非洲步兵位于两侧，并命令高卢军和西班牙步兵进攻。他们的前进为前进中的罗马军队提供了一块天然的磁石；罗马人打击了高卢人和西班牙人，迫使他们后退，结果正中汉尼拔的计策。

原先向外凸出的迦太基防线变为向内凹陷，险象环生。罗马军的士兵们因为表面胜利而欣喜若狂，纷纷涌入这一缺口，以为他们突破了敌人的阵线。

这时，汉尼拔发出信号，非洲步兵突然从两侧包抄过来，从侧面攻击罗马人，把他们包围在一个人挤人的密集的狭小空间里。与此同时，左翼的汉尼拔重骑兵突破了那一边的力量较为薄弱的罗马骑兵防线，从罗马军队后方包抄过来，驱逐了罗马军队左侧的骑兵。汉尼拔留下右翼的努米底亚（阿尔及利亚）轻骑兵去追击罗马骑兵，其重骑兵突然出现在罗马军队后方，给这支三面受围的、由于拥挤而无法有效地抵抗的军队以决定性的最后一击。

这场战斗现在变成一场屠杀。在交战的7.6万名罗马士卒当中，只有6000人左右得以突出重围逃走。其余皆阵亡。具有讽刺意味的是，瓦罗是幸存者之一，而保卢斯却在战斗中倒下了。汉尼拔的损失为6000人左右。

坎尼之战表明，灵活机动的侧翼骑兵应该怎样才能利用一位杰出统帅所造成的混乱。这场战争的主要记录者波利比乌斯写道，坎尼之战"给后人留下一个教训，即在实践中，步兵与敌人相差一半，而骑兵则占优势，这比在步兵和骑兵都势均力敌的情况下与敌人交战要好一些"。

坎尼之战是作为一场完美的歼灭战而载入史册的。可是，罗马人民具有如此严明的纪律性，并且献身于国家，以致他们没有灰心丧气或考虑投降。虽然罗马遭受了空前的损失，但是她立即动员年轻人和老头们，组成了两个军团，派往南方去给罗马的盟邦鼓劲。少数人倒戈投降迦太基，但大多数人仍然忠心耿耿。由于缺少攻城设备，汉尼拔无法攻击防守严密的城池。但是，他在意大利南部建立一个基地方面是比较成功的，尽管迦太基没有热情支持，罗马的海军优势使大规模增援无法进行。汉尼拔不得不通过招募三心二意的意大利人来维持其军队。

意大利的战事陷入僵局。罗马无法打败汉尼拔，但汉尼拔也无法夺取城市，以迫使罗马的盟邦摒弃罗马而加入他的行列，从而使他获得实力和安全。

与此同时，对汉尼拔的一场间接攻击正在西班牙进行。在那里，一支罗马军队试图摧毁汉尼拔的基地。公元前218年，当汉尼拔向意大

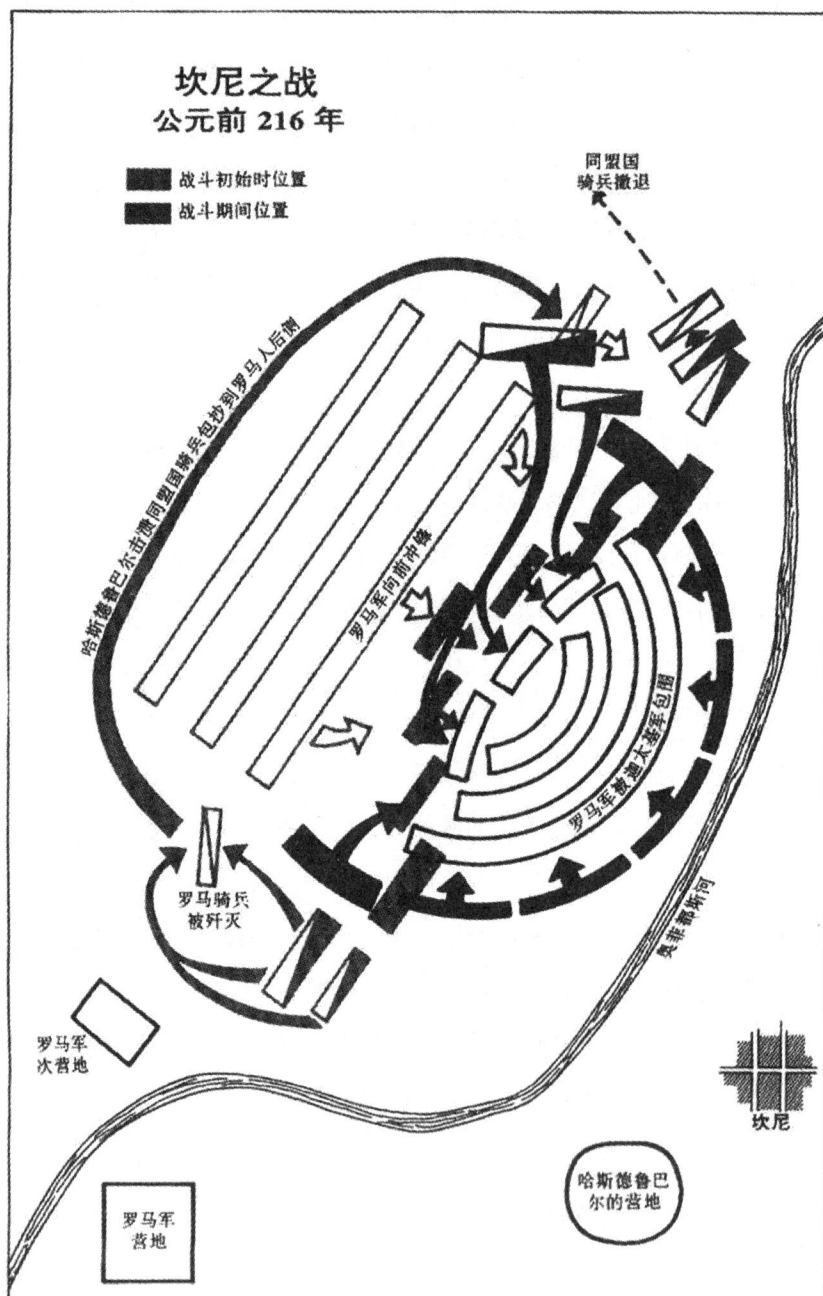

地图2：坎尼之战

利北部挺进时，老西庇阿的兄弟吉尼乌斯就利用罗马的海上实力，在西班牙东北部登陆，占领了从埃布罗河到比利牛斯山脉的地区，从而切断汉尼拔主要给养的增援部队的来源。次年，老西庇阿与吉尼乌斯联合；在几年中，他们在西班牙取得了重大进展，同时有效地使汉尼拔失去了来自这一地区的大量援助。然而，罗马的大多数领导人对西庇阿兄弟的胜利印象并不深刻；他们认为，只要汉尼拔仍在意大利的罗马家门口，西班牙就是次要的。因此，他们没有派可观的力量到西班牙去；公元前211年，迦太基人打败了罗马人，在西班牙南部的巴埃蒂斯（瓜达尔基维尔）河上游的两场分别的战斗中杀死了西庇阿兄弟。失败的一个主要原因是，西庇阿兄弟的当地土著盟友突然遗弃了他们。

公元前210年，罗马的境况悲惨。8年来，汉尼拔的足迹遍及意大利；虽然他没有征服意大利，但是他自己也是不可征服的。罗马取得了少量战果，但主要还是奉行非比阿斯战略，即使几乎所有有行动能力的男人保持武装，但却不与敌人决一雌雄。

在西班牙，情况更糟：罗马军的残兵败将被驱赶到埃布罗河以北，许多西班牙部落抛弃了他们。罗马需要在那里安插一位总督；于是，元老院大概作出了安排，使西庇阿的很有名望的儿子当选。他当时24岁，参加过坎尼之战，不知怎么生还了。

西庇阿率领增援部队乘船来到罗马的最后一个重要基地、西班牙东北部的塔拉科（塔拉戈纳）。与大多数罗马人不同，西庇阿把西班牙视为决定同汉尼拔的整个斗争胜负的关键，因为西班牙仍旧是汉尼拔的主要活动基地，而且他的大多数新兵都是在那里招募的。

虽然当时并非显而易见，但是西庇阿具有可与汉尼拔匹敌的军事天才。他以一项惊人的出人意料之举发起攻势。迦太基的三支主力部队相距很远地分散着，一支在西班牙南部的直布罗陀附近，另一支在当今的里斯本旁边的塔古斯河河口附近，第三支离现代的马德里不远。它们

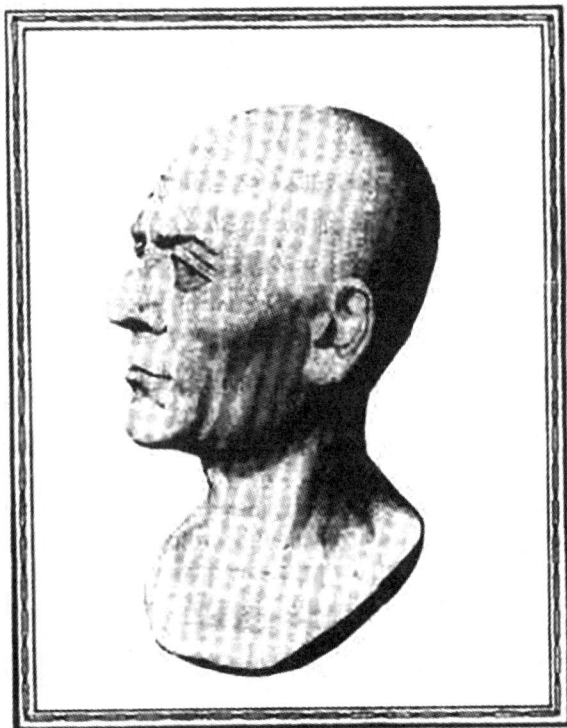

统帅2：西庇阿·阿弗里卡纳斯

与西庇阿相比，距离迦太基人的西班牙首府和主要港口新迦太基（卡塔赫纳）不相上下。西庇阿决心在敌军能够作出反应之前夺取这个首府。

新迦太基当时是西班牙唯一适合舰队停泊的港口，而且提供了迦太基从非洲渡海的直接海上通道。此外，迦太基人把自己的大部分金银财宝、西班牙人质和作战物资储存在那里。敌人做梦也没有想到，新迦太基可能遭到攻击。这座城池具有坚固的城墙，坐落在延伸到水中的一个半岛上，南面是港口，北面是一个咸水湖。它与大陆的唯一连接处是东面半岛脚处的一块400码（365.76米）宽的地带。有恃无恐的迦太基人在新迦太基只驻扎了1000名训练有素的士兵。

西庇阿认识到，他的真正目标不是打击敌人的军队，而是摧毁敌国人民的抵抗意志。如果占领这个首府，就会分散迦太基人的注意力，使其士气低落，而且会使西班牙各部落重新考虑他们应当效忠于谁。在大多数情况下，战争要求为达到这种目的而摧毁敌人的军队。但是，迦太基人无意中对新迦太基未加保护；西庇阿采取出其不意的方针，能够在敌军主力还在很远处的时候夺取它。尽管如此，西庇阿必须速战速决，在敌军前来解围之前迅速攻陷这座城市。

在离开塔拉科之前，西庇阿恰恰制订了这样一项迅速征服的计划。他除了自己的海军司令拉埃里厄斯之外，没有告诉任何人，从而减少了敌人闻风而动，与他同时向新迦太基进军的可能性。因此，公元前209年春，在西庇阿的2.75万名士兵从陆地上抵达该城的城墙外的那一天，拉埃里厄斯率领罗马舰队封锁了港口，而此时迦太基军队还在很远的地方。

西庇阿从塔拉科的渔民口中了解到，城北的咸水湖虽然表面看来是险境，但是实际上在低潮时很浅，可以很容易地渡过。西庇阿明白，这是新迦太基唯一的致命弱点。但是，为了分散守军的注意力，他对半岛脚处的城门和城墙发动了激烈的正面进攻。这次攻击失败了，罗马军伤亡惨重。迦太基人欣喜若狂，把军队和注意力都集中在这一方向上，预料罗马军再次进攻。

与此同时，西庇阿在咸水湖对面的岸上纠集了500名士名，配备了梯子。西庇阿遵循了战术性攻击的主要法则：一俟水位降到低潮，士兵们便迅速渡过这个浅水湖泊，将梯子架在无人防守的城墙上；与此同时，他在另外两个地方发动了夹击，以"牵制"敌军，防止他们向咸水湖畔的城墙处移动。舰队的士兵们试图从港口那一边登陆袭击；一支劲旅再次试图攻破东面的城门并翻越城墙。

这500名士兵迅速登上城墙，在左右两个方向上扫清障碍，然后袭击了守卫东西城墙的迦太基人的后部，使之猝不及防，为主力部队扫清道路。为了粉碎人民的抵抗力，在敌军负隅顽抗时，西庇阿允许部下屠杀平民。但是，一俟敌人投降，他便停止杀戮。然后，他释放了新迦太基的所有市民，作为争取土著部落的一个姿态，他把所有西班牙人质遣返回家。他把大多数其他男性战俘充作缴获船只上的划桨奴隶。

迦太基人一举失去了其主要基地——它对他们控制西班牙至关重要——因而失去了战略主动权。如果他们试图夺回新迦太基——倘若防守得当，它是无法攻克的——而罗马人掌握着海上控制权，那么西庇阿便能够威胁他们的侧翼。假如迦太基人正面攻击西庇阿，西庇阿能够自己选择战场；鉴于西庇阿能够从海上向新迦太基调兵遣将，他能够威胁敌人的后方。面对这些现实情况，迦太基人束手无策，不得不接受其主要基地和与迦太基之间的最佳交通线失陷的事实。

同样具有破坏性的是，一些伊比利亚部落倒戈到罗马一方。这使力量对比极为有利于罗马人，因此，迦太基军的指挥官之一、汉尼拔的兄弟哈斯德鲁拔于前208年决定赶在其他部落加入西庇阿行列之前发起攻势。

哈斯德鲁拔未能同其他迦太基部队联合行动，这对西庇阿来说是一个意外的收获。西庇阿率领大约3.5万人在今天的安达卢西亚的巴埃蒂斯河上游的巴埃库拉（拜伦）镇附近袭击哈斯德鲁拔。哈斯德鲁拔占据着一个宽度足以部署其2.5万人部队的很小的双层高原上。在较低的一层上，哈斯德鲁拔部署了一个由放矢的轻型部队、努米底亚骑兵和巴利阿里投石手们构成的屏障。在较高一层高原上，哈斯德鲁拔设立了自己的营地。

在制订作战计划方面，西庇阿与罗马传统兵法彻底决裂。这种传统兵法即主要依靠密集的大部队正面强攻敌军。汉尼拔在坎尼之战中所利用的正是这种大军的向前突击，他引诱行动不便的罗马军团纷纷进入他的阵线向内凹陷的中央，然后用他的重步兵攻击罗马军队暴露出来的侧翼。西庇阿借鉴汉尼拔的经验，把他的军队分成三部分：轻型部队在中央，重型部队在两翼。

西庇阿派他的装备着投枪和飞镖的轻型部队直截了当地前进，去攀登第一层高原。尽管一路上岩石很多，飞镖和石块像雨点般打来，但他们仍驱赶敌军后退，诱使哈斯德鲁拔命令其主力前进，以投入他所以为的主要战斗。这使迦太基人的注意力集中在正面，使西庇阿得以率领其一半重型部队绕到左侧，与此同时，他的副手拉埃里厄斯率另外一半部队绕到右侧。

但是，罗马人的轻型部队力量太薄弱，无法牢牢牵制迦太基人的重步兵，防止他们在罗马人攻击其侧翼时脱离战斗。虽然西庇阿和拉埃里厄斯在运动中狙击了敌军主力并将其击溃，但是他们并没有像汉尼拔的重步兵在坎尼对罗马军队所做的那样，破坏敌人的凝聚力。由于没有骑兵能够像汉尼拔的骑兵在坎尼所做的那样切断敌人后路，所以西庇阿在迦太基人的撤退路线上只截获了两个步兵队（大约1000人），不足以牵制敌军，尽管足够造成大量伤亡。

因此，西庇阿未能取得像坎尼之战那样的战果，哈斯德鲁拔率其军队的2／3左右逃走。西庇阿明智地没有进入山区追击哈斯德鲁拔，担心敌军的其他部队会合起来切断他的后路。尽管如此，巴埃库拉之战后果很大。哈斯德鲁拔打算从陆路上进军意大利，用他久经考验的西班牙和非洲军队增援他的兄弟。巴埃库拉之战削弱了这支军队的力量，迫使哈斯德鲁拔在高卢地区度过冬季，在高卢各部落中招兵。

当哈斯德鲁拔于公元前207年抵达意大利时，他的5万军队有一半多由不可靠的高卢人组成。一支罗马军队在梅陶卢斯（梅陶罗）河畔拦截了他，这时，确信高卢人不会向前推进的执政官卡尤斯·内罗从与迦太基军队左侧对垒的部队中抽出一支精锐力量，掉头绕过罗马军队的后方，袭击了哈斯德鲁拔防线的右后方，使迦太基军队惊慌失措。哈斯德鲁拔知道大势已去，故意骑着马冲入罗马的一个步兵队战死。迦太基人有1万名士兵阵亡，其余被打散。相传，汉尼拔第一次获悉梅陶卢斯河畔所发生的灾难是在罗马人将哈斯德鲁拔的人头弹射到他营中的时候。

汉尼拔放弃了获胜的所有希望，把其军队撤退到意大利半岛脚趾部位的布鲁蒂乌姆（卡拉布里亚），继续使罗马人无法迫近，尽管他的军队人数少（不到3万人），素质也很差。

在西班牙，西庇阿在巴埃库拉的胜利使迦太基当局大吃一惊；他们心生一计，欲从两个方向袭击西庇阿。一位名叫汉诺的新将领率领增援部队从迦太基赶来，并与汉尼拔的另外一名兄弟马戈会师；马戈当时一直在巴利阿里群岛招兵买马。他们一起着手在西班牙中部和东部武装新兵。与此同时，另一位新的迦太基将领哈斯德鲁拔·吉斯戈率大军从他在西班牙南部加的斯的基地出发，向西庇阿所在地挺进。

倘若西庇阿迎着他的主要威胁哈斯德鲁拔·吉斯戈向内陆进发，那么他很可能会发现汉诺和马戈在他的后方。他的解决办法是发动一场出其不意的、速度惊人的打击。他一面注视着哈斯德鲁拔·吉斯戈的动向，一面派1万名步兵和500名骑兵，由副手西拉努斯率领，进行一次秘密的强行军，在汉诺和马戈意识到危险之前对其进行袭击。西拉努斯行军速度很快，以致没有任何有关他逼近的消息传到敌人耳中；他有如神兵天降，偷袭了还蒙在鼓里的西班牙人的营地，在迦太基人赶来之前驱逐了西班牙人。马戈和骑兵逃之夭夭，但汉诺和来自迦太基的新兵们要么被杀，要么被俘。征召的西班牙兵员被打散，无法再组织起来。

西庇阿的后方安定了，于是他便满怀信心地向着哈斯德鲁拔·吉斯戈所在方向挺进；吉斯戈大惊，忙把部队分成小股，分别驻守在西班牙南部的各个筑有城墙的城市中。西庇阿明智地决定不去一次次地逐个包围这些城市，从而耗尽他的实力。

西班牙的战局本来有可能无限期地陷于僵持状态之中；但是，马戈力促吉斯戈征召新兵，投入战斗，以期一举摧毁西庇阿。

公元前206年，西庇阿从他在塔拉科的基地向南进发，去应付这一严重的新威胁。逼近巴埃蒂斯河时，西庇阿开始意识到问题的严重性。他从间谍处获悉，迦太基军总共有7万步兵、4000骑兵和32头大象，大大超过他自己的力量。此外，西庇阿的4万兵士可能有一半是土著人。他不愿依靠这些土著人，部分原因是他的父亲和叔父当年就曾经依靠他们，结果战败并阵亡。

他所采用的解决办法体现了诡计多端和出其不意，至今仍是一个战术行动的典范。他所面临的问题严重。敌军在总体上占优势，并且以经验丰富的非洲老兵为牢固核心。他们一对一能比得上最出色的罗马军团士兵。此外，他的西班牙兵如果受到这些非洲兵的奋力打击，则有可能溃不成军。

两支军队在巴埃蒂斯河畔、今天的塞维利亚北面几英里处的伊里帕（里奥堡）相遇。两军营地隔着两座很低的山岭之间的一片谷地相对。吉斯戈率军出来挑战。西庇阿等到迦太基军队已开始移动时才出来应战。吉斯戈找不到任何有利条件促使他发动攻击，便没有这样做。西庇阿也是这样。接近黄昏时分，两支疲惫的军队撤回营地；迦太基军队先撤。

这种情况重复了几天：迦太基人很晚才出来，随后罗马人也走出营地；双方整天武装对峙而不投入厮杀，最后精疲力尽地回到各自的宿营地。每次西庇阿都遵照现有的战术理论，把他可靠的罗马军团置于中央，直接面对敌人的迦太基和非洲人正规部队。他和吉斯戈还遵照当时的兵法，把他们的西班牙部队放在两翼；迦太基人还将其大象放在西班牙部队前面。

双方军队中都形成一种牢固的信念，即当双方最终交战时，将遵循这一秩序。西庇阿就是这样，总是在迦太基人之后才率部队进入战场。

现在西庇阿行动起来。他命令部队秣马厉兵。黎明时分，他派骑兵和轻型部队袭击敌人的前哨。这一出其不意之举使正在酣睡而无备的迦太基骑兵和放矢的轻部队猝不及防。吉斯戈命令全军赶快披挂上阵，却来不及吃饭。起码同样要紧的是，这位迦太基人由于时间紧迫，不得不按老一套的队形应战，即使他想改变队形。

西庇阿以另一项意外行动打击了吉斯戈。他一反平常的战斗次序，把西班牙军放在中央正对着迦太基精锐部队的位置，而把他的罗马军团置于两翼。西庇阿利用饥饿来削弱敌军。他并不担心吉斯戈会把其非洲军调到罗马军对面。在面对敌人的情况下这样大规模调整，会使部队在调动过程中处于虚弱境地。

下午1点钟左右，西庇阿下令前进。但是，他指挥处于中央的西班牙人缓行，与此同时，两翼的罗马人加速前进。当他的西班牙军距非洲军还有几百码时，左右两翼的罗马军团向左转一半，向右转一半，迅速进攻迦太基军队的由同样靠不住的西班牙杂牌军守卫的侧翼。

西庇阿的由西班牙军组成的阵中央仍在敌人的非洲步兵够不着的地方；但是，这支最靠不住的部队构成一种威胁，因而正像汉尼拔在坎尼之战中对罗马军团所使用的招数一样，这支部队牵制了敌人最主要的力量。这样一来，西庇阿便克服了他在巴埃库拉之战中的那种战术弱点，在极大地节省兵力的情况下使敌人的非洲军在即将展开的战斗中处于被动和无用的境地。

西庇阿的罗马军团攻击了迦太基军队的侧翼。与此同时，西庇阿的轻装部队和骑兵向外围迂回，进一步包抄敌人的侧翼。从那里，轻装部队能够从横向里对敌军放矢；同时骑兵驱赶受惊的大象纷纷逃向迦太基军队的阵中央，从而使混乱局面进一步扩大。

西庇阿在两翼实现了同他在巴埃库拉所取得的战果相似的几路围攻，并且是攻其无备，出其不意。这迫使防守的敌军同时遭到来自两个方向的进攻；此外，这场战斗是决定性的，因为遭到袭击的不是敌人的非洲正规军，而是其西班牙杂牌军，而西庇阿的西班牙军则没有与敌人交战，而只是构成威胁。

罗马人有条不紊地摧毁了敌人两翼，迫使阵中央的饥肠辘辘和疲惫不堪的迦太基军只好撤退。这次撤退起初是井然有序的。但是，在遭受攻击的情况下撤退是最难完成的军事任务之一；罗马人施加了无情的压力。

迦太基人逃回到其壁垒森严的营地，但负隅顽抗显然是不可能了；因此，在夜幕掩护下，吉斯戈下令撤军。然而，西庇阿在他的最佳退路上埋伏了一支罗马军队。迦太基人被迫沿河的西岸逃向大西洋。在撤军过程中，迦太基人几乎所有的西班牙盟友都背弃了他们。

西庇阿意识到敌人已被粉碎并处于混乱状态，他命令他的军队穷追不舍，派骑兵到前边拦截，迫使敌人的步兵停下来战斗，从而使罗马步兵有时间追赶上来。后军一到，战斗就不再是战斗，而是变成了一场屠杀。吉斯戈、马戈和少数残兵败将逃到海边，乘船逃往加的斯。迦太基在西班牙的巨大军事势力被永远消灭了。

在收拾完西班牙的残敌之后，西庇阿返回罗马，提出了一项新的，令罗马人大惊的建议：他想把战火燃烧到非洲去。

由于耽误战机而出名的非比阿斯恶毒地嘲笑西庇阿的计划。非比阿斯说，危险是汉尼拔，而汉尼拔在意大利，不应当进攻非洲的迦太基腹地，而应当与驻扎在意大利半岛脚趾部位的人数很少的汉尼拔军队作战，直接将其打败。利德尔·哈特指出，非比阿斯这样一来，便表明自己是历史上一系列把一种理论奉若神明的领导人之一；这种理论认为敌人的主力部队是主要目标。

西庇阿没有只着眼于打败汉尼拔的军队，而是高瞻远瞩。对和平的主要威慑因素是敌人继续战争的意愿。这一意愿不在汉尼拔身上，而在迦太基国内。向非洲派遣一支远征军有可能摧毁这种意愿，使罗马获得胜利。而如果这样做只不过对迦太基构成威胁而已，那么起码会间接实现——而且是在不造成更多流血的情况下——次要的目标，而罗马十几年来一直与此无缘。这个目标就是迫使汉尼拔放弃意大利。西庇阿确信，这将会发生，因为汉尼拔将被迫在非洲追击西庇阿。

罗马元老院最终勉强同意了西庇阿的建议。次年，西庇阿在西西里为这次远征做准备。这样拖延时间的主要原因是，西庇阿明白，一个紧迫的需要就是建立一支强大的骑兵，以对付汉尼拔的决定性武器。正是汉尼拔的骑兵在特雷比亚河畔的战斗中袭击了罗马军队的侧翼和后部，在特拉西梅诺湖战斗中封锁了罗马军队的退路，并且在坎尼之战中对罗马军队的后部给予了决定性的最后一击。

在当时的罗马领导人当中，几乎只有西庇阿认识到，罗马军团的以近战牵制住敌人的强大威力只是等式的一半：另一半是骑兵；在步兵好似扼住敌人喉咙一样牵制住敌人的同时，骑兵灵活机动，迂回到敌人后方，将尖刀插入其后背。在西西里，西庇阿苦心经营，按照汉尼拔的典范，缔造了一支强大的的罗马骑兵部队。当西庇阿还在西班牙时，他就已经使敌军的骑兵干将马西尼萨相信他必胜，因而叛变到罗马一方。马西尼萨是北非努米底亚（现今阿尔及利亚）的一位王子。因此，西庇阿不仅为他的军队争得了这些努米底亚骑兵，而且使他们背弃了迦太基人。

也是在西庇阿在西班牙期间，他为远征非洲做了另外一项准备。他冒着狂风恶浪进行了一次危险的海上旅行，到努米底亚去同马西尼萨的一名冤家对头塞法克斯缔结盟约。塞法克斯是努米底亚很大一部分国土上的国王，也是迦太基的一位盟友。但是，感情胜过了外交。塞法克斯在其美貌的迦太基新娘、吉斯戈之女索芳尼斯芭的恳求下恢复了与迦太基的联系。

公元前204年春，3万罗马大军入侵非洲。这支军队在乌提卡登陆。那里位于迦太基西北20空英里（空中飞行的长度单位，相当于一国际海里，即6076.115英尺），是巴格拉达斯（迈杰尔达）河的入海处。他包围了乌提卡，企图用它当作一个给养基地；但是，吉斯戈纠集3万迦太基步兵和3000骑兵，塞法克斯也率领5万步兵和1万骑兵赶来，因此西庇阿不得不放弃这场围攻，撤退到附近的一个小地峡。

虽然西庇阿构筑了地峡中的防御工事，从而避免了其军队被敌人的优势兵力所歼灭。但是他的处境是危险的，因为迦太基人和努米底亚人建立了彼此相距1英里、离罗马军队营地7英里左右的坚固营地。西庇阿决定假装很害怕并开始与敌人谈判，说要用撤出非洲来换取汉尼拔撤出意大利，从而化险为夷。

他的目的不是撤退，而是偷袭。为了这次偷袭成功，他需要了解这两处敌军营地里面都有些什么，寨门在哪里，卫兵和骑哨布置在何时何处。他的使者的拜访提供了这一情报。西庇阿弄清，塞法克斯的营地防御漏洞较多，尤其因为士兵们的一些营房设在环绕营寨的堑壕外面，营寨内还分散着许多营房，它们相互之间挨得很近，而且是用易燃材料筑成。

西庇阿于是取消了停战谈判。然而，即使在制订进攻的最后计划时，他仍对敌人施以诡计，进行迷惑：他建造船只，在船上安放了攻城设备，还派2000士兵去夺取乌提卡附近的一座山丘，佯装准备从海上进攻该城。敌人目不转睛地注视着乌提卡；而西庇阿则等到夜幕降临，率领他的军团悄悄向敌人的两个营寨进发，于午夜时分抵达。

西庇阿把他的军队分散开，任命马西尼萨和拉埃里尼斯负责攻打塞法克斯的营寨，而他则指挥了对迦太基营寨的袭击。不过，西庇阿说，他将等到拉埃里厄斯和马西尼萨给努米底亚营寨放起火来才会行动。

拉埃里厄斯和马西尼萨也把他们的部队分散开来，专门派部队去封锁所有的逃路，兵分两路分进合击敌营。罗马先头部队点燃了他们所到达的每座房子。整个营寨很快就是一片火海。努米底亚人以为这是一场天然火灾，因而未带武器便纷纷跑出来，混乱地四处逃窜。寨门处的罗马部队砍杀了跑出来的士兵。

在迦太基营寨中，士兵们也以为火是偶然发生的，因而纷纷前去救火，却被西庇阿的部下袭击。西庇阿的部队对已没人守卫的寨门发动袭击，很快在距离他们最近的营房放了火。整个迦太基营寨很快就是一片火海。当士兵们试图逃跑时，寨门处的罗马人将其砍杀。

劫营的结果是一场大屠杀。可能有4万迦太基人和努米底亚人被杀或葬身火海之中，5000人被俘。吉斯戈带着大约2500人逃走，先是躲在附近的一个小镇上，后来逃至迦太基。塞法克斯带走的人较多；他撤退到一处构筑了工事的阵地，那里离营寨有一段距离。

突如其来的厄运和两支大军的几乎消失使迦太基人陷入深深的忧郁之中，并使塞法克斯想放弃这场战争。塞法克斯的夫人索芳尼斯芭恳求他坚持下去，于是，当4000名来自西班牙的克尔蒂贝里人前来支援时，塞法克斯决定继续效忠于迦太基。他和吉斯戈竭力招兵买马，很快就纠集了一支新的，但尚未受过充分训练的3.5万大军，驻扎在乌提卡西南80英里左右的大平原上。

西庇阿恢复了对乌提卡的包围。但是，他只留下一支小部队待在那里，立即赶在敌军组织好之前袭击这支新的敌军。这支军队中与西庇阿面对面的是克尔蒂贝里人，他们是最精锐的部队，位于中央，努米底亚人在左侧，迦太基人在右侧。西庇阿的骑兵袭击了敌人的两翼，很快就将其打得落花流水。这证明，他决定赶在吉斯戈和塞法克斯训练好新兵之前发动袭击是对的。与此同时，西庇阿命令他的部分重步兵从正面袭击由迦太基人组成的阵中央。在巴埃库拉，西庇阿的位于中央的轻步兵力量过于薄弱，未曾牵制住敌人主力；但在现在这场战斗中，西庇阿的配备重武装的军团与敌人打得难解难分，从而使罗马人的其他重步兵得以袭击敌军两侧并将其包围。克尔蒂贝里人英勇战斗；他们知道，他们不会得到饶恕，因为他们从西班牙前来援助迦太基，这构成了对罗马的背叛。他们战斗到最后，使许多其他人得以逃走，包括逃到迦太基的吉斯戈和逃到其首都锡尔塔（阿尔及利亚的君士坦丁）的塞法克斯。

所向无敌的西庇阿现在派马西尼萨和拉埃里厄斯追击塞法克斯，而他自己则准备包围迦太基；他占领了15英里外的突尼斯，没有遇到抵抗，并挫败了迦太基海军摧毁乌提卡的罗马舰队的企图。

马西尼萨和拉埃里厄斯在向西行军15天后抵达塞法克斯的努米底亚王国马西利亚。塞法克斯纠集了一支由新兵组成的毫无纪律的军队；在随后发生的战斗中，罗马军队的训练有素和严明的纪律性占了上风；努米底亚人溃败并逃走，塞法克斯被俘。锡尔塔向入侵者打开大门；努米底亚人答应让马西尼萨当国王；于是马西尼萨骑马奔至王宫。索芳尼斯芭在那里迎接了他。她利用了马西尼萨的傲气和情欲；他答应不把她移交给罗马人，并于当天娶了她。拉埃里厄斯很恼火，只差没有在最后一刻把她从婚床上拖走。

马西尼萨回到西庇阿的营地时，这位罗马人决定采取拐弯抹角的方式来说服他；西庇阿提醒他忠于自己的天职，并且说，只有控制情欲才是明智的。马西尼萨明白了他的意思，于是派人给索芳尼斯芭送去一杯毒酒，告诉她虽然罗马人阻止他当她的丈夫，但是他仍要履行自己的第二项诺言："不让她活着落入罗马人之手。"索芳尼斯芭平静地干了这杯毒酒。

惊恐万状的迦太基元老院急忙把汉尼拔从意大利召回，这正是西庇阿预言迦太基受到威胁时将会发生的事情。元老院还命令汉尼拔的兄弟马戈返回。马戈当时一直在热那亚附近的利古里亚活动，并招募了一些高卢人。

此外，迦太基还询问了投降的条件。西庇阿期待着一场旷日持久的、破坏严重的战争结束时实现愉快的和平，因而提出了优待条件：迦太基撤离意大利、高卢和地中海上的所有岛屿，放弃对西班牙的任何领土要求，只留下20艘军舰，并交纳一笔以货币和谷物为形式的数量可观但并非沉重的赔偿。与从前和身后的许多战争中的许多胜利者不同，西庇阿没有提出无法满足的条件，从而避免为一场新的战争造成理由。

然而，迦太基人恢复了信心，并中断了谈判，因为汉尼拔于公元前202年率领2.4万大军在哈马马特湾登陆，那里位于迦太基东南面100空英里左右。虽然马戈在回迦太基的路上死去，但是他的1.2万军队与汉尼拔会师，此外还有来自一个仍然忠于迦太基的努米底亚王国的2000骑兵和菲利浦国王派来的4000马其顿部队。

西庇阿陷入了危险的处境。他的总兵力比敌人少，马西尼萨的所有骑兵和大约5000人的罗马军团远在努米底亚进行巩固马西尼萨新王国的工作。最令人害怕的是，倘若汉尼拔抵达迦太基并利用这座城堡作为活动基地，他将处于对西庇阿的优势。

这时西庇阿做了一件惊人的事情。与一般将帅们不同，他没有将自己的军队置于汉尼拔和迦太基之间，或者采取守势，等待援军到来，而是向着与迦太基和汉尼拔驻地相反的方向进军，沿巴格拉达斯河河谷向西南方行军！

这是战争史上最精明的迂回战略行动之一。巴格拉达斯河谷是迦太基主要的食物、给养和内陆补充兵员的来源。西庇阿每到一座城镇便以突袭方式将其占领，夺取所有谷物和其他食物，把那里的人民当奴隶卖掉。西庇阿所打击的不是汉尼拔的军队，而是迦太基负隅顽抗的能力；他确信，迦太基的人民会要求汉尼拔立即追击他，而不等到在迦太基城建立起一个牢固的基地再说。此外，西庇阿每向西南方迈出一步，就离马西尼萨及派遣出去的罗马军团近一些；而马西尼萨所部正以强行军向西庇阿靠拢。

正如西庇阿所预料的，迦太基向汉尼拔发出了紧急请求，要他与西庇阿交战，并制止巴格拉达斯河谷中的劫掠。汉尼拔希望在马西尼萨和其余罗马军队抵达之前袭击西庇阿，因而服从了这一要求，抵达了哈马马特湾以西大约70空英里处的扎马。在那里，汉尼拔缺乏一旦战败他在迦太基城中本可获得的增援、机动能力和蔽护所。

西庇阿此时便可自由选择战场，他选中了一处适合于他的骑兵作战并在几码之内有水源的开阔的平原。他还挫败了汉尼拔匆匆与他交战的目的：马西尼萨率领6000步兵和4000骑兵赶到，使他的兵力达到3.6万人，汉尼拔的兵力为5万人。

西庇阿把他的罗马重装军团放在中央，他的意大利骑兵由拉埃里厄斯率领，位于左侧，马西尼萨的努米底亚骑兵在右侧。后方担任后备力量的是马西尼萨的轻步兵。西庇阿的重步兵组成面对敌人的、分为3排的军团队形，每一排由一系列连队组成，每连120人左右，其左右两侧与其他连队相隔一个连的距离。

然而，西庇阿一反罗马军队的惯常做法，没有把第二条防线与第一排错开，以形成棋盘格式，从而封锁第一条防线的连队之间的间隔，而是将所有3条防线排列成行，在每列队伍之间留出畅通无阻的空隙，以便于前线上的轻步兵在投出投枪和飞镖之后迅速移至后方，并提供一条通路，西庇阿希望迫使汉尼拔在其前线上拥有的80头大象沿着这条路线进攻。

在大象和一道轻装部队屏障后面，汉尼拔部署了他的第一条由重武装步兵雇佣军构成的防线；这些雇佣兵包括利古里亚人、高卢人和摩尔人。在第二条防线上，他部署了他的1.1万迦太基和非洲新兵，以及马其顿部队。在最后一条防线上，他按住他的老兵们不动；他们距离其他部队200码，有2.4万人左右，是汉尼拔可靠的、完好无损的后备力量。在两翼，他布置了他的4000骑兵，努米底亚盟军在左翼，迦太基骑兵在右翼。

汉尼拔在每个方面都对西庇阿占优势，唯一例外的方面是骑兵。

西庇阿在创建一支罗马骑兵和吸引努米底亚骑兵这两方面的努力都结出了硕果。

汉尼拔下令他的大象向罗马军队的防线冲锋，战斗便拉开序幕。西庇阿立即指挥他的小号和短号手们一阵猛吹，吓得一些大象掉头冲向汉尼拔的部队。这一出其不意之举使汉尼拔最精锐的骑兵努米底亚骑兵还没有冲锋就陷入混乱。马西尼萨看到机会来了，便发动了一场反击，使努米底亚人败走，把汉尼拔的左翼暴露出来。马西尼萨离开战场去追击。

剩下的大象冲击了罗马轻装步兵，踩死许多人；但是，连队之间的通道为幸存者撤退提供了一条道路。大象们采取了抵抗力最弱的路线；一些大象沿着通畅的通道猛冲过去，而另外一些被飞镖赶出通道，逃向迦太基军队的右翼，使那里的汉尼拔骑兵乱了阵脚。在混乱最严重的时刻，拉埃里厄斯向迦太基骑兵发起攻击，迫使他们不顾一切地逃走，从而使汉尼拔的右翼暴露出来。罗马骑兵也离开战场追击敌人。

汉尼拔的两侧暴露无遗。但是，西庇阿明白，面对汉尼拔的后备部队，包围敌人是不可能的；因此，他将自己的整个阵线向着迦太基军队正面压过去。

最初高卢人、利古里亚人和摩尔人占据优势，因为他们善于进行小规模战斗。但是，他们无法突破罗马人的防线，罗马军团士兵密集阵势的压力迫使他们后退。由于感到自己被弃于危难之中，前线上的士兵们掉头逃亡，但却被迦太基人密集的第二条防线所阻挡；这条防线正在向前推进，不想因为让被击溃的第一条防线透过它撤退，从而破坏它的秩序。第一条战线的成员们要么阵亡，要么绕过第二条防线的侧翼逃亡。

这时，迦太基人的第二条阵线迫使罗马军队后撤，造成大量流血。虽然罗马人开始动摇，但是他们的阵线比迦太基人的长，并且与其重叠；因此，他们逐渐地瓦解了迦太基人的阵线。由老兵们组成的第三条阵线不许第二条阵线穿过，因而这些残兵败将只得绕过第三条阵线逃亡。

此时罗马人触及了迦太基军队的中坚——仍然精力旺盛并由汉尼拔亲自指挥的老兵们。西庇阿察觉到自己所面临的危险，急忙鸣金收兵；罗马军团士兵的纪律性很强，因而他们全都服从了这一命令。西庇阿认识到，他的步兵不如敌人的第三条阵线上的人数多（大概有1.8万人），因而无法使自己的阵线在密集的敌军面前固若金汤。连队之间的空隙现已成为一个不利条件。他还认识到，他的打击应当尽可能集中，但是打击面也应当尽可能宽。因此，他命令第二条战线弥补第一条战线上的空挡，第三条战线迅速向两翼外围移动，从而形成一条由6横列组成的长长的阵线；这条阵线此时与迦太基人的前沿相重叠。

此时，罗马人便向这些善战的老兵进攻。在这两位出色地利用了现有资源的伟大军事家之间进行的这次惊人较量中，决胜的关键在于哪一方实力先消耗光。汉尼拔倚重其老兵。西庇阿已命其骑兵尽快中断对敌人骑兵的追击，反过头来袭击汉尼拔阵线的后部。他把他的军队孤注一掷地投入这场反击中。倘若西庇阿的骑兵不及时返回，较为薄弱的罗马阵线最终将被坚实得多的迦太基阵线所突破。

记录这场战争的主要史学家波利比乌斯写道：

"这场较量在很长时间里胜负难卜，士兵们出于必胜的信念，坚守防线直到倒下，一直等到马西尼萨和拉埃里厄斯如同有神明暗中帮助一般及时赶到。"

这支骑兵攻击了迦太基人的后部，从而使汉尼拔军队注定了失败的命运。汉尼拔损失惨重，两万人阵亡，几乎同样多的人被俘。汉尼拔自己和另外一些残兵败将溜走了。西庇阿损失了2000人；这一较低数字反映了一个事实，即古代战争中主要的损失发生在军队阵形被突破和兵士逃亡的时候。在这种情况下，战斗几乎变成了对无组织的、往往不抵抗的士兵的屠杀。

扎马之战是历史上最具决定意义的战斗之一。迦太基作为一个强国从此销声匿迹，罗马获得了对地中海西部的完全控制权。罗马向着世界帝国目标前进的道路铺平了。但是，这场战斗本身使得两位跻身于人类全部历史上最伟大的将帅之列的人物对阵厮杀；双方都做出了精心安排。汉尼拔用大象开路，企图突破罗马人的阵线，使敌人陷入混乱。他迫使罗马人在决定性的最后战斗之前，在与两条阵线的拼杀中累得精疲力竭并失去锋芒。只有两个因素使战局转向有利于罗马人的方向，即西庇阿用号角来吓唬大象的英明决策；更重要的是罗马骑兵的优势。具有讽刺意味的是，曾经向古代世界显示了骑兵所能带来的灵活机动性和突击力量的人，竟会被这一武器打败。

西庇阿给予迦太基宽大的条件。它保持了自己的法律和习俗，以及它在非洲的全部领土。它失去了绝大部分的海军，并支付了一大笔赔偿，但赔款分摊在50年之中。与比较常见的强加无法满足的或极具破坏性条件的贪婪胜利者不同，西庇阿实现了较为完美的和平。迦太基在50年里没有玷污这项解决方案，变得比历史上任何时候都富裕和人丁兴旺。只是因为西庇阿身后自私自利的小人们的妒忌和故意挑衅才使迦太基灭亡。被勒令摧毁自己的城市的迦太基人拒绝这样做，因而被罗马人彻底毁灭。这是一个伟大国家的悲惨结局。

汉尼拔也遭到悲惨的下场。罗马人对迦太基迅速恢复繁荣妒火中烧，指责汉尼拔阴谋破坏和平，迫使他于公元前196年逃亡。公元前183年，在怀有报复心理的罗马人的追赶下，他在小亚细亚自杀。

作为失败者的汉尼拔一直被人们所怀念，获得了持久的声望。西庇阿这位确保了罗马继续成功并跻身于所有时代最伟大的国务活动家之列的胜利者，却基本上被遗忘。

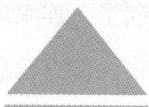

第2章 蒙古人的奥秘：
速度和诡计

在几千年的漫长历史中，欧亚大陆存在两种截然不同的和相互矛盾的生活方式。在沿海地区崛起了一连串以农业、工业和贸易为基础的富裕而人口众多的伟大帝国——西部有巴比伦、埃及、亚述、希腊、波斯、迦太基和罗马等，南部有印度河文明，东部有中国。而在辽阔的内陆，人类必须同极端的温度、靠不住的降雨量等作斗争，因而顽强得多的社会成长起来；这些游牧部落依赖牲畜群生活，跟随它们从一个牧场到另一个牧场。

沿海帝国的一个重要特征是永久性定居：人们居住在村庄和城市中，年年岁岁耕种同一片土地。而在欧亚大陆内地，社会情况截然相反：随着季节变迁，人们举家赶着畜群迁移，他们居住在可在一小时内拆除并运走的毡包或其他临时性建筑之中。

在欧亚大陆内地的所有地方，生活条件都很艰苦。但是，这里最富饶的部分是一片大草原；它从50度纬线两边起，延伸4000英里，从西部较为茂密的乌克兰平原到东部气候恶劣、蜿蜒起伏的蒙古丘陵。在这个大草原地带的南面有一个半干旱地带，它在一些地方与地球上的一些最荒凉、最令人望而却步的沙漠相毗连：里海和咸海之间的乌斯秋尔特、伊朗东北部科佩特山脉以北的卡拉库姆、阿姆河和锡尔河之间的克孜勒库姆、群山环绕的塔里木盆地中的塔克拉玛干和中蒙两国之间的唯一天然屏障戈壁沙漠。

由于内在因素所决定，这里许多牧场比其他牧场贫瘠，而且干旱或严冬影响牧草的生长，为此，亚洲内陆的各部落总是相互之间发生激烈冲突，以争夺或保护决定着其牲畜和自身生死的草原。

游牧生活内在的危险和为争夺或保卫草原而进行的战斗，使强悍、好斗和有纪律性的、能够克服千难万苦的民族应运而生。

这些仅能拥有便于携带财产的部落总是为沿海地区的财富、安逸和奢侈的生活所吸引。他们的这种欲望是由来已久的，它造成了生产方式比较落后的游牧民族和定居农耕民族之间持续不断的紧张关系。

倘若这些草原部落的纪律性能够得以发挥，它们可能会对沿海地区构成严重的威胁。但是，在许多世纪中，这些游牧民族是没有这种能力的，因为距离太远，而且缺乏从其广袤的内地出击的机动灵活的能力。它们只能在彼此之间争夺牧场，忍受着比较艰苦的生活。

然而，公元前8世纪初，大概是在黑海北面的草原上，一些部落成员学会了骑马。这一发展使草原上的生活发生了巨变，也改变了世界。

这场巨变发生了，尽管起初这些游牧民所骑的马既没有马镫，也没有马鞍。虽然他们在100万年前发明的嚼子和马笼头曾经使制造带轮子的战车成为可能，但是游牧民们用了几个世纪时间才创造了带前鞍桥和鞍后拱起部分的皮马鞍，以便骑得安稳。又过了将近100万年，印度人发明的马镫才传遍大草原。

尽管如此，驯服马匹是大草原上的人民的最大一项成就，它使他们成为潜在的世界征服者。从那以后，这些游牧民便在马背上度过一生中的很多时间，他们几乎把马当作自己身体的延伸。在这一过程中，他们成了天然的骑兵，马使他们能够在整个大陆上驰骋。

在此之前起码10个世纪，草原人民开发了另外一种武器；它与马相结合，使他们成为世界上有史以来最可怕的武士。这种武器就是组合式弓，通常由其后背上的一条动物筋、弓肚上的一层角质物和中间的一个木架组成。这种弓的拉力远远超过100磅（45.3592公斤），而且短小，便于骑兵运用自如。这种弓射出的箭杀伤范围可达300码（274.32米）；这种箭装备上锐利的金属箭头，便能穿透最厚的盔甲。

这些骑马的弓箭手创造了空前的战术，其精髓是速度和突然性。马上弓箭手令步兵瞠目的是，他们能够迅速冲到敌军队伍面前，如同暴风骤雨地一阵放箭，从四面八方，袭击敌人，然后遁去，自始至终都不同敌人步兵的剑或矛交锋。他们所喜欢采用的一招是佯攻，即把马的快速奔驰同巧妙的控制和择时相结合，发动猛烈的攻击，然后诈败而后撤，假装惊恐，有时消遁到地平线下面去。只有最精明的和控制力极强的敌军才能抑制住冲动，不去追击佯装溃败的骑兵；在这一追击过程中，敌军超出自己的后援所能顾及的范围，丧失严密的防守队形，任凭部队和个人纷纷离散。这时，这些骑兵弓箭手突然重新组织起来，掉头迎击挺进中的敌人，逐个部队或逐个士兵地歼灭分散开的敌军。这一战术一次又一次地、一个又一个世纪地在与不熟悉它的敌人的战斗中，得到成功的运用。

来自大草原的骑兵弓箭手们冲出内地，袭击沿海的文明。这种袭击有时来自生活在草原边上的、一心想劫掠的部落。另外一些时候，部落间战争在欧亚大陆上的广袤地区造成的影响，使得一个个民族全体迁移，迫使生活在边缘地带的部落逃亡到定居文明的所在地区。

在亚历山大大帝（公元前356–前323年）之前的几世纪中，正是这些因素或这些因素的结合，造成了伊朗血统的锡西厄人向欧洲、波斯帝国和希腊的大规模迁移。在他们之后，来了另外一支伊朗血统的、更加好斗的民族——萨尔马希亚人；希腊人称之为马萨盖蒂人。他们不但派其男子作战，而且还把其年轻女子送上战场；有关亚马孙人的神话可能就是由此产生的。

萨尔马希亚人还研制了一种新式武器，即用一把原始长矛武装着的重骑兵，以抵抗骑兵弓箭手的快速和放矢威力，使骑兵得以同敌人的密集兵力较量。萨尔马希亚人培育了一种比草原弓箭手的坐骑高大和有劲的高头大马。他们把这种马和长矛同由皮革或装甲保护着的骑手相结合，创造了一种突击武器，它有时能经受住雨点般的箭的袭击，并提供了在近战中对装备着较短的剑和矛的敌人的决定性优势。

其他一些游牧民族借鉴了萨尔马希亚人重骑兵和传统骑射者的结合。他们频频发动攻势，以摧毁和掠夺沿海各帝国和较为虚弱的部落；这慢慢地使被他们打败的敌人学会仿效这些使他们获胜的技术。

然而，尽管西庇阿树立了骑兵战斗力的榜样，罗马人在第二次布匿战争结束后重新依赖步兵。因此，从未对地中海沿岸世界产生充分影响的这种组合式弓，便成为一种重要武器。其结果是，罗马未能向东扩张。占领了伊朗和两河流域的草原民族安息人以其骑射手和挥舞着长矛的骑兵有效地阻止了罗马军团的前进。最使罗马屈辱的事情之一是著名的"安息人射箭法"——骑射者一边逃走，一边向后方射箭。罗马人无法同这些难以捉摸的骑兵交手，而且无力抵御他们射来的箭。

东罗马帝国，亦称拜占庭帝国，最终采用了包括骑射手在内的骑兵，作为其主要防御力量；类似的骑兵出现在整个中东。这些发展缩小了，但并没有消除大草原和沿海定居国度之间战争能力的差别。

萨尔马希亚人的身穿皮衣、挥舞长矛、骑着高头大马的武士是欧洲身穿昂贵盔甲和骑着高大战马的骑士的前辈。骑士是中世纪的主要武士。但是，西方没有采纳草原民族对骑兵作战的另外一项重大贡献——身穿轻盔甲或根本不穿盔甲的、骑着跑得很快的小马的弓箭手。

未能采纳这项贡献在西方导致了严重的社会后果。盔甲、剑、长矛和战马十分昂贵；因此，国王们把土地和农奴分给武士们，以使之获得收入来购买这些东西。这使武士们变成一个享有特权的、富裕的贵族阶级，使其余的社会成员变为一个奴仆阶级，只有与贵族联合的一个占少数的神职阶级例外。欧洲对单一——种骑士——重骑兵——的依赖，和由此造成的费用低廉的轻骑兵（和步兵）的贬值，在欧洲的骑士们同大草原上有史以来崛起的最伟大的军队交锋时，产生了同样严重的后果。

这支军队就是在12世纪末，在其可汗成吉思汗率领下崛起的蒙古

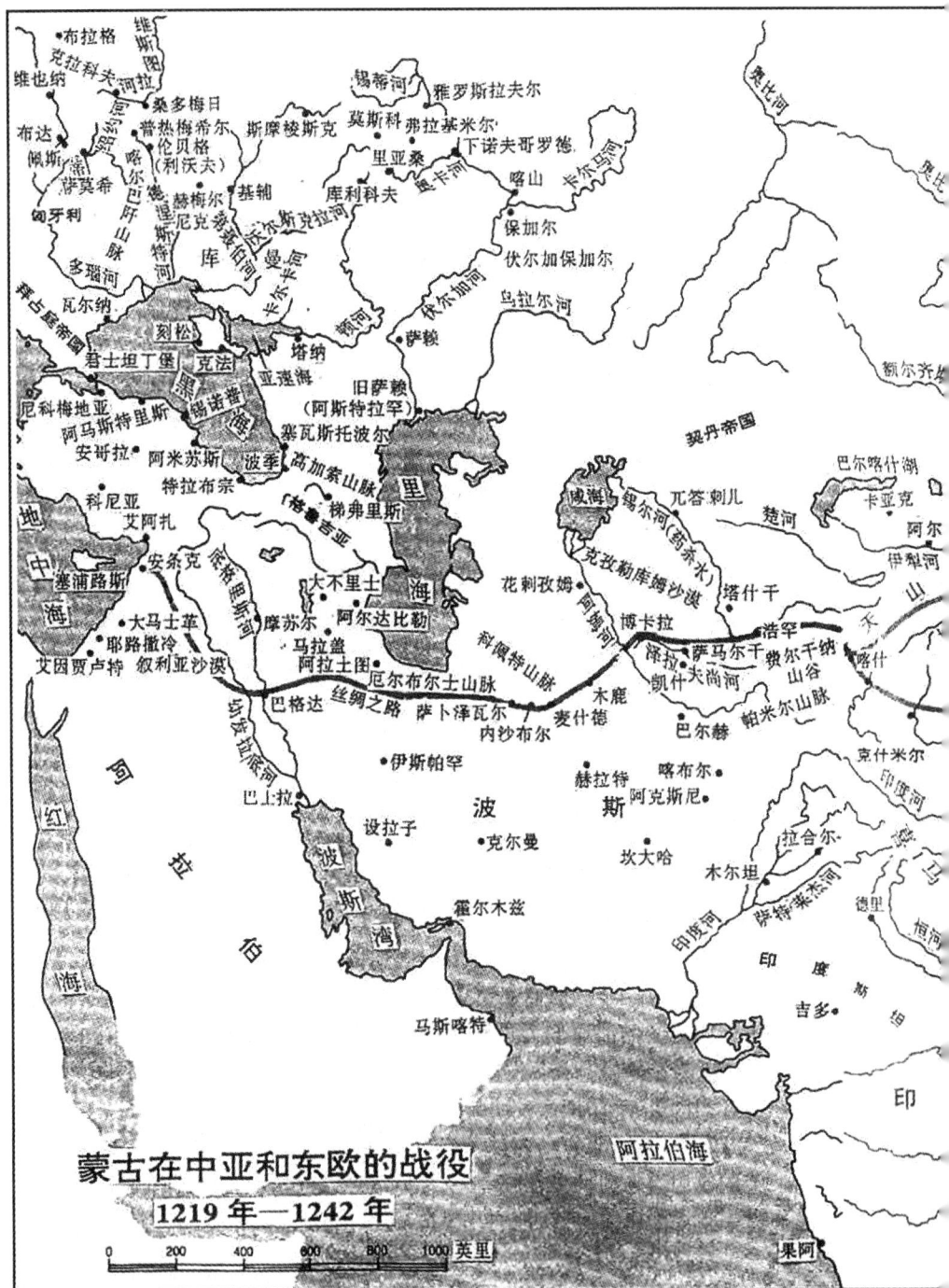

蒙古在中亚和东欧的战役
1219 年—1242 年

地图3：蒙古在中亚和东
欧的战役

统帅3：成吉思汗

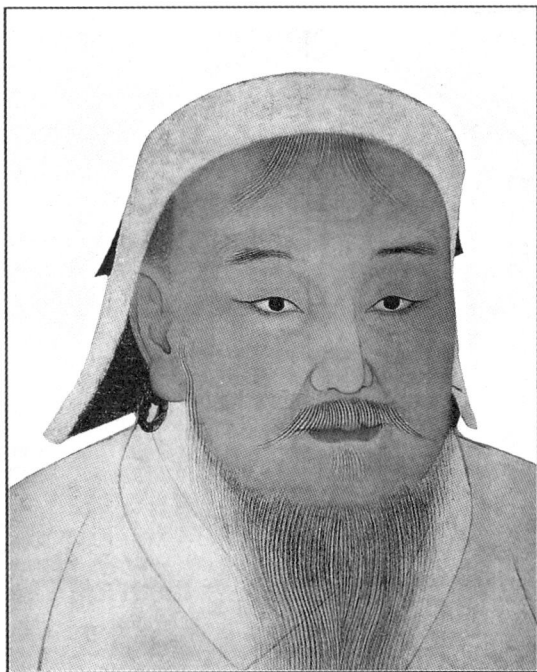

人的军队。成吉思汗同其主要干将速布台一起，培养了蒙古人及盟友们以前从未获得的效率和纪律性，使草原战争的快速和诡计达到了登峰造极的程度，取得了对任何民族或帝国来说都是空前绝后的胜利。

成吉思汗和速布台是有史以来最伟大的统帅当中的两位。此外，成吉思汗还拥有高超的政治手腕，使他得以联合所有蒙古人，打败蒙古人的主要敌人塔塔儿人，迫使塔塔儿人中的幸存者加入蒙古人的行列，并使阿尔泰山和满洲之间地区的其他部落加入一个统一的联盟。

1206年，成吉思汗权衡利弊。他想要使自己和自己的民族财源滚滚不断。但是，他的心思在贸易和征服之间分散。他最后决定进行征服。但是，一俟他使中亚屈服，他便希望恢复贸易，尤其是重新开放丝绸之路；这条路大约始于基督生活的年代，它把东方精美的产品带到罗马，主要换取西方的金银。

1206年 [编者注：应为1218年。]，成吉思汗决定向西扩张并摧毁强国哈剌契丹。契丹挡住了成吉思汗前往穆斯林帝国花剌子模的道路。该帝国首都是撒马尔罕。它控制着丝绸之路极为重要的一部分。在消灭契丹人之后，成吉思汗希望同花剌子模国王穆罕默德建立和平的商业关系，并使他相信，重新开放丝绸之路，将使通过他的领土的贸易增加，从而使他受益。

然而，成吉思汗不敢忽略与宋帝国为邻的两个强国。他们就是来自满洲的前游牧民族、控制着南到黄河为止的中国北方的女真人，和占领黄河上游的现今中国内蒙古和宁夏的西夏。

经过长达12年的艰苦征战，成吉思汗终于打通了从长安经塔里木盆地到喀什的丝绸之路；与此同时，他忙于征服拥有几百万人口的宋王朝。

后方既然安定了，成吉思汗便迅速掉头，只留下一支小部队继续这场战争，而把他的注意力集中在他仍认为是最大危险的契丹人身上。

成吉思汗发现了一个几乎不流血就能夺取契丹的大好机会。契丹国王、佛教徒屈出律由于迫害占其国民大多数的穆斯林突厥人而引起强烈不满。1218年，成吉思汗的元帅之一哲别率领两万大军从辽东出发，行程2500英里来到中亚。他一到达那里便宣称自己是为恢复宗教自由而来。穆斯林突厥人欢迎了他；不出几个星期，成吉思汗便把他的势力扩大到这个国家的几乎所有地方。

成吉思汗终于与花剌子模国王穆罕默德面对面了。穆罕默德的帝国大体上也是新的。在成吉思汗征服中亚的同时，穆罕默德把他的统治扩大到西南方的很大一部分穆斯林领土之上，并把阿富汗几乎到印度河为止的领土归为己有，把契丹人赶到锡尔河另一侧。这位国王能够动员20万人，大大超过成吉思汗的人马，其中大多数人是强悍的突厥骑士。虽然这位国王的军队不如成吉思汗的军队组织严密，但是他们也善于运用令人炫目的草原快速战术、组合式弓和长矛。

成吉思汗真诚地寻求与穆罕默德建立和平的关系，起码将这种关系保持一段时间；而且，重新开辟丝绸之路也是当务之急。因此，成吉思汗派遣一个使团前往撒马尔罕；这个使团送给国王最精美的礼品，许下媾和诺言，但却犯了一个不可饶恕的错误，就是对国王说成吉思汗把他视为自己的儿子，这表明成吉思汗把他称为臣民。

成吉思汗没有意识到自己得罪了人；他准备了另外一支有100头骆驼的驼队，满载稀世珍宝，在锡尔河下游渡河，进入了花剌子模的领土。驻守那里的官员夺取了驼队，并处决了其领导人。成吉思汗以为这名官员可能是擅自行事，便派遣了由一名花剌子模人和两名蒙古人组成的使团，只不过要求处罚这位官员而已。国王砍掉了这名花剌子模人的头颅，给两名蒙古人剃光了头，然后将其放回；这是一个无法弥补的侮辱。

按照蒙古人的传统，此仇必报无疑。成吉思汗只向这位国王发出了一个信息："你已选择战争。该发生的事情就会发生。听天由命吧。"

穆罕默德决定保卫他的北部边疆锡尔河。但是，他没有集中他的20万人对付蒙古人的15万人，而是将大多数兵力分散在沿河500英里的各个城堡之中。他的很能干的儿子札兰丁指出，没有来自撒马尔罕的增援部队，这些要塞在一场大规模袭击下都是无法守卫的。但穆罕默德确信，蒙古人无法包围或攻占构筑了工事的阵地；由于过分相信自己的兵力优势，他决意要保持守势。

穆罕默德作出这一决定正中了成吉思汗的计策。成吉思汗拥有世界上效率最高的战争机器。它建立在四大重要基础之上：极强的机动灵活性、武器的优势、几乎万无一失的战术体系以及战略天才。成吉思汗本人和他的两员主要干将哲别和速布台就是这种天才的榜样。这两位都在25岁以前升至高级将帅职位。

蒙古人的全部军队都由骑兵组成。在从黄河到多瑙河之间辽阔的沙漠和草原地带，骑兵因其快速和机动灵活性而对步兵占有决定性优势。此外，从6世纪以前的一段时间起，马镫便在整个欧亚大陆上普遍采用；马背上的士兵便有了一个跳板，以此同步兵一样容易地射箭或使用刀剑；骑兵便能够借助于马的力量挥舞长矛打击敌人。此外，每名士兵还带领着一群马前行，以便在一匹马疲劳时换马，从而全天全速前进。

虽然蒙古人拥有弩炮和其他围攻用的火炮，并且使用长矛、刀剑和投枪，但是他们最重要的武器仍旧是组合式弓。

尽管在阿拉伯世界、拜占庭和中国，人们对弓箭极其重视，但是它在蒙古人手中效力更高，主要因为蒙古人依靠它，并花了许多时间来完善对它的使用。蒙古式的弓有防水油漆的保护，不受天气变化的影响。它具有100磅（1磅合0.45359237公斤）至160磅的拉力，而英格兰式长弓的拉力只有75磅左右，因其是用单一材料紫杉木制成。这种长弓一个多世纪后才在法国的克雷西出名，它的射程为250码（1码合0.9144米），而蒙古式弓能射350码，而且速度较快。

蒙古人拥有能够穿透任何装甲的箭，有远程箭、发信号用的哨箭和给房屋或屋顶放火的燃烧箭。

蒙古人的战术在理论上很死板，但实施起来却具有很大的灵活性。在首领明确信号指挥下反复运用经过验证的兵法，有着极高的效率并得到了迅速应用，这使蒙古人屡获成功。

蒙古人的战斗队形有五排。重骑兵组成头两排，旨在进行主要的打击。这些马穿着装甲。兵士们头戴铁盔，身穿牛皮胸甲，胸甲上面带有铁制鳞片，拿着12英尺长矛、弓和短弯刀、战斧或狼牙棒。身穿轻盔甲或根本不穿盔甲；携带短剑、投枪和弓箭的轻骑兵组成最后三排。

轻装部队分成三个小分队——先锋和两翼——在主力部队前边很远的位置分散开来开展小规模战斗。假如敌人攻其一翼，与他相遇的轻骑兵便自动成为先锋，其他散兵部队转向两翼，主力部队正面迎敌。

一俟先锋与敌人交战，主力部队后三排中的轻骑兵便穿过重骑兵行列来参加战斗。假如蒙古人正在挺进，轻装部队便把箭和投枪雨点般地射向敌人。倘若敌人正在挺进，轻装部队便赶在他前面一边撤退，一边向后放箭。在这两种情况下，目的都是打乱敌人的阵脚，不论它是骑兵还是步兵。当敌人阵营果然乱了时，轻骑兵便脱离战斗，转移到两翼，从而给重骑兵留出畅通的道路，以便其冲上来进行决定性的打击。

倘若轻骑兵未能在敌人防线上造成必要的空隙，指挥官便会命令一翼上的轻骑兵从侧面攻击敌人的侧翼。与此同时，重骑兵包抄到这一侧翼后面，从其后方发动决定性攻击。

蒙古人最喜欢运用的战术是动用"蒙古突骑"，即一支单独向敌人进攻的、经过特别挑选的部队。"蒙古突骑"在发动一场令人畏惧的攻击之后，分散并逃跑，以诱使敌人穷追不舍。这一招通常十分有效。敌人骑兵奋勇追击逃跑的蒙古军队，以为自己马上就要胜利了。在后方看不到的地方，蒙古弓箭手设下埋伏。敌人骑兵在来到弓箭手们面前时，便被驱散，其中许多人被击中倒下马来。陷入混乱和遭受严重伤亡的敌人对此时发动攻击的重骑兵毫无抵御力。

蒙古人的战略是一种用兵如神、出其不意和施展诡计的演练。它使敌人大惑不解，将蒙古军队置于敌人最没有料到的决胜位置。

成吉思汗将其主力集中在巴尔喀什湖以东的额尔齐斯河畔。他选中速布台来计划这场入侵。速布台想要保护会师的蒙古军队免遭穆罕默德的突然进攻，他还想掩盖他的准备工作并确保秘密。

1219年春夏两季，在速布台建议下，成吉思汗派遣他的长子术赤率领一支强大的蒙古军队向锡尔河下游（北段）进军。术赤大肆破坏了巴尔喀什湖以西直到兀答剌儿附近的乡村。到札兰丁率一支强大的花剌子模军队前来应付这场入侵时，术赤已经完成任务，将所有马匹和劫掠来的物资运送回去，焚烧了城市和田野，留下一片无力养活军队的荒凉土地。在与札兰丁进行一场后卫战斗之后，蒙古人点燃了平原上的干草，然后消失在浓烟和火焰后面。

蒙古人在数月中毫无动静。到1220年春天，哲别率两个有一万人的师（万户）从喀什出发向西前进。他从1.3万英尺高的、埋在深雪之中的泰莱克要塞穿过帕米尔高原。虽然蒙古人失去了绝大部分给养，吃了许多苦，但是他们到达了费尔干纳谷地，向浩罕挺进。浩罕保护着药杀水防线的南端。这样一来，哲别便直接威胁着穆罕默德的右翼和他的两个实力中心：撒马尔罕和更西面的不花剌。

术赤前一年夏天在药杀水北段地区发动的焦土攻势使穆罕默德相信，蒙古人不会再次袭击那里；与此同时，哲别出现在费尔干纳谷地，使这位国王的注意力集中在锡尔河南段。穆罕默德加强了那一地区的河上防线，并把4万大军集中在不花剌，将另外一些兵力驻扎在撒马尔罕。

此时，成吉思汗正在谋划在别的地方进行主要的打击。他已经把他的主要攻击力量分成三支部队。他把其中一支有三个万人师的部队交由术赤指挥，另外一支也是由三个万人师组成的部队由另外两个儿子窝阔台和察合台率领。第三支由三个万人师组成的部队和精锐的皇家禁卫军仍由成吉思汗指挥；速布台任先锋。

这三支部队加在一起，人数超过10万；现在，它们携带着全部粮秣，沿着敌人最没有料到的路线前进，即直接穿过被术赤变成不毛之地的那片土地。1220年2月，他们出其不意地前出兀答剌儿，到达药杀水防线的左侧。在夺取这座城市之后，他们抓获了杀害蒙古使团的地方官员，并将其处决。

在大规模围攻兀答剌儿的战斗中，成吉思汗的4个万人师与他的儿子们所统率的部队相比并不出色。其子所率领的这两支部队向南方挺进。开始清除锡尔河防线，攻下一个个堡垒，并向哲别靠拢；而哲别则攻克了浩罕，并向北前进，以便同他们会师。这些行动把穆罕默德的注意力固定在药杀水防线上；他把自己的所有后备力量都派到那里去了。

但是，成吉思汗所率领的部队没有随王子们的部队一起行进，而是不知不觉地消失在北面，它攻占了一座土库曼城市扎尔努克，只为弄到一个人；有密探对成吉思汗说，此人知道一条路，可以沿着一系列绿洲穿越克孜勒库姆沙漠。

成吉思汗和他的4个万人师在这名扎尔努克向导带领下，安全地穿过克孜勒库姆沙漠，于1220年4月初出现在不花剌，即穆罕默德军队的后方，行程300多英里，而且穿过据说是不可逾越的沙漠。成吉思汗仅以此惊人一击，便破坏了穆罕默德的整个防线，切断了他同西面各省的联系；而那里有许多部队尚未召来。这是战争史上最了不起的战略行动之一，也许还是有史以来最好的一个战略上出其不意的实例。

成吉思汗和速布台留出不花剌的一个城门未加包围，以期引诱城中的主要守军到城墙外面的开阔地带来作战。这支守军主要由康里部落雇佣军组成；该部落属于钦察族，来自咸海彼岸。这支部队的主力——大约两万名士兵——冲出此门，佯装要袭击蒙古人，但实际却向南逃窜。翌日，奥克苏斯河 [编者注：应为阿母河。]挡住了他们的去路；蒙古人追赶上来并将其消灭。

不花剌守军的其余部分逃入城堡，而城内的教长与绅士则献出城池。蒙古人驱赶着几千名平民百姓掩护其攻击，很快便夺取了城堡。战斗中城内大多数地方都着了火，成吉思汗下令拆掉城墙。

成吉思汗和其他三支蒙古部队在撒马尔罕会师；穆罕默德仓皇逃走。5万康里军徒步走出城池来迎战蒙军。蒙军后撤，直到能够包抄到康里军两翼为止，从而将撒马尔罕守军切割成两半。剩下的康里人表示愿意放弃花剌子模，声称自己是像蒙古人一样的游牧民族，愿意加入蒙古军队。

被其守卫者们遗弃的撒马尔罕人投降了。大约1000人趁着夜色从城堡溜走；蒙古人很快就攻克了城堡，杀死了其余的人。在城外，他们包围了康里人，并屠杀了他们。成吉思汗说："一次失信者便永远不可信任。"

由速布台等率领的一支蒙古特种部队迅速追击穆罕默德。剩下几个省中的人民失去了对他的信心；穆罕默德于1221年1月在里海的一个岛屿上死于胸膜炎。为了保护其南侧，成吉思汗有条不紊地蹂躏了阿富汗；他的儿子拖雷屠杀了呼罗珊的大多数人民。

在仅仅几个月内，几乎完全靠使守卫者们无法应付的战略行动，成吉思汗便把一个大王国摧毁殆尽。他首先在南部发动攻击，从而使国王的注意力集中在远离他的第一个主要打击点的地方，即差不多500英里外的兀答剌儿。然后，成吉思汗利用猛烈但是非决定性的攻击牵制敌军，使之被拖在锡尔河沿岸，从而得以包抄到敌军后方，切断其同增援部队的联系，夺取一个重要城市，并消灭首都的守军。在每一个决战地点——兀答剌儿、不花剌和撒马尔罕——他的出其不意使他得以聚集优势兵力，尽管他的总兵力不如穆罕默德强大。

1221年2月，速布台和哲别率领两万军队开始了对西方大草原历时两年的侦察，以便为蒙古人进一步的征服开辟道路。这一行动迄今仍是历史上最了不起的骑兵袭击。虽然这支探险队的人数少得可笑，但是速布台和哲别消灭了格鲁吉亚、俄罗斯、伏尔加河中游地区的保加尔汗国和康里族等的军队；他们当中大多数兵力都要强大得多。他俩还用黄金招募了大批密探，以了解欧洲局势，并同威尼斯人建立了秘密联盟；威尼斯人在亚速海设有贸易站。作为提供有关欧洲地理和政治的情报的报酬，速布台和哲别答应在蒙古人所到的任何地方给予威尼斯人贸易垄断特权。

但是，成吉思汗于1227年去世，这使得蒙古人的计划暂停实施；这些计划包括征服伊朗剩下的部分领土、向两河流域进军、重新开辟丝绸之路，以及征服欧洲。成吉思汗仍然健在的第三个儿子窝阔台继承汗位；但是，窝阔台一心谋划征服北方残存的女真族；1235年以后，他又投入了对南方宋王朝的大规模进攻。

但是，在东亚进行的扩张受到海洋的限制。而俄罗斯大草原则提供了进行征服的大好机遇。这些大草原在1221年至1223年的西征中虽未被征服，却被分给了成吉思汗的孙子拔都。速布台主张征服那里，以保护蒙古人的西侧，并使之为夺取匈牙利大草原充当跳板。有了这个天然牧场和基地秣马厉兵，蒙古人便能够逐个摧毁欧洲各国。

速布台的设想引起了很大热情；窝阔台向速布台提供了5万 [编者注：实际军队出征数约15万。]名久经沙场的兵士，名义上由拔都指挥，以便在从当地征召的部队帮助下征服西面的大草原。

1236年，速布台征服了伏尔加河上游的保加尔人和下游的钦察人；1237年冬季，蒙古人的12万大军越过冻结的伏尔加河进入俄罗斯。

在此后的3年里，蒙古人陆续摧毁了俄罗斯诸国当中的大多数国家，利用冬季结冰的河流为通道深入俄罗斯腹地。1240年12月夺取并摧毁基辅，使攻势达到高潮。俄罗斯的抵抗力量崩溃了。蒙古人很快就抵达了把俄罗斯同匈牙利分开的喀尔巴阡山脉。

此时，蒙古人便准备入侵东欧了。虽然欧洲的统治者们早在两年前就意识到蒙古人的意图，但令人奇怪的是，他们竟无动于衷。教皇格列高利九世对俄罗斯的东正教基督徒们的毁灭并不感到悲痛；但是，他对信奉天主教的匈牙利被入侵感到担忧。然而，他和统治着德意两国很多领土的神圣罗马帝国皇帝腓特烈二世的注意力分散在别的事情上。他

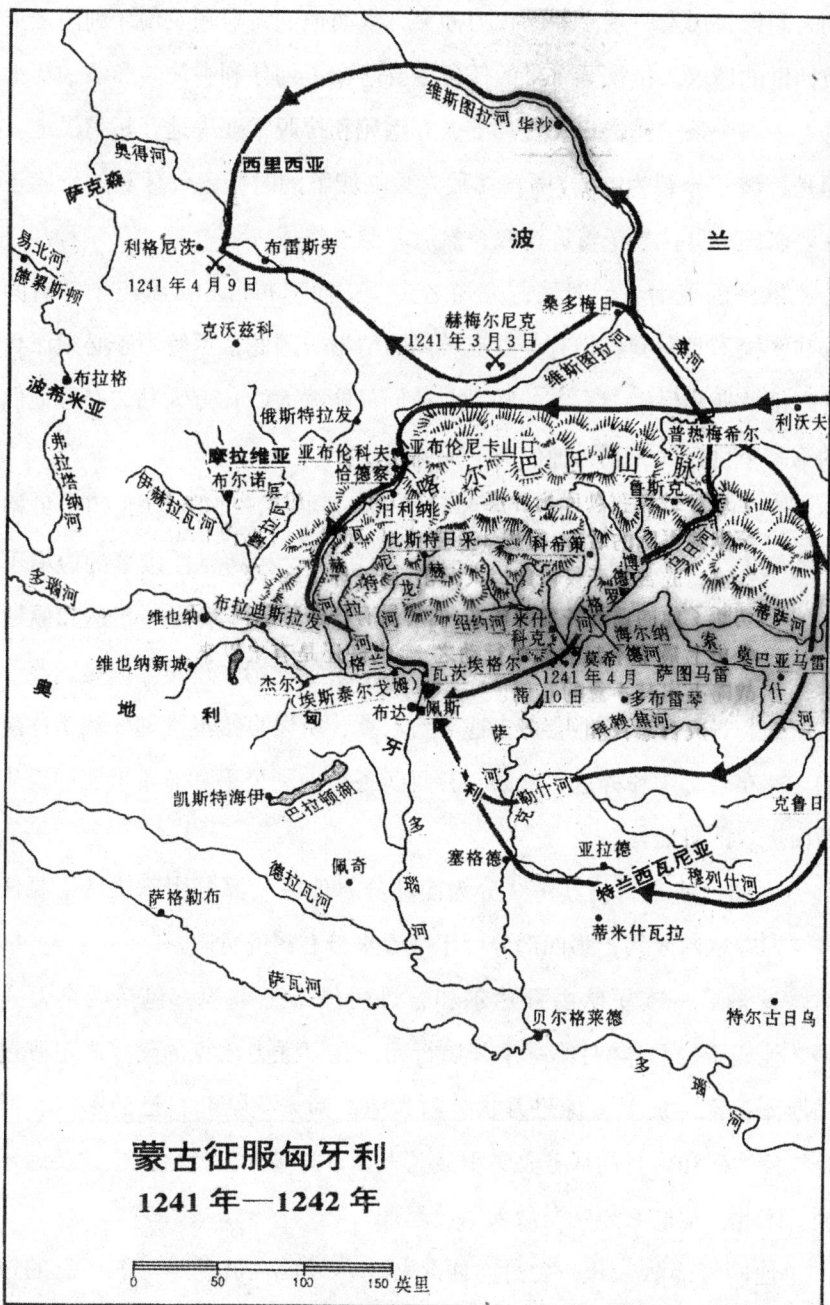

蒙古征服匈牙利
1241年—1242年

地图4：蒙古征服匈牙利

们之间即将爆发一场激烈的权力冲突，因而他们无暇顾及匈牙利国王贝拉四世的请求。抵御蒙古人的任务主要落在了匈牙利、波兰和条顿骑士的肩上——条顿骑士正在普鲁士、立陶宛和拉脱维亚等地开拓殖民地。但是，波兰分裂为9个公国；在敌人兵临城下的时候，匈牙利的贵族还在要求国王贝拉授予特许产权，然后才愿意作战。

欧洲的统治者们对蒙古人知之甚少；而速布台和拔都王子却有间谍和密探不断向其提供有关欧洲政局的情报。因此，尽管由于必须派兵驻守俄罗斯和保障与东方的联系，他们只能派大约10万人马去夺取他们的第一个目标匈牙利，他们并不为此担忧。

1241年1月，速布台把蒙古大军集结在喀尔巴阡山以北的伦贝格（利沃夫）和普热梅希尔附近，离当今的波兰和乌克兰接壤的边境不远。速布台的意图是强攻喀尔巴阡山的关隘，向多瑙河畔布达和佩斯西北25空英里处的匈牙利首都格兰（埃斯泰尔戈姆）进军。但是，鉴于波兰人和日耳曼人可能会袭击速布台右翼，所以直接挺进匈牙利是危险的。速布台必须粉碎这些威胁、并且防备奥地利公爵和波希米亚国王从西面进攻的可能性。

因此，速布台将其军队分为四部分。他将三部分用于执行主要任务，即夺取匈牙利；第四部分用于消除来自右翼的危险。

这最后一支军队由拜达尔和合丹两位亲王率领，包括两个万人师。他们于1241年3月第一个开始行动，在以强力攻克的桑多米尔渡过维斯图拉河。波兰人惊恐万状，因为他们尚未集结起自己的军队。但是，拜达尔和合丹的任务是吸引波兰人和日耳曼人，使之无暇顾及匈牙利。因此，他们必须刺激敌人动员起来。

他俩将部队分开，合丹向西北移动，以便在波兰尽可能广泛的地区散播恐惧，并威胁奥德河以西的日耳曼诸国；而拜达尔则继续向西南挺进，直接威胁波兰首都克拉科夫，一路上烧杀劫掠，把敌人的注意力吸引到自己身上。拜达尔的军队在即将抵达克拉科夫时停下来并开始撤退，好像他们是一伙返回老巢的匪徒。像几世纪以来众多与草原民族遭遇的敌军一样，波兰的骑士们没有识别出其中有诈。确信自己即将大胜的他们完全丧失警惕性，放弃克拉科夫的城墙，骑着高头大马追击蒙古人。

拜达尔的兵士们四散逃避，放走了战俘。波兰人猛追穷寇。在离克拉科夫11英里的赫梅尔尼克，一支蒙军部队设下埋伏：聚集在一起的弓箭手们射出了雨点般的锥头箭，这种箭很容易地穿透了波兰人的盔甲。波军大多数阵亡。克拉科夫的居民们遗弃了这座城市，蒙古人将它付之一炬。

拜达尔和合丹计划在西里西亚首都布雷斯劳会师。但拜达尔先合丹而抵达，发现该城居民焚毁了自己的城市，躲藏到城堡里去了。拜达尔获悉，西里西亚国王亨利在西面40英里处的利格尼茨（莱格尼察）集结了一支2.5万人的军队。其中许多人是身穿盔甲、挥舞长矛的骑士，特别是亨利的西里西亚人、法兰西骑士、条顿骑士和波兰的残存骑兵。但是，其中大多数是波兰和摩拉维亚的封建士兵和在进攻性战斗中几乎毫无用处的、大多装备着长枪的步兵。

拜达尔获悉，波希米亚国王文西斯劳斯正在向亨利靠拢。拜达尔一面派人给速布台和合丹送信，一面出发，全速前进，以便赶在文西斯劳斯之前抵达利格尼茨。合丹在半路上与他会合；他俩于4月8日一起抵达利格尼茨。翌日，亨利出来迎战蒙古人；他不知道，文西斯劳斯率5万大军，离他只差一天路程。

亨利将其军队集结在城外的一个平原上。当蒙古军队的前锋以密集队形接近时，其人数显得很少，因此亨利只派一个骑兵分队应战。当这支小部队在蒙军弓箭的屠杀下溃退时，他命令其余的骑兵进攻。蒙军诈败并逃走，再次吸引欧洲骑士穷追不舍。欧洲人的冲锋很快就变成一场分散、混乱的奔跑。隐蔽在烟幕弹屏障后面的是埋伏好的蒙古弓箭手。当骑士们进入射程之内时,弓箭手们的射击使之纷纷落马,并使冲锋停止。然后,蒙古重骑兵攻击了混乱中的骑士们,杀死剩下骑士中的大多数。这时,弓箭手们骑马穿过烟雾屏障,射杀了步兵;同时,骑兵追上并杀死了西里西亚国王亨利。蒙古人把从敌军死者身上割下的右耳装满9个袋子向拔都邀功。

在不到一个月时间里,这支蒙古小分队奔驰400英里,进行了两次决定性的战斗。波兰举国震惊,一蹶不振;奥德河西面的日耳曼人退守自己的国土。蒙古人的这支部队基本上大功告成。

剩下的唯一隐患是文西斯劳斯。获悉在利格尼茨发生的灾难后,他撤退并且从图林根和萨克森征集增援部队。蒙古人发现,他的军队集结在格拉茨峡道中的克沃兹科;那里位于利格尼茨东南60英里。文西斯劳斯指望在这条峡道中设下陷阱来消灭蒙军。但是,侦察部队已经告诫拜达尔和合丹提防这一危险,因而他们没有中圈套。此外,他们在利格尼茨之战中严重损兵折将,因而对在硬拼中打败文西斯劳斯的强大军队没有把握。

然而,文西斯劳斯已经撤退到距离在多瑙河西岸上进行动员的匈牙利人250英里处。因此,文西斯劳斯的军队在战略上鞭长莫及,无法影响匈牙利战争的胜负。

为了确保长期地把文西斯劳斯牵制在北面,这两位蒙古王子佯攻西面,做出计划向德国进军的姿态。文西斯劳斯尾随而来。蒙古人此时化整为零,组成一支支小部队,迂回到波希米亚军队的后方,像拉网一样扫荡摩拉维亚,焚毁村庄和商店,以保卫蒙古人的侧翼。

一俟荡平摩拉维亚,王子们重新集合起部队,掉头向东南进发,去同速布台会师,准备一旦奥地利人前去援助匈牙利,便同他们决战。在这场出色的旋风式战役中,一支不起眼的蒙古军队彻底消除了比它强大许多倍的波兰、德国、捷克和奥地利军队进行干预的可能性，然后还能及时返回到主力部队之中，以备不时之需。

速布台期待着这场侧面战役提供保护；但是，他并没有完全依靠它。调兵遣将的司令官的主要任务是使敌人误解他的目的，以防自己在路上遇到有效的抵抗。因此，速布台把主力分为三个纵队，沿着各不相同的路线进入匈牙利。由于同时在三个方向上受到威胁，匈牙利人无法集中力量对付蒙古人的任何单一威胁，因为他们担心，另外两支部队会降临在他们的后方，抑或夺取他们不可或缺的重要城市。因此，速布台确信，敌人不会有效地抵抗三个纵队当中的任何一个，这三支部队都能够安然无恙地抵达多瑙河畔，在那里重新合为一支部队。

速布台依靠令人难以置信的速度，在惊呆的匈牙利人作出反应之前，在多瑙河畔部署了蒙古军队。

右侧即北方的纵队于3月初从普热梅希尔西进，其北侧受到维斯图拉河和王子们的侧翼小分队的保护；这支小分队早几天出发。该纵队此时掉头南进，穿过亚布洛尼察和喀尔巴阡山脉中的邻近关隘，分成两支部队，绕了一大圈，于3月17日出现在多瑙河畔，夺取了河东岸上位于布达和格兰之间的瓦茨，屠杀了当地百姓。

与此同时，左侧即南方纵队绕了一个大弧，向东南挺进，经过摩尔达维亚和瓦拉几亚，突破关隘进入特兰西瓦尼亚；部分兵力阻止特兰西瓦尼亚贵族和神职阶层向布达派兵，另一部分兵力在速布台率领下沿着蒂萨河下游河谷疾驰；于4月3日到达佩斯。

最后出发的是中间的纵队，其中包括拔都和近卫军。该纵队于3月12日攻克鲁斯克关隘，沿蒂萨河上游河谷挺进。前锋于3月15日到达多瑙河畔，主力两天后抵达。这支前锋部队的行动是历史上最迅速的行动之一：在3天中经过敌国领土，而且是在很深的积雪中行军180英里。

4月3日，速布台在多瑙河畔的布达和佩斯城外集结了他的三个纵队。贝拉已将其10万大军集中在那里。虽然蒙古人现已控制了多瑙河以东的匈牙利领土，速布台的战略也已防止欧洲各国集结重兵迎战他，但是他对局势将如何发展仍然没有把握。他的兵力仍旧处于劣势，只有7万人，因为一个万人师仍在特兰西瓦尼亚，待在西里西亚的侧翼小分队没有参加利格尼茨之战。如果在匈牙利大军眼皮底下强渡多瑙河，那将是很危险的。此外，他在河畔逗留越久，欧洲其他国家的统治者们出兵援助贝拉的可能性越大。

因此，速布台在一个具有战略意义的规模上实施了蒙古人惯用的战术诡计：他向东撤退了。匈牙利人立即断定，蒙古人是被他们的兵力优势吓住了；于是，他们纷纷要求追击他们以为正在逃窜的蒙古人。他们转忧为喜，从担心蒙古人袭击的情绪，变成了跃跃欲试，要分享战利品和荣耀。贝拉国王命令其军队追击蒙古人。

匈牙利人没有认识到，速布台是在引诱他们远离多瑙河这一屏障，并失去获得增援机会。速布台以缓慢速度实施撤退，用6天时间才抵达布达佩斯东北100英里左右的撒岳河。在绍约河西面不远、离它汇入蒂萨河处很近的莫希荒原上，拔都和速布台决定袭击追来的敌军。

4月9日，蒙古军队越过荒原，经过用石头筑成的唯一桥梁过河，继续行进10英里，进入了托考伊的丘陵和葡萄园西面不远处的灌木丛。在那里，蒙古军队找到了藏身之处。一支匈牙利分遣队于那天晚上越过石桥，进入灌木丛，却什么也没有发现。

匈牙利人在荒原上安营扎寨；他们把马车围成一圈，用链条和绳子系在一起，在圈内设置帐篷。在匈牙利人的右面，是蒂萨河的沼泽地，在他们的正面，荒原对面，是绍约河，左面是丘陵和森林。

4月10日黎明前，战斗开始了。拔都率4万人向石桥发动袭击。匈牙利人顽强固守，蒙古人久攻不下，便动用了弩炮，用燃烧弹轰击，迫使匈牙利人撤退；蒙古人方才得以过河，来到西岸。

尽管如此，蒙古人仍很吃紧；敌军人数众多，二对一还绰绰有余，频频向蒙古骑兵发动进攻。只有弓箭的射击使蒙古人免于被密集敌军的冲锋所压倒。在令人发疯的两小时激战中，拔都和将士们经受住了令人难以置信的进攻；他们虽然兵力损失惨重，但是却完全吸引了匈军的注意力。

最后，速布台和另外3万蒙古军队终于出现在匈牙利人的后方。在拔都从正面牵制住全部敌军的同时，在匈牙利人不知不觉的情况下，速布台在绍约河下游建起一座桥 [编者注：据史书载，应为"结筏潜渡"。]，率部队袭击敌人。

这使匈牙利人震惊，但久经沙场的他们并没有惊慌失措，而是有秩序地撤回营地。但是，蒙古人包围了营寨，用弩炮猛轰，用燃烧箭给马车和帐篷放火，摧毁了匈牙利人的信心。

这时，蒙古人集合起来进行一次攻击，但却在通往两军一天前进入荒原所经过的大峡谷的方向上留出一个很大的空隙。虽然最勇敢的骑士们组成一个楔形迎战，但是更多得多的匈牙利骑兵冲向这个峡谷

逃亡——他们当中的许多人扔掉武器和盔甲，以使马跑得更快。蒙古人用射箭和重骑兵的攻击摧毁了匈牙利人的阵势。

匈牙利人自以为逃脱了敌人的追击，但实际上却坠入一个陷阱。蒙古轻骑兵的马一般比欧洲笨重的大战马跑得快；他们在两侧追击匈牙利人，像击中无奈的猎物一样将其击落马下。在返回佩斯的30英里路上，匈牙利人尸横遍野。起码有7万人死在战场上或西逃的路上。

这场战斗的观察者们对蒙古人的快速、默契和步调一致印象深刻。蒙古士兵们一丝不苟地按照黑白旗帜所发出的信号行事。观察者们还对蒙军弓箭手们的箭无虚发印象深刻。据当时的一位历史学家、普莱诺卡尔皮尼的约翰所说，欧洲骑士们几乎完全依靠强攻战术，而蒙古人则"杀伤大量人马；只有当弓箭已将人马消灭殆尽的时候，他们才与敌

军短兵相接。"

在绍约河畔的这场灾难发生后,匈牙利人的抵抗力量崩溃了。蒙古人挺进到多瑙河畔,将佩斯付之一炬,但却没有渡过河去。拔都和速布台养精蓄锐,巩固了他们对匈牙利东部的控制。教皇宣布了对蒙古人的一场三心二意的讨伐,但它没有产生结果。

1241年12月,多瑙河结了厚厚的冰;蒙古人于圣诞节这一天越过河去,攻占了格兰;格兰是匈牙利最富裕的城市和天主教大主教所在的地方。蒙古人将大多数财宝运走了。他们还洗劫了布达,并对奥地利进行侦察;与此同时,他们的另外一支部队掉头向南面的萨格勒布前进,并越过该市,以搜寻在绍约河之战中逃脱的贝拉,却没有找到。

现在,欧洲袒露在入侵者面前,没有任何屏障。不存在任何能够打败蒙古人的军队。速布台旨在逐个摧毁欧洲国家的原计划看来即将开始实施。

但是事与愿违。1241年12月11日,一名信使从蒙古首都和林带来消息:窝阔台病逝,其妻担任摄政,直到一位新的汗王选出为止。

蒙古的王子们渴望着回去竞争王位的继承权,因而决定率近卫军返回东方。拔都知道,没有这支部队,他便无法控制匈牙利;但他认为,他利用征募的土库曼军,能够保持其余绝大部分领土。于是,他决定撤出匈牙利;蒙军有条不紊地撤退了,没有受到任何干涉。蒙军在撤退的路上摧毁了一切障碍,不论是房屋建筑,还是当地人民。拔都回到他的大本营、阿斯特拉罕北面60英里处伏尔加河畔的萨莱,在那里建立了历史上有名的一个蒙古帝国金帐汗国的首都。

蒙古人再也没有机会入侵欧洲了。对欧洲人来说,已经发生的事情像是一场噩梦和暂时的反常现象;他们捏造了种种神话,说他们如何打败和赶走了"鞑靼人"——他们是这样称呼蒙古人的。但是,只有蒙古汗王不合时宜的去世拯救了他们,因为蒙军的战士们同欧洲最出色的武士相比都处于优势，尽管欧洲人在人数和装备上较为强大。

花剌子模国王穆罕默德去世后，丝绸之路上的贸易迅速发展，蒙古人最终几乎完全控制了它，因为成吉思汗的继承人之一蒙哥1258年夺取了伊朗 [编者注：实际上，这次西征大军是由蒙哥之弟旭烈兀率领，故史称"旭烈兀西征"。]。在此后的几个世纪里，丝绸之路长盛不衰。

蒙古人的战术之所以具有毁灭性，是因为士兵们等到弓箭的射击使敌军陷入混乱时才靠近他们交战。蒙古军队很少任凭自己被卷入与欧洲军队的重骑兵的交锋之中，而是一旦看到信号便迅速撤离，在远处集结起来，再次用弓箭袭击敌人。他们不断重复这一过程，直到敌人被削弱，才动用重骑兵发动一场决定性的进攻。

蒙古人将其军队限制为单一军种，即骑兵，从而获得了简单性和有效性。他们避免了使一个机动兵种和机动性较差的步兵相协调的必要性。而这个协调难题始终困扰着欧洲军队。

但是，蒙古人之所以获胜，主要是因为他们拥有几位这样的将帅：他们知道如何利用其军队的出色机动能力，出其不意，攻其无备。

第3章 拿破仑和歼灭战

在1000年漫长的岁月里，骑兵主宰着西方的战争。在蒙古人于13世纪消失在东方地平线上之后，这一优势继续存在。留下来统治着几乎每个战场的是身穿盔甲、骑高头大马和使用长矛的骑士。

骑兵的威力开始被英式大弓和石弓所破坏；这两种弓都能够穿透骑士的盔甲，从而使之落马。但是，这一过程是缓慢的，尽管1346年在克雷西和1415年在阿金库尔，对法兰西骑士来说英式大弓显示出了优势。

最终打倒了骑士的不是弓箭，而是由火药推动的投掷物。15世纪中叶，高效的火器出现了；下一世纪初，它们的射弹便能够穿透盔甲。17世纪，从罗马帝国末期算起，步兵再次成为战斗中的佼佼者。装备着单响的前装式滑膛枪并获得机动性较强的火炮援助的步兵充满了战场，并且能够灵活机动地战胜骑兵。

但是，由纪律性很差的步兵，特别是匆匆招募、一心想打家劫舍的雇佣兵组成的游动匪帮有毁灭西方文明的危险。在30年战争（1618年至1648年）期间，欧洲中部的大片土地变成了人迹罕见的荒野，几千座城市和村庄被焚毁和遗弃，800多万人民丧生。

获得对欧洲主要国家控制权的专制国王们决心制止这种劫掠，因而创建了与平民百姓截然分开的常设职业军队。由于这些士兵主要来自社会渣滓，所以他们受到严明纪律的约束。这些军队常备不懈，因此耗资巨大，所以被保持在尽可能小的规模上。

由于必须以纪律约束士兵，所以将帅们不得不严格限制其战术行动。如不几乎每时每刻地看管，许多士兵便会开小差。这导致了密集队形的军事行动始终在军官们眼皮底下进行。士兵们甚至很少获准在无人看管的情况下在河中洗澡。由于士兵们不准自己去寻找食物，所以将军们用后方军火库中所保存的给养为士兵们提供食品。这样做严重限制了军队的机动性，导致一种消耗战略，而不是歼灭敌军的战略。主要目的不是打击敌军，而是包抄其供应线。

然而，在卢梭赞美民主和自由的著作推动下，一场社会巨变即将到来。他和另外一些想要摧毁专制主义现存社会的人士的教导为法国革命做了准备。这场巨变于1789年开始；它导致了民族国家和爱国主义的崛起。国王们从前的臣民成了公民；他们养成了对自己国家的依恋和忠诚，即类似于旧石器时代靠狩猎和采集为生的部落中所形成的那种感情纽带。在部落中，人们养成了集体意识和忠于集体的信念。但是，他们也养成了对陌生人的敌视。

部落的成员们遵循的是彼此之间友爱和睦、对外人仇恨敌视的准则。正如斯宾塞所说，其结果是对内的友谊和对外的仇视。这种天然的和本能性的格局被转移到新兴的民族国家，它灌输了对外国人的侵略、征服和报复。这种态度的一个令人陶醉的表达就是鲁日·德·李尔的军歌《马赛曲》。这一时期战争中的一位好战的法国士兵尼古拉·沙文成为"沙文主义"一词——意为趾高气扬和狂热地献身于国家——的来源，这并非偶然。

寻求有限的领土或其他利益的敌对君主之间"温良恭俭让"的战事，即将让位于公民集团之间情绪激昂的战争。这种公民集团信奉一种神话，即本民族人民的崇高意愿总是正确的；它们还支持旨在进行扩张的战争，为的是在牺牲别国利益的情况下为自己国家谋求好处。

随着欧洲陷入这场激烈对抗，作战的武器和理论也迅速地改进。凭借着这些新的手段和大规模征兵及民族国家观念使之成为可能的强大军队，一位军事天才——拿破仑·波拿巴——谋求缔造一个伟大的法兰西帝国。虽然他的计划最终付诸东流，但是他所采用的方法改变了用兵之道。

等待拿破仑等人来探索的巨大改进是建立在18世纪中叶和下半叶的一些法国军官的创新思想基础之上的。他们包括皮埃尔-约瑟夫·德·博塞（Bourcet）（1700—1780）、雅各·安东尼·希波莱特和康蒂·德·吉伯特（Guibert）（1743—1790）、让·德·格里博瓦尔（Gribeauval）（1715—1789）和谢瓦利埃·让·杜泰尔（1733—1820）。

博塞改善了"分进合击"思想：把一支军队分成几个分散的纵队，使其向着一些不同目标进军。虽然博塞似乎是独立地产生这一用兵思想的，但是它实质上很像成吉思汗用来对付花剌子模帝国和速布台用来对付匈牙利人的战略。

博塞认为，鉴于敌人不可能在每个地方都强大，所以一位分兵进击的指挥官便能够迷惑敌人，使之误认为他的主攻目标是真实目标以外的某一点。这项战略会迫使敌人放弃自己的计划，并且要么分散兵力应付新的威胁，要么集中兵力守卫其主要阵地，从而削弱次要目标处的力量。因此，指挥官起码能达到一个目的，也许还能达到更多目的，只要他的各纵队遥相呼应，两个或更多纵队能够迅速会合，以压倒优势攻占因为敌人分散其兵力而兵力薄弱的一个目标。

吉伯特想要把一支军队划分为常备的师，彼此分开沿着不同路线进军，从而建立一种灵活机动的兵法。远距离的分散部队会迷惑敌人，使指挥官得以在他找到最佳机遇的地方进行打击。这样做还有助于结束由私人承包商从后方向行进中的部队运送食物的普遍做法。吉伯特想让军官们学会解决给养问题，他主张军队在敌国领土上应当在牺牲敌人利益的情况下就地取材。吉伯特有关向军队供应食品的思想要求要有一种新型的士兵，即随着法国革命而来的志愿者和爱国者们；他们不像职业军人那样爱开小差，因而能够守信用地四处搜寻食物。

在1796年至1797年的意大利战役中，波拿巴采用了师的编制；在此后的年代中，他将这一概念发展成"以营为单位的方阵"。每个方阵包含几个师和各种武器，能够单独牵制敌人一两天，从而使其他纵队得以从几个方向合击敌人。

吉伯特寻求提高炮兵的机动能力，以实现火力的迅速集中，摧毁敌人前线上的一部分防线，造成决定性突破。他还建议用这种新型军队立即包围敌人所占领的每一处防守阵地，从而终止静态的防御行动，使战争具有较强的流动性。

格里博瓦尔提议大幅度降低野战炮的重量，以提高其机动能力。杜泰尔采用了轻型马拉滑膛炮，以跟随部队行军，从而在敌人兵力最为薄弱的一个地方集中部队和火力强攻并将其夺取。

到法国革命时，法国军队中已经确立了轻型机动火炮和永久性师的编制。道路已经开辟，吉伯特和博塞所提倡的分进合击思想被一位抓住这一大好机遇的统帅所采纳。

拿破仑·波拿巴（1769–1821）出身于科西嘉岛的一个没落贵族家庭，由法兰西国王出资受到军事教育，于1785年被任命为炮兵军官。他的学识发展的一个重要部分发生于1788年至1789年，那时，年仅19岁的他在欧克索纳的炮兵训练学校指挥了一个演示班，杜泰尔的炮兵新理论在那里得到尝试。在那里，波拿巴通过实践践和阅读军事论文，形成了其军事思想的基础。

法国革命和国王被赶下台，使得"旧制度"下曾经在军官队伍中占主导地位的大多数贵族纷纷辞职，为像波拿巴这样具有远大抱负的出身低微的军官创造了大好机遇。他的军事天才的最初闪现出现在地中海港口土伦的围攻之中。该市于1793年被英国人占领。他运用炮兵封锁了土伦港的出口，从而迫使英国舰队和部队立即撤出该市。

当企图恢复君主制度的保皇党人发动叛乱时，晋升为准将的波拿巴正在巴黎。国民公会授予独裁权力的保罗·德·巴拉斯命令波拿巴协助平息叛乱。1795年10月5日，波拿巴用大炮一阵轰击，给叛乱分子造成大量伤亡，阻止了向国民公会的进军。波拿巴的具有决定意义的行动

统帅4：拿破仑·波拿巴

给新的督政府留下深刻印象。

1796年3月，他利用自己的影响获得了对意大利集团军的指挥权。

当时波拿巴已经胸有成竹，他的计划建立在博塞所制订的一项较早的计划基础之上，旨在打垮法兰西在意大利的敌人撒丁、皮耶迪蒙特和奥地利。在这场战役中，波拿巴最初率领着一支只有3.7万人左右的饥饿和容易哗变的军队；他采用了一种新的作战方法，即通过灵活机动、奇袭和战略转移，使敌人无法反抗，从而获得全胜。波拿巴立竿见影，改造了旧的体制，使之变成旨在歼灭敌军的战争；而旧体制只不过寻求打乱敌人的方寸和获得部分成功而已。

仅在这一场从1796年4月开始，到1797年4月结束的意大利战役中，波拿巴就采用了他即将在欧洲直到1815年为止一直陷入的一场场大战中，非常成功地运用的几乎全部战略战术。

督政府1796年的计划是主攻奥地利及其盟邦，即德国那时分裂而成的几个小国。当时，奥地利是欧洲中部的一个幅员辽阔的大帝国。意大利之役是次要的，主要意图是把敌人驱逐出意大利北部的皮耶迪蒙特和伦巴第，从而分散奥地利对德国前线的注意力。按计划，波拿巴此时应穿过蒂罗尔地区，与据认为已获得胜利的、正在德国调兵遣将的法国军队会师。这样一场大规模的联合战役成功的希望渺茫。这两场进攻彼此相距太远，因而无法互相支援；阿尔卑斯山把法军分隔开了；两场战役中如有任何一场速度放慢，奥地利人便能把部队转移到另外一侧。然而，波拿巴认为，仅在意大利就能获得一场决定性胜利；他照此想法制订了计划。

1796年3月，法兰西的意大利集团军部署在滨海山脉和意大利里维埃拉狭长的沿海地带上。与他们对阵的是2.5万皮耶迪蒙特部队和一支奥地利分遣队，分散在从西面的库内奥到东面切瓦的一条30英里左右的薄弱战线上。在皮耶迪蒙特人东面，由阿詹图将军率领的大约1.15万奥地利部队占领着从卡尔卡雷的丘陵地带到俯视热那亚的高峰上，绵延45英里左右的一条兵力薄弱的前哨警戒线。在他们背后的越冬营地亚历山大和另外一些皮耶迪蒙特城市，驻扎着1.95万名奥地利将士。总指挥官是约翰·彼得·博利尤将军；他时年72岁，是一位称职的军官，但是几乎毫无主动性。

波拿巴在海滨的萨沃纳附近集结了2.4万人的部队，计划从那里向

拿破仑·波拿巴的意大利战役
1796年—1797年

地图5：拿破仑·波拿巴的
意大利战役（1796－1797）

（地图上的标注文字：）

因河

地 利

蒂罗尔

包岑

德拉 瓦河

克拉根福

萨沃河

弗里欧尔

塔利亚门托河

乌迪内

戈尔兹

瓦尔苏苏加纳

贝鲁诺

费尔特雷

丰塔纳弗雷达

坎普弗米奥

伊桑佐河

科内利亚诺

萨奇莱

波代诺内

的里雅斯特

韦雷托

皮亚韦河

利文扎河

巴萨诺

1796年9月8日

自由堡

阿尔能

来

维琴察

布伦塔河

和

维拉诺瓦

威尼斯

阿科拉

1796年11月15—17日

亚诺

阿迪杰河

波河

国

三多拉

博洛尼亚

亚

德

里

圣马力诺

亚

海

仑萨

斯卡纳

巴

国

脉

西北挺进，越过亚平宁山脉的卡迪邦纳山口，于1796年4月15日袭击卡尔卡雷。这样一来，波拿巴将率领优势兵力，处于西面的皮耶迪蒙特人和东面的奥地利人之间。即他所说的"中央位置"。他打算首先攻击皮耶迪蒙特人的厌战之师，将其赶出战场，然后东进，来对付奥地利人。

波拿巴所走的这第一步显示了他后来做了一定阐述、并始终试图遵循的一项原则："战略的实质包括，即使在敌强我弱的情况下，也要在攻击地点或被攻击地点保持对敌人的优势兵力。"

为了欺骗敌人并使其兵力保持分散，波拿巴采用了博塞的分进合击之计，即兵分几个纵队，向着前线上的几个相距较远的地点进攻。作为该计划的一部分，让－巴甫蒂斯特·塞尔沃尼的旅向热那亚西面不远的沃尔特里挺进。

博利尤以为自己看到了孤立和摧毁塞尔沃尼部队的机会，因而在波拿巴的进攻开始之前4天发动了一场袭击。两个纵队从亚平宁山脉进击沃尔特里；与此同时，阿詹图将军按计划将穿过卡迪邦纳山口扑向萨沃纳，切断在附近集结的法军的前进道路。

可是，塞尔沃尼安全地向萨沃纳撤退；阿詹图接到命令时太晚了，拉哈波的法国师集中起来截断了他的前进道路。波拿巴决定实施其在敌人两个军之间钉楔子的计划；他于4月12日派9000人的部队到萨沃纳以北12英里处的蒙特诺特迎战阿詹图的6000人马。拉哈波的师发动了正面进攻，牢牢地牵制住了阿詹图的部队，与此同时，由安德烈·马塞纳率领的一个旅迂回到敌人侧翼。阿詹图看到危险为时已晚；马塞纳袭击并击败了全部敌军。到黎明时分，阿詹图只剩下700人未被缴械。

波拿巴立即攻占了南面的卡尔卡雷要塞，使自己处于皮耶迪蒙特人和奥地利人之间。4月13日，波拿巴命马塞纳率领半个师向代戈进军，以阻止奥地利人的前进，令由查理－皮埃尔－弗朗索瓦·奥格鲁率领的其余人马攻打塔纳罗河畔的皮耶迪蒙特人的城堡切瓦；与此同时，波拿巴的另一个师，由让·马修－费拉贝·塞鲁伊尔率领，正沿塔纳罗河由南向北面的切瓦挺进。这样一来，将在切瓦集中2.5万人马；而皮耶迪蒙特人在奥地利将领科利率领下在那里集结了1.3万人的部队。

不幸的是，奥格鲁在途中停下来发动了几次袭击，攻打由900名顽强的皮耶迪蒙特精锐部队士兵防守的一座陡峭山峰上的科塞利亚城堡废墟，但是都失败了。这些进攻使奥格鲁伤亡900人，并失去了迅速攻克切瓦的机会。

恼火的波拿巴命令奥格鲁只留下一支小部队包围城堡，其余人马星夜赶往切瓦。与此同时，马塞纳发现，代戈被一支实力可观的奥地利部队占领着。波拿巴命令马塞纳推迟进攻，等待奥格鲁攻克城堡。次日，科塞利亚城堡投降，马塞纳向代戈的奥地利人发动攻击，俘虏了5000人。他的部下分散开来寻找食物，进行劫掠，以致4月15日凌晨，5个奥地利营的袭击使其猝不及防，并被击溃；奥军加强工事，防守这个村庄。

此时，奥地利人攻击波拿巴右翼的危险大到不容忽视的程度。于是，他取消了攻打切瓦的计划，召回一支大军来攻打代戈，并成功地攻克这个村庄。波拿巴虽然再次掌握了代戈，但是他损失了一天时间和1000人马。此外，他还担心，奥军将领博利尤仍然有可能攻打卡尔卡雷，切断他通往萨沃纳的给养线。但是，博利尤已经厌战，他将部队驻扎在博尔米达河以北20英里的阿奎附近，以保卫亚历山大和他与奥地利的联络线。

4月16日晚，相信东面没有危险的波拿巴重新掉头面向切瓦，准备以他所集结的2.4万人马，于4月18日晨发动攻击。然而，这天夜里，科利巧妙地撤走了他的1.3万皮耶迪蒙特部队，退到几英里外的、塔纳罗河与科尔萨利亚河汇合处的有利于防守的地点。愤怒的波拿巴命令塞鲁伊尔从正面攻击这一新的阵地，与此同时，奥格鲁沿塔纳罗河东岸迁回，以包抄其侧翼。法军失败了。奥格鲁找不到渡口，科利击退了塞鲁伊尔的进攻。次日同样是一场灾难。塞鲁伊尔的部下们分散开来抢劫，因而无法组织任何进攻。

波拿巴下令停止前进两天，以便其炮兵跟上来，并为发动一场兵分三路的攻击做好准备。此外，他还把给养线从萨沃纳方向改变为从塔纳罗河谷到奥尔梅阿的一条新路线，从而减轻他的右侧上的敌兵压力。代戈现已不再重要。波拿巴把马塞纳的部队西移，以支援对科利的攻击；这场进攻定于4月21日早晨发动。

科利再次逃脱圈套。他于夜间拔营，撤到西面9英里处的蒙多维。波拿巴立即命令骑兵追击，结果使科利来不及在蒙多维组织防御；与此同时，塞鲁伊尔向该城发动了正面进攻，迫使皮耶迪蒙特人撤退。

这是战役的转折点。在蒙多维，波拿巴抵达了皮耶迪蒙特的平原，能够弄到许多食物，并且掌握了几条前进路线。他下令兵分三路，互相之间相距不到一天的路程，向皮耶迪蒙特首都都灵进军。这是再次采用博塞的"分进合击之计"：一系列前进中的、彼此独立的纵队，像一只长着须的章鱼，能够抓住前进道路上的任何敌手，与此同时其他部分自动地将其包围。

对首都的威胁使皮耶迪蒙特人无法承受；因此，科利于4月23日要求停战。波拿巴加快了行军速度，把皮耶迪蒙特人与奥地利人完全隔开；4月28日，他同皮耶迪蒙特达成了一项临时协议：停火并允许其从瓦伦扎的桥上越过宽阔的波河。

由于皮耶迪蒙特不再参战，奥地利人在兵力上远远处于劣势，只有2.5万人，而波拿巴则拥有4万人马，而且还有新的补充。博利尤下令撤退到波河北岸。瓦伦扎位于波拿巴进军路线之上，并且直接阻挡着波拿巴夺取下一个目标：米兰和它周围的归奥地利所有的公国。波拿巴获准从那里过河，从而使奥军注意力集中在瓦伦扎，引诱博利尤在此地集中兵力。

此时，波拿巴第一次采用了"迂回包抄，攻敌后部"的计策；到1815年为止，他使用此计达30次之多。波拿巴一般是在一条数英里长的广阔战线上运用这条包抄计策的。这个主意就是发动猛烈攻击或构成强有力的威胁，从而在主要战线上牵制敌军，同时派遣一支大军从侧面迂回到敌后，在那里建立一条穿过敌人给养和撤退路线的战略封锁线。这样一来，将迫使敌人从其主要战线上撤退；封锁线如果建立得及时，便能阻击敌人，造成敌军溃败或毁灭。这一招是波拿巴战略计策中最强有力的一项。在他的全部军事生涯中，他只要能采取别的办法，便不进行正面攻击，并且总是设法阻止敌人撤退。即使失败，他也要依靠包抄敌后对敌军造成威胁，以动摇敌人士气，使之失误，从而乘机发动攻击。此计导致了1800年意大利马伦戈战役的胜利和1805年奥斯特利茨战役初期的成功。

波拿巴命马塞纳和塞鲁伊尔进行牵制性行动，咄咄逼人地佯攻瓦伦扎，从而使博利尤的部队坚守阵地；然后，波拿巴派其余部队沿波河未加防守的南岸，向东面米兰东南约40空英里处的皮亚琴察前进。

5月6日抵达皮亚琴察的时候，波拿巴便已破坏奥地利人所有可能的抵抗线。他从那里乘渡船越过波河——因为该市位于中立的帕尔马公国领土上——从而有切断奥地利人的撤退路线和摧毁其军队之虞。博利尤看到这一危险，于是没放一枪便放弃了米兰和这个公国，下令向皮亚琴察以北22英里、阿达河畔的洛迪全面撤退。他的迅速撤军使波拿巴没有来得及建立一条战略阻击线。

当几乎全部奥地利军队都已穿过洛迪大桥，正向东撤退的时候，也就是5月10日早晨，法军抵达洛迪，向那里的奥地利后卫部队发动猛烈进攻。波拿巴本可在别的地方涉水过河，但他企图迅速攻击博利尤的后尾，所以直接在桥上攻击。这场战斗非常激烈和残酷，几位高级军官在部队前面率领作战，波拿巴自己也暴露在敌人炮火之下。

这场攻击成功了，但费时太久，以致奥军主力溜出了波拿巴兵力所能及的范围，撤回到从加尔达湖流出的明乔河畔。波拿巴于1796年5月30日突破明乔河防线，兵分几路：奥格鲁向北面的佩斯基耶拉挺进；马塞纳夺取了东面16英里处的维罗纳；塞鲁伊尔向明乔河下游曼图亚的城堡进军。博利尤的主力沿着加尔达湖东岸向北面的蒂罗尔地区的特伦托撤退。但是，被切断与主力联系的一支4500人的部队逃入曼图亚，加入了该城堡中8000名守军的行列。

奥地利人震惊地发现，他们的一支大部队被围困在曼图亚。虽然该城堡几乎被明乔河所环绕，极难攻克，但是它可能会因困饿而投降。奥地利人开始实施解救曼图亚的计划。

因此，与其说是由于波拿巴的计谋，不如说是由于意外事件，曼图亚变成了不断吸引奥地利救援部队的一个诱饵。波拿巴看到这一良机，因而想方设法吸引敌军远离其基地，进入他的口中。他没有像当时大多数将领会采取的做法那样，构筑掩蔽工事并等候在其中，而是保持了部队的机动性，使之形成一个遥相呼应的组合，可以在短时间内在任何方向上集中。

这时，急需大量资财的督政府命令波拿巴到南面的托斯卡纳和诸教皇国去掠夺资财。波拿巴知道，奥地利人需要时间来组织救援部队；他还想避免腹背受敌；因此，他只给塞鲁伊尔留下一支兵力薄弱的部队守卫曼图亚，动用其余大多数力量，对意大利中部发动了大规模袭击。这一行动使法国获赃甚多，但是也使这一地区在几代人时间里元气大伤，一蹶不振。

1796年7月中旬，波拿巴获悉奥地利人即将出征，便将其军队——此时共计4.6万人——撤回曼图亚；7月17日，塞鲁伊尔开始炮击。

奥地利人集结了5万人马，由沃姆塞尔将军率领，任务是解曼图亚之围，并把法国人赶出意大利北部。沃姆塞尔兵分三路，两路分别沿加尔达湖两岸前进，第三路是一支只有5000人马的牵制性小部队，沿布伦塔河顺流而下；这条河从特伦托附近向东南方流淌。

7月29日，沃姆塞尔的中路部队2.5万人马沿着加尔达湖东面的阿迪杰河谷挺进，使马塞纳被迫渡过明乔河向南撤退，放弃维罗纳。彼得·夸斯丹诺维奇将军率1.8万人马，以较慢速度沿加尔达湖西侧前进，于8月1日在布雷西亚受到奥格鲁的阻击。此时的危险是，夸斯丹诺维奇和沃姆塞尔会在加尔达湖南面联合起来，给予奥地利人兵力上的巨大优势。然而，沃姆塞尔坚持要援救曼图亚，因而使位于这两路部队之间中央位置上的波拿巴有足够时间派马塞纳到洛纳托去阻击夸斯丹诺维奇；与此同时，奥格鲁在东面几英里的卡斯蒂廖内使沃姆塞尔的先遣部队放慢了前进速度。

波拿巴意识到，他再也无法继续围困曼图亚，因而于7月31日命塞鲁伊尔西进14英里，抵达奥廖河畔的马尔卡里亚。从那里，他将能增援准备进攻的其他法国部队。

在沃姆塞尔浪费3天时间确定对曼图亚的包围是否已解除的时候，波拿巴却抓住时机调奥格鲁的师去掩护马塞纳的后方；而马塞纳则使夸斯丹诺维奇在损失惨重的情况下溃退；然后，他于1796年8月4日回去与奥格鲁会师，准备进攻沃姆塞尔。

尽管波拿巴的总兵力是薄弱的，但是他却集结了优势兵力——3.1万人对沃姆塞尔的2.5万人。沃姆塞尔占据了卡斯蒂廖内和索尔费里诺的山峰上的有利地形。为了打败他，波拿巴制订了一项战术计划；它将成为波拿巴所钟爱的计策，被波拿巴多次用来争取胜利。

在这项计划中，波拿巴把一系列诡诈的兵力调动和杜泰尔的集中炮兵攻敌一点的理论相结合。第一项步骤是派一支大军直接攻打敌人主力，进攻要猛烈并坚决，以使敌人相信，波拿巴决心造成正面突破，从而迫使敌人调集全部后备力量来遏制他。接着，波拿巴命一支强大纵队绕过敌人侧面，袭击其后部，以威胁其交通线和退路，从而迫使估计已经孤注一掷的敌人指挥官从主要战线上调兵来应付这一包抄行动。

由于行动要快，所以这些士兵只好从距离法军包抄行动最近的位置抽调。因此，波拿巴能够事先估计敌人的主要战线上哪一点兵力削弱得最多。于是，他在准备工作中，在这一地点的对面和他自己的主要防线后面，隐藏了一支强大的突击部队；这支部队由骑兵、步兵和炮兵组成，由一位可信赖的副手率领。当波拿巴发现敌人阵线上兵力稀少时，他便命令这支特种部队的炮兵迅速冲上前去，用对步兵杀伤力很强的榴霰弹在兵力已经十分薄弱的点上轰出一个口子。此时，一边由其余步兵继续在全线上猛攻，一边派这支突击步兵部队冲入方寸已乱的敌军阵线上的突破口，开辟一个较宽的缝隙；于是，法军骑兵从这个缝隙中冲进去。这一突破破坏了敌人的兵力均衡，有时还导致敌军的崩溃和法军对混乱中敌军的残兵败将的追击。

波拿巴称这次战斗为"具有战略意义的战斗"；但是他在这第一次尝试中并没有取得完全的成功。他命令马塞纳和奥格鲁的部队从正面攻击沃姆塞尔的主要阵线，以牢牢牵制住他，迫使他动用全部后备兵力。然而，在开始这次行动时，波拿巴采用了一项古老的计策：他在这两支法国部队占领阵地之后命其佯装撤退，似乎因为看到卡斯蒂廖内和索尔费里诺山峰上的敌军坚固工事而害怕。

这次假撤退恰恰产生了波拿巴所希望的效果。沃姆塞尔以为法军即将逃跑，便把他的右侧即北侧部队调到前面去，要消灭法军左翼上的马塞纳，开辟通向夸斯丹诺维奇部的道路。这使波拿巴的包抄更加有效。前一天，他曾命塞鲁伊尔部从南面14英里处的马尔卡里亚向沃姆塞尔左后部的圭迪佐洛发动攻击；该地位于沃姆塞尔向曼图亚撤退的主要通道上。因此，沃姆塞尔向法军左翼的移动使他更深地陷入波拿巴的陷阱。

正当沃姆塞尔强攻马塞纳、整个前线爆发战斗时，塞鲁伊尔部在沃姆塞尔全然不知的情况下抵达圭迪佐洛，于凌晨6时发动侧翼攻击。这次攻击到来得稍早一些，沃姆塞尔尚未将全部后备力量投入战斗，因而来得及调遣部分兵力应付这一新威胁。此外，马塞纳和奥格鲁也没有动用足够的力量作战，因而没有牵制住面前的所有奥地利军队。沃姆塞尔撤到山上的阵地中去，留下一线部队阻挡马塞纳和奥格鲁，派二线部队去开辟一条新的战线，以打击塞鲁伊尔部。

这些失误使波拿巴丧失了摧毁沃姆塞尔部的时机；但是，战局仍然有利于发动突破。波拿巴在法军右翼后面集结了这支特种突击部队，包括三个营的步兵，加上18门加农炮和一支骑兵部队。他命令炮兵冲上前去，对守卫在梅多拉诺山上的一个奥地利炮兵连展开近距离平射；这座山丘连接着奥军的两条战线。在一场猛烈的炮兵交火之后，波拿巴的步兵发动冲锋，席卷并翻越了这座山，跟随其后的是骑兵。这场战斗没有造成全面突破。然而，沃姆塞尔的整个左翼迅速溃败，并累及全军。沃姆塞尔损失了3000人，但还是撤到东北面大约10英里的佩斯基耶拉。

波拿巴之所以没有大获全胜，有几个原因。塞鲁伊尔的部队兵力太少，无法控制沃姆塞尔部以东的道路；因此，这次包抄行动并没有在奥军的撤退路线上建立一个真正的战术火力网。马塞纳和奥格鲁没有全力以赴地在前线上进行牵制性攻击。沃姆塞尔并没有被迫从梅多拉诺山上的结合部抽调兵力。此外，突击部队也太小，以致未能造成真正的突破，夺取梅多拉诺峰使攻击势头消耗殆尽，从而使沃姆塞尔有机会从容不迫地逃之夭夭。

在此后年代中，波拿巴锲而不舍，完善了这种"战略性战斗"的方法，特别是在选择各连续阶段的实施时机方面；他采用这一战法，赢得了奥斯特利茨、弗里德兰和包岑等战斗的胜利。但是，所有这些获胜

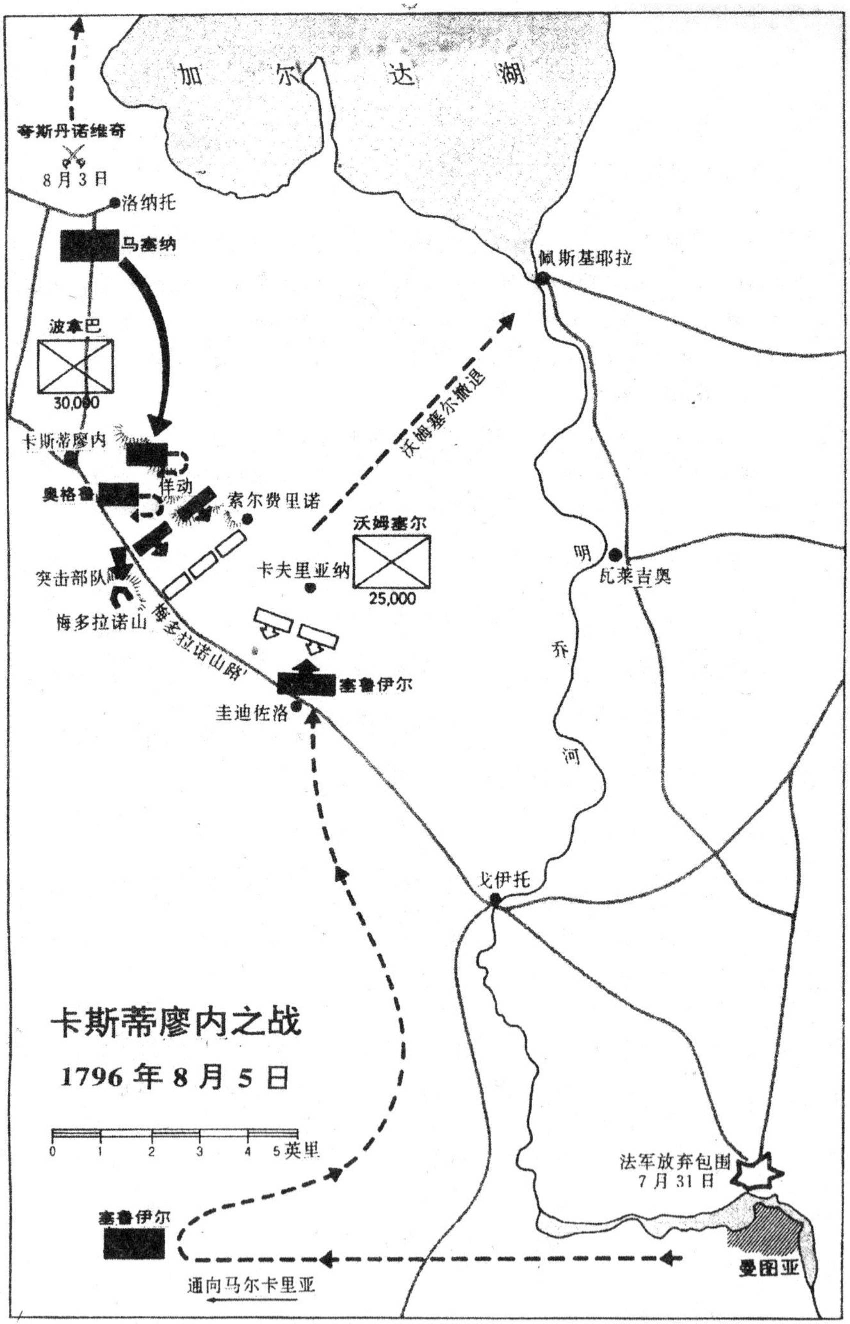

加尔达湖

夸斯丹诺维奇
8月3日

洛纳托

马塞纳

波拿巴
30,000

卡斯蒂廖内

奥格鲁

索尔费里诺

佯动

突击部队

梅多拉诺山

梅多拉诺山路

卡夫里亚纳

圭迪佐洛

塞鲁伊尔

佩斯基耶拉

沃姆塞尔撤退

沃姆塞尔
25,000

瓦莱吉奥

明

乔

河

戈伊托

卡斯蒂廖内之战

1796 年 8 月 5 日

0 1 2 3 4 5 英里

塞鲁伊尔

通向马尔卡里亚

法军放弃包围
7月31日

曼图亚

地图6：卡斯蒂廖内之战（1796年8月5日）

的要素在卡斯蒂廖内之战中就已经存在了。

沃姆塞尔在佩斯基耶拉只作短暂逗留,用充足时间派遣两个新的旅驻守曼图亚,撤走部分伤病员,补充城堡守军的食品。这件事办妥之后,沃姆塞尔向北面的特伦托撤退。他对撤走曼图亚守军的任何企图都未予理睬。波拿巴在卡斯蒂廖内之战的胜利之后,占据了沃姆塞尔主力和曼图亚之间的中央位置。倘若奥军撤离其城堡,在沃姆塞尔与之会合之前很早,波拿巴就能将其歼灭。奥军解救曼图亚的第一次努力给法军造成1万人的伤亡,但奥军却损失了将近1.7万人。

法军在德国的长期推迟的进攻终于在1796年7月开始。在波拿巴获胜之后,督政府认为,它的总计划的下一阶段可以开始实施了;于是,它命波拿巴经蒂罗尔地区挺进,翻越阿尔卑斯山,与正在向巴伐利亚挺进的、由让·维克托·莫罗将军率领的莱茵军主力合作。波拿巴认为成功的可能性很小,因为他没有任何办法同莫罗联络,时值秋季,在蒂罗尔山区的活动将随着冬季到来而越来越困难。

然而,他服从了命令,留下1万人围困曼图亚,派小股部队保护维罗纳和阿迪杰河下游,率领其余的3.3万人马沿阿迪杰河逆流北上,进攻特伦托。

奥地利人看到了利用波拿巴的正面挺进的机遇。他们制订了一项富于想象力的计划,悄悄地派大约2.6万人马,由沃姆塞尔率领,经过特伦托东南面不远的瓦尔苏加纳,沿布伦塔河顺流而下,到达威尼斯平原,然后掉头西进,去解曼图亚之围。与此同时,保罗·冯·戴维多维奇将军率大约两万人马守卫蒂罗尔地区。奥地利人估计,波拿巴决不会忽视沃姆塞尔向其后方的挺进,为了避免受到这两支奥军的夹击,他会从原路撤回去守卫曼图亚。

波拿巴于1796年9月4日击溃了戴维多维奇的一支阻击部队,次日占领了特伦托。他到达那里后才获得确切消息:沃姆塞尔已经渡过瓦尔苏加纳河，正沿着布伦塔河谷向他的后方进军。

波拿巴作出了完全出人意料的反应。他没有沿阿迪杰河撤退，而是以其人之道还治其人之身，用一种更为迂回的做法来对付沃姆塞尔的迂回做法。他留下1万人封锁特伦托以北的蒂罗尔山谷，率领其余部队顺着布伦塔河谷猛烈追击沃姆塞尔的部队！这是"迂回包抄，攻其后部"战略的一个显著的变化类型。波拿巴一举将沃姆塞尔同戴维多维奇分隔开，使沃姆塞尔只有3个选择：在布伦塔河畔交战；逃往亚德里亚海之滨的奥军基地的里雅斯特；抑或撤退到曼图亚城内，加入那里的已被围困多时的奥地利部队的行列。

对波拿巴的行动大吃一惊的沃姆塞尔命两个师在特伦托东南40英里左右的布伦塔河畔的巴萨诺拦截法军。9月8日，波拿巴在那里以猛烈的正面攻击击败奥军，俘获4000名战俘，并将敌人分割成两部分。一股残余人马逃向东北方的阿尔卑斯山脉中的弗里欧尔，完全退出战斗。另外一股残兵败将在沃姆塞尔率领下出人意料地继续向西南方的阿迪杰河谷和曼图亚进军，与他的剩余部队会师，使他的兵力增加到1.6万人。

沃姆塞尔对曼图亚城的专注使波拿已获得了另外一个良机；波拿巴抓住了这个良机。此时，他处于沃姆塞尔部的东面，从而破坏了沃姆塞尔掉头向的里雅斯特撤退的任何可能性，迫使他退入曼图亚。到9月12日，沃姆塞尔已经变成了躲在这座城堡中的笼中之鸟，他虽然使那里的守军人数增加到2.8万，但是却使守军的生存陷入困境，因为食物立即被消耗殆尽。不久之后，城中守军就开始靠马肉维持生命，到新年之际，每天有150人因营养不良而生命垂危。

波拿巴未能到巴伐利亚去与莫罗会师，但这本来就是几乎不可能的。莫罗于9月19日撤退，于10月底渡河到达莱茵河西岸。而波拿巴此时已经把奥地利的为数可观的部分军事资本包围在曼图亚，使之成为瓮中之鳖。

奥地利人决心挽救曼图亚的守军，并构想了一次新的、殊途同归的进军。高级指挥官约瑟夫·达尔温茨是一位曾在莱茵河畔长期服役的、经验丰富的将军。1796年11月初，他率领2.8万人向布伦塔河畔的巴萨诺进军，然后继续西行；与此同时，戴维多维奇率1.8万人从阿尔卑斯山脉向南挺进，以夺取特伦托并沿阿迪杰河谷顺流而下。这次兵分两路的进军使波拿巴分散兵力，并使达尔温茨更有可能在维罗纳——波拿巴围困曼图亚的枢纽——集结部队。

波拿巴留下9000人继续围困曼图亚，4000人作为预备部队驻在维罗纳，8000人驻在阿迪杰河谷中，由查理－亨利·沃布瓦率领；给他的命令是阻击戴维多维奇。波拿巴率剩下的1.8万人出发，以期把达尔温茨赶出布伦塔河谷，然后袭击戴维多维奇部的后尾。然而，他不得不改变计划，因为沃布瓦于11月4日被击溃，撤退到维罗纳北面仅20英里左右的里沃利。

波拿巴立刻增援了沃布瓦，命令他的与达尔温茨对垒的部队撤到阿迪杰河一线，占领戴维多维奇和达尔温茨部之间的中央位置。他此时的目的是阻止奥军两翼的会合。

达尔温茨决意要前去援助戴维多维奇，然后才进攻曼图亚；因此，他率领1.7万人马在维罗纳以东14英里的维拉诺瓦渡过阿尔彭河。法军于11月11日挫败了奥军向维罗纳的一次预备性的试探行动，从而说服达尔温茨将其主力驻守在维罗纳以东7英里的卡尔迪罗村；为保卫其南侧，他命4000人马驻扎在东南大约10英里，离阿尔彭河与阿迪杰河汇合处不远的阿科拉。

11月12日，马塞纳在卡尔迪罗袭击了达尔温茨，但被击败，损失了两千人马，因而被迫躲避到阿迪杰河西岸。波拿巴此时处境危险。两支强大的敌军有在维罗纳会师之虞。波拿巴只有1.8万人马，却要对抗达尔温茨的2.3万人。为了达到兵力优势，他可以取消对曼图亚的围困；但是，这样一来，就会使其后方的敌军增加1.7万人（曼图亚守军剩下的仍有战斗力的人数）。

波拿巴决意再次运用"迂回包抄，攻其后部"的战法；他派驻在维罗纳的所有可以动用的部队从达尔温茨的南侧迂回，途经维罗纳，到维拉诺瓦会袭击其尾部，在那里阻止其撤退，并夺取其给养库，从而迫使达尔温茨撤退，并强迫奥军在波拿巴选中的战场，即阿尔彭河和阿迪杰河之间的沼泽地和稻田中作战。在这里，奥军只能将部队部署在寥寥无几的堤岸和桥梁上，因而失去其人数优势。

波拿巴的计划是一次巨额赌博。假如维罗纳在此期间失陷，就会满盘皆输。可是，他是如此胸有成竹，以至于毫无畏惧地投入了几乎所有兵力来实施迂回包抄，而只从沃布瓦那里抽调3000人马守卫维罗纳。

波拿巴于11月14日夜间行动，沿阿迪杰河南岸顺流南下，行进18英里，然后于拂晓从一座浮桥上重新渡河，进入阿尔彭河和阿迪杰河之间的沼泽地。马塞纳率6000人向西北面移动，以抵御奥地利人袭击其后部；而奥格鲁则率6000人攻击阿科拉。然而，部署在一条堤岸上的奥军加农炮和克罗地亚步兵阻止了他们的前进。波拿巴急忙派3000人从两条河汇合处南面不远处渡过阿迪杰河，命令他们沿河的东岸逆流而上，以夺取阿科拉。这一行动是耗费时间的；达尔温茨察觉了波拿巴的企图，于是向维拉诺瓦撤退。虽然法军于晚7时攻占了阿科拉，但是起码半数奥军已经安然无恙地抵达维拉诺瓦。

这时，波拿巴获悉，沃布瓦已被驱逐到离维罗纳不远的地方。为了安全起见，波拿巴放弃了阿科拉，撤退到阿迪杰河南侧，以便在必要时北进，去援助沃布瓦。

次日，即11月16日早，波拿巴尚未听到有关戴维多维奇挺进的消息，便决意重新攻打阿科拉。他的部下们在严寒中沿着堤岸行进，重新为夺取每寸土地而战斗，一边进攻阿科拉，一边还要提防西面的奥军；

这支奥军正试图把法军驱赶到阿尔彭河边并消灭之。双方的努力都失败了。但是，达尔温茨受到严重震惊。

11月17日晨，波拿巴为他对阿科拉的第三次进攻做准备。此时局势已经变得有利于他了，因为达尔温茨1／3的部队正在西面的沼泽中孤军作战。在马塞纳从西面正面进攻阿科拉的同时，波拿巴命令奥格鲁在阿迪杰河与阿尔彭河汇合处以南渡过阿迪杰河，前去夺取阿科拉。奥格鲁受到顽强抵抗，处境十分困难。波拿巴采用了一项在他的兵法中罕见的战术诡计，即派4名号手到奥军后面去吹冲锋号。奥地利人已经是惊弓之鸟，他们害怕遭到猛烈进攻，便迅速向北撤退。法军紧随其后追击到维拉诺瓦。在那里，达尔温茨认为自己面临着一场大规模进攻，便命其军队星夜撤往东北面20英里的维琴察。

11月17日，戴维多维奇终于从北面发动了人们长期拭目以待的进攻，把法军击溃到加尔达湖南端附近的新堡。18日，波拿巴将其步兵调回来援助沃布瓦；奥格鲁沿阿迪杰河东岸北上，试图在新堡北面包围戴维多维奇。这位奥地利将军及时认识到自己的危险处境，迅速撤往特伦托。

这是波拿巴的一次出色的胜利。他在敌强我弱的情况下，利用自己的中央位置阻止了奥军两翼的会师，在法军只损失4000人的情况下造成敌军7000人的伤亡，打败了这两支奥军，并挫败敌人解救曼图亚的第三次努力。

1796年11月底，法国政府急切希望结束战争。它在德国的重大进攻尽管耗资巨大，但还是失败了。督政府开始了谈判；但是，由于奥地利人决心挽救曼图亚，这种努力失败了。维也纳要求在和谈继续期间有权给曼图亚增添给养。这样一来，拿破仑·波拿巴的许多收获将化为乌有；因此，这在法国人看来是不可能的。

对奥地利人来说，解救曼图亚是当务之急。这支守军开始忍饥挨饿。此时，督政府把波拿巴的兵力增加到4.5万；波拿巴派8000人围困曼图亚，保持3.7万人的机动性，以应付奥地利人解救这座城堡的第4次努力。

波拿巴布置兵力来封锁达尔温茨的3条进攻路线：沿阿迪杰河谷顺流而下；沿加尔达湖西岸进攻法军后部；经过布伦塔河谷，然后兵分两路西进，一路进攻维罗纳，另一路途经维罗纳东南30英里、阿迪杰河下游的莱尼亚诺，直接进攻曼图亚。

到1797年1月13日，波拿巴已经琢磨出达尔温茨的进攻计划。达尔温茨派亚当·冯·巴加利克率6000人经布伦塔河，袭击维罗纳，派约翰·普罗维拉率9000人进攻莱尼亚诺，以期突破到曼图亚，解救那里的守军，并袭击法军后部。与此同时，达尔温茨率其主力2.8万人向南挺进，以击败巴瑟莱密·C·儒贝守卫阿迪杰河谷的万人师。是日，达尔温茨把儒贝从维罗纳西北面20英里的拉科罗纳赶走。

波拿巴派马塞纳部队中的3000人留守维罗纳，并留下奥格鲁率9000人阻击普罗维拉，命马塞纳率领其部队中剩下的6000人马，安东尼·雷率4000人从加尔达湖西面出发，驻守新堡的克劳德·P·维克多率两千人向里沃利高原全速进军；该地位于拉科罗纳以南大约3英里，夹在加尔达湖和阿迪杰河之间，是一处有利的防御地势。

达尔温茨赶在敌军增援部队抵达之前，于1月14日早晨在里沃利发动攻击，按照一项涉及6个纵队的十分复杂的计划行事。在3个纵队从正面攻击里沃利高原的同时，两个纵队分别从两翼迂回，而第6个纵队沿阿迪杰河东岸顺流而下，旨在渡河袭击波拿巴主力部队的后方。

达尔温茨在阿迪杰河东面的行动失败了；但是，这些正面进攻击溃了儒贝和马塞纳；达尔温茨的东侧包抄纵队抵达高原，威胁着法军右翼；与此同时，西侧包抄的4000人部队费了很长时间才终于出现在里沃利南面的山脊上，有封锁法军退路之虞。

波拿巴命一个旅袭击位于其后方的这支敌军，而派其余部队倾巢出动，对右侧攻击进行了一场成功的炮兵和步兵还击，从而击溃了奥军的突击力量。此时，波拿巴集中兵力向奥军中心位置发动一场正面攻击，将敌军分割成两部分。与此同时，雷和维克多的部队由南向北进击，歼灭了法军后侧的4000奥军。这些行动几乎结束了战斗；达尔温茨脱离战斗，损失达8000人。

然而，波拿巴的处境仍很危险，因为奥格鲁未能阻止普罗维拉的9000人奥地利部队从阿迪杰河下游渡河；这支部队正向曼图亚行进。波拿巴给儒贝留下不到半数的法军防备达尔温茨，率领其余部队奔向南方去阻止普罗维拉前进。

次日，儒贝经受住了达尔温茨在里沃利发动的第二次攻击，然后把灰心丧气、处于混乱之中的奥军驱赶向北方，俘虏了将近5000人。与此同时，1月15日，奥格鲁率领包围曼图亚的部分兵力，在曼图亚遥遥在望的距离内阻止了普罗维拉的前进。这天下午，波拿巴率领来自里沃利的部队袭击了普罗维拉的后部；普罗维拉只得投降。

在5天出色的行军和作战期间，波拿巴一直保持了对曼图亚守军的围困，并使达尔温茨的4.8万人部队只剩下1.3万亡命之徒。其中，马塞纳的师在120小时中3次交战，行军54英里。

达尔温茨的战役被粉碎意味着曼图亚的沦陷。沃姆塞尔于1797年2月2日投降。守军中只有1.6万人尚能列队走出来受俘。法军由此完成了对意大利北部的征服。由于损失了大多数野战部队，奥地利人无可奈何地撤退到阿尔卑斯山区。2月底，波拿巴向奥地利挺进，翻越阿尔卑斯山，于3月29日攻占维也纳西南150英里的克拉根福。

由于连续征战，波拿巴耗尽了实力。他转而进行外交活动，逼迫奥地利人同意实现和平；他所用来威胁敌人的，是他把守着克拉根福和莫罗终于为了渡过莱茵河与他会师，合击维也纳而正在做的准备。奥地利人于1797年4月18日在莱奥本签署了一项初步协议。这项停火协议在10月17日的福尔米欧广场和约中得到一定的修改。波拿巴在该协议中显示出，他还拥有出色的外交才能。虽然他强迫奥地利人把比利时让给法国，把米兰公国割让给意大利北部的一个新的、以法族为主的"山南共和国"，但是他也向奥地利人提供了巨大的好处：吞并高傲的威尼斯共和国和亚德里亚海北端附近的几块领土。

拿破仑·波拿巴创造了一种新的、机动性和毁灭性强得多的兵法。但是，他没有进行一场给敌国人民及其财产造成巨大破坏，致使其放弃一切抵抗愿望的全面战争。他的宗旨始终是摧毁敌人的军队。虽然这使他获得了一次次巨大的胜利，但却没有造成永久的收益。他自以为依靠打败敌人的作战部队便能实现其目标。因此，他的敌人从未完全丧失信心，而是在似乎是毁灭性的惨败之后重整旗鼓。

在实现其摧毁敌军的目标过程中，波拿巴利用了博塞、格里博瓦尔、杜泰尔和吉伯特所创始的战争新概念。他还继续采用了新式革命军的做法，即依靠当地的给养生存，要么通过从敌人手中强征，要么让部队去抢劫。

波拿巴在战争方面所构思的新东西很少。但是，他对前人成果的实践取得了一次次惊人的胜利；而敌人却仍旧带着18世纪用兵思想的精神负担而作战。波拿巴使所有其他考虑都从属于实现他的主要目标，即歼灭敌人主力部队。他不断地想方设法在敌人侧翼或后方部署自己的部队，以引起恐惧和切断敌人的给养、增援及撤退路线。与此同时，他谋求保持自己的交通线安全和畅通无阻。

波拿巴明白，战争的制胜之道很像拳击比赛的获胜方法。拳击运动员一面攻击，一面还必须自卫。要想造成有效的打击，拳击选手必须使对手猝不及防。对军事将领来说，这意味着他必须分散兵力，才能迫使敌人分散自己的兵力。但是，正如博塞所教导的那样，他必须能够赶在敌人之前在一个选中的地点重新集结他的部队。这成为波拿巴在其整个军事生涯中的宗旨和成功的秘密：一面打击敌人，一面避免遭受敌人打击。为此目的，波拿巴将三种战法改善到完美程度；他的对手们始终没能有效地模仿这些战法，而他却从中获得了一次又一次胜利。

第一种战法就是"迂回包抄，攻其后部"，即派大部队降临敌后，实施具有战略意义的攻击，切断敌人的交通线。

第二种战法是他最喜欢的战术，即"战略决战"：以一场正面进攻牵制住敌人，派一支部队从侧面迂回到敌后交通线上，由一支精锐的炮兵、步兵和骑兵混合部队，在敌人防线上为了反击迂回包抄而削弱兵力的地方实现突破，从而最终赢得战斗。他的兵法遵循了汉尼拔、西庇阿和蒙古人所曾采用的原则：在前线上牢牢牵制住敌人，然后对敌人的侧翼或后部进行决定性的打击。

波拿巴的第三种决胜之道是"中央位置"战略，即在两支或更多敌军之间穿插移动，遥相呼应，打败一支敌军，然后再收拾另一支。虽然波拿巴的总兵力不如敌人多，但是他凭借此法，得以集中优势兵力打败每一支敌军。

波拿巴把这些惊人的革新与极强的机动性和胆量相结合，用来在法国获得至高无上的权力，并为他自己缔造了一个帝国。然而，当上拿破仑皇帝之后，他拥有了庞大的军队和对自己军事能力的坚强信心，以致不再依靠速度和出奇制胜，而是单纯依赖兵力的大量集中或进攻实力来取得胜利。

1806年在耶拿举世瞩目地打败普鲁士人之后，他所关心的只有硬拼，因为他相信，只要与敌人交战，他便能够毁灭敌人。拿破仑在其新的炮兵战术中显示了这一点：集中大量火炮在敌人防线上选中的一点轰出一个洞来。

从此以后，拿破仑便以双方兵力的大量损失来换取胜利。由于有了使用其帝国资源的实际上的空白支票，拿破仑丧失了以巧妙的诡计和诈术来取胜的决心。最终，损失变得过于惨重，他的敌人得以压倒他的被削弱了的军队。正如利德尔·哈特所说："他为违反节省兵力的法则而付出了代价，而机动性和出奇制胜是实践这一法则的手段。"

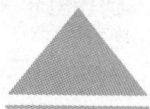

第4章 "石壁"杰克逊：迷惑、引入歧途和出其不意

有一个情况，认识到它的军人寥寥无几，政治家则更少；这就是，从1815年拿破仑战争结束，到1861年美国南北战争爆发为止，战争的状况发生了根本改变。

几乎人人都看到了其缘故——射程远的单发步枪的采用；但是，起初并没有任何人认识到，这个变化对用兵之道的影响十分深刻，以致必须设计一种新的作战方法。这种步枪把步兵的防御力大大提高了；因此，在拿破仑战争和1846年至1848年的墨西哥战争中曾经十拿九稳的进攻不再灵验了。新式步枪的有效射程为400码，这是部队从前装备的滑膛枪射程的4倍。这种步枪使南北战争中每8次进攻中就有7次注定失败，并且使拿破仑在其后期战争中所采用的制胜方法——把滑膛炮推到距敌人前线200码左右的地方，轰出一个洞来，用弹壳或霰弹大量杀伤敌人——突然地寿终正寝了。

没有任何一位南北战争将领找到对付步枪防御力的办法。因为这种办法当时是没有的。虽然南北战争中首次出现了大量射程远的膛线炮，但是这种炮无法压倒步枪，其杀伤力不足以使之取代霰弹，而霰弹依旧是对付步兵的主要武器。解决办法要求使火炮采用比黑色炸药威力大的化学炸药，改进炮弹的引信，找到一种方法，使火炮能够在看不到目标的距离上和敌人步枪的射程之外具有较高的命中精度。这些发展是在南北战争结束后的几十年中才到来的。

由于从一开始就面临着一个无法解决的问题，南北双方的大多数将领都下令从正面直接进攻防御阵地，都忍受了令人恐惧的严重伤亡，并都希望以某种方式迫使敌人绝望和放弃战争。

然而，有一位南方邦联的将领认识到，由于南方的白人人口仅为北方白人人口的1/3，所以南方无法长期承受战斗中的巨大损失，在一场消耗性战争中必输无疑。他千方百计地尽可能避免从正面进攻，而是以迂回、诡计和出其不意取胜。这位将军就是托马斯·乔纳森·杰克

统帅5："石壁"托马斯·杰克逊

逊，外号"石壁"，因为在1861年7月21日的弗斯特马纳萨斯战斗中，南方军紧密团结在他坚不可摧的部队的周围。

在弗斯特马纳萨斯之战后不久，"石壁"杰克逊提出了一项战略，即迂回到北方联邦军的后方去袭击其铁路和城市，给北方造成严重的财产损失，从而使北方人民允许南方独立。南方邦联总统戴维斯缺乏杰克逊那样的想象力，因而拒绝采取他所提议的大胆行动。

杰克逊坚持不懈；在1862年春在弗吉尼亚州谢南多厄谷地的战役中，他的用兵之道对同一战略略有修改。这次战役包含了杰克逊提议的较为笼统的决胜战略的所有要素，表明他已经琢磨出了纠正从正面攻击装备着步枪的步兵这一毁灭性难题的方法。

"石壁"杰克逊，弗吉尼亚州西部人，南北战争开始时37岁，西点军校毕业生，在墨西哥战争中表现出色，但于1851年从美国陆军退伍，到弗吉尼亚军事学院担任了战术和力学教授。他身材高大，落落寡合，笃信宗教，很难向大多数人表达自己的看法。然而，他对军事问题兴趣浓厚，能够集中精力考虑手头的问题。

1862年春，联邦军统帅乔治·麦克莱伦陆军少将为"石壁"杰克逊提供了他所谋求的机会。麦克莱伦建设了一支几乎三倍于南方邦联军高级指挥官约瑟夫·约翰斯顿所统率的力量的军队。但是，他并不真正懂得战略，也不知道如何扬长避短。他把自己的大多数军队用船通过切萨皮克湾转移到门罗堡；门罗堡是北方仍然控制着的一个哨所，位于里士满东南、约克河和詹姆斯河之间的半岛的端点上。他打算从那里沿半岛直上，夺取里士满；该市系南方邦联首都、弗吉尼亚州铁路交通枢纽和南方主要的军火制造中心。

麦克莱伦没有采取一项防范措施，即派自己的部分军队到弗吉尼亚州北部的马纳萨斯附近去直接抗击约翰斯顿的军队，从而牵制住它，迫使南方分散其已经捉襟见肘的兵力。其结果是，约翰斯顿得以撤走其

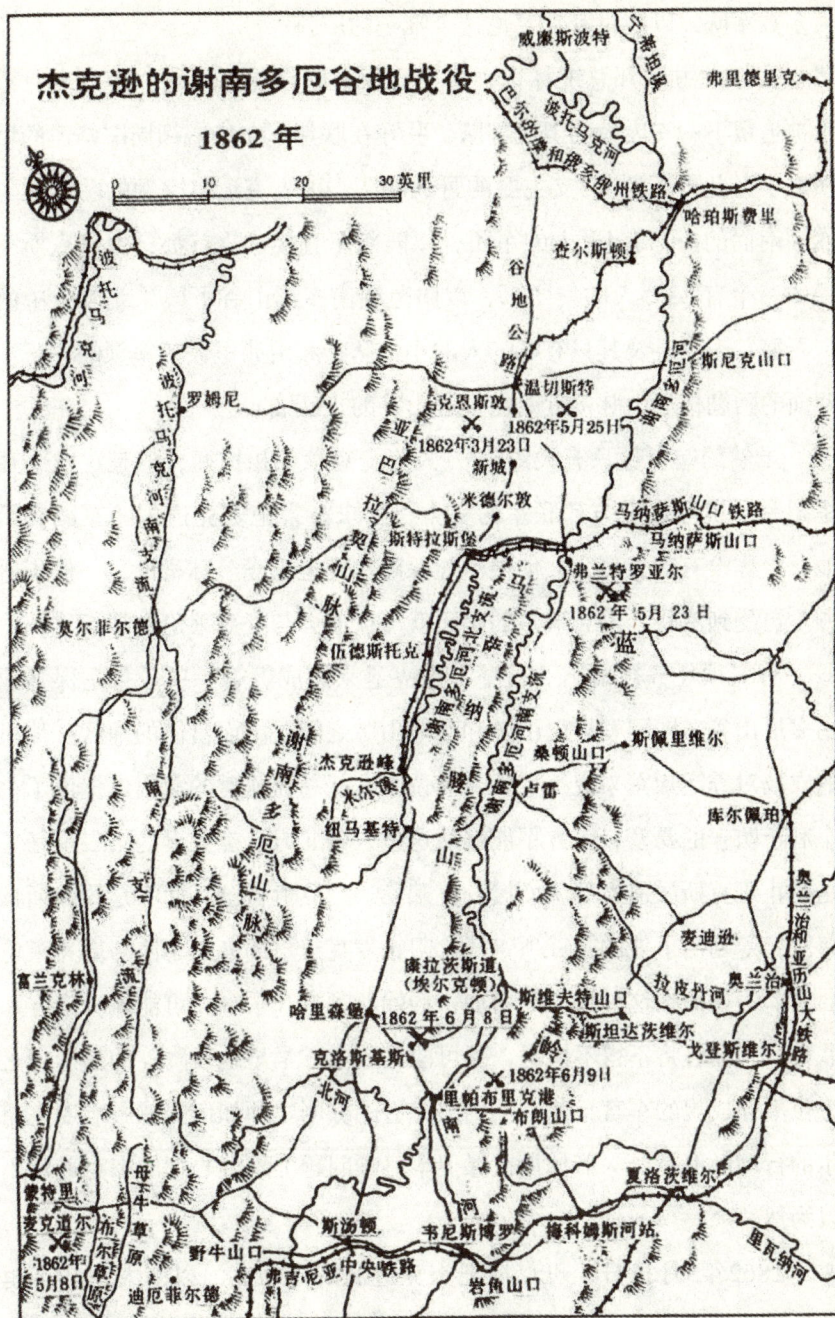

地图7：杰克逊的谢南多厄谷地战役（1862）

大多数军队，以应付麦克莱伦这个唯一的威胁。

由于北方联邦总统林肯十分关心保卫联邦首都问题，所以麦克莱伦被迫留下一支庞大的卫戍部队，驻守在联邦军在华盛顿周围修建的城堡之中，此外还留下3支主要的野战部队：由麦克道尔率领的驻守在华盛顿南面的一个有4万人的军团，以防叛军直接进攻首都；由班克斯率领的一个有2.3万人的集团军，以防范谢南多厄山谷下段（北段）中的"石壁"杰克逊及其只有4600人的小部队；和由弗里蒙特率领的、正从西面的阿勒格尼山脉接近谢南多厄山谷的1.5万部队。

虽然约翰斯顿只有大约5.7万人与麦克莱伦相抗衡，但是这位联邦军司令一贯夸大南方邦联军的实力，要求林肯把麦克道尔的军团交给他，声称没有这支部队，他便不能保障攻克里士满。林肯说，一俟华盛顿不再受到威胁，麦克道尔的军团就可以前去与麦克莱伦会师。

有三项任务被留给"石壁"杰克逊来完成。第一项任务是保卫谢南多厄山谷，即阿勒格尼山脉和蓝岭山脉之间辽阔而富饶的地区。那里的农场对养活叛军来说很重要，其位于波托马克河畔的北出口提供了一个利于防守的要塞，南方军能够从这里入侵北方。杰克逊的第二项任务是防止班克斯派遣大部队增援麦克莱伦。杰克逊自己，而不是约翰斯顿将军，筹划出了他的第三项责任：阻止麦克道尔的庞大军团与麦克莱伦会合。假如面临这种兵力的增加，约翰斯顿将几乎毫无可能保卫南方邦联首都，而且将不得不撤退，很可能导致南方早早地投降。约翰斯顿是一位墨守成规的军官，他看不到杰克逊的寡弱之师如何能够影响麦克道尔的行动。但是，深谙林肯在保卫华盛顿问题上恐惧心理的杰克逊却不以为然。

1862年3月11日，班克斯把杰克逊从波托马克河以南大约30英里的温切斯特赶走。杰克逊下令对露营在市外约4英里处的联邦军发动夜袭。但他的军官们率部队向南多走了6英里，以致返回路程太远，无法确保使敌人猝不及防。杰克逊愤怒地放弃了进攻计划，在阿什比的骑兵掩护下向南撤退42英里，沿着山谷中的碎石路撤到杰克逊山。

班克斯迅速估计出了杰克逊的兵力；他很想参加麦克莱伦的战役，因而派9000人由希尔兹率领留守在山谷之中，着手把剩下的部队向东调动到马纳萨斯。阿什比通过间谍获悉了这一行动，并且获得报告说，希尔兹的大多数人马也即将东进。

杰克逊立即作出反应，令士兵们沿着山谷中的道路急行军；由于行动太快，所以3月23日到达克恩斯敦时，只有3000人没有掉队。已在那里的阿什比要杰克逊放心，与其对垒的只不过是联邦军的一支后卫部队。

杰克逊留下阿什比率领其炮兵佯动，派大多数人马西进3英里，翻过一条很长的山岭，企图绕过联邦军侧翼迂回。阿什比的情报是错误的：希尔兹的整个师都隐藏在克恩斯敦北面；杰克逊一采取行动，因希尔兹受轻伤而暂时挂帅的金鲍尔上校便派遣一支占绝对优势的部队去阻拦杰克逊。

战斗十分激烈，杰克逊看到自己面对着一支强大得多的军队；便把他的最后3个后备团投入战斗。然而，"石壁"旅的指挥官加内特担心叛军阵线即将崩溃，便下令撤退。这使得杰克逊的部队溃不成军，逃到南面4英里处。杰克逊损失了718人，即交战部队人数的将近1／4。他解除了加内特的指挥权，因其在未接到命令的情况下撤退。

这对杰克逊来说是一次严重的战术挫折。但是，克恩斯敦之战的战略结果是惊人的。希尔兹无法相信，杰克逊会在没有大量增援部队的情况下进攻。林肯因担心谢南多厄山谷的安全，命令班克斯的大多数部队撤退，把一个有7000人马的师交给了位于阿勒格尼山脉以西的弗里蒙特指挥。然而，最重要的是，林肯命麦克道尔的军团留在华盛顿附近；他向麦克莱伦保证，一俟对首都的威胁消失，麦克道尔即可进军里士满。

虽然杰克逊输掉一场战斗，但是他的果断行动阻止了一支大部队同麦克莱伦会师，并且吸引了班克斯和弗里蒙特两支联邦军部队的注意力。实际上，将近8万联邦军队被杰克逊的4000人部队所牵制。

与此同时，南方邦联的军事领导集团——戴维斯总统、其总参谋长罗伯特·E·李和国防部长乔治·W·伦道夫——拒绝接受约翰斯顿将军的一项建议，即退守到里士满的门户，而命令他守卫一条穿过半岛南部从约克敦到詹姆斯河地区的兵力薄弱的堑壕防线。麦克莱伦十分谨慎，不肯进攻这道防线，而是开始了一场历时一个月的包围。

杰克逊是剩下的绝无仅有的一位能够采取战略行动的南方邦联军指挥官。他采用招募的方法把自己的部队扩充到6000人左右；约翰斯顿允许他动用正在蓝岭东山坡上养精蓄锐的由尤厄尔率领的有8000人的一个师。在斯汤顿以西的阿勒格尼山区，有一支阻止弗里蒙特进入山谷的、由爱德华·约翰逊率领的有2800人的部队。

这时，率领着1.9万人的班克斯和率领1.5万多人的弗里蒙特开始进攻杰克逊。而杰克逊已经在克恩斯敦战斗之后向南撤退，于4月17日放弃了克恩斯敦以南将近50英里的纽马基特，退到斯汤顿以北25英里的哈里森堡。杰克逊的主要目的是阻止班克斯和弗里蒙特会师。倘若他们会合起来，将拥有两倍于杰克逊的兵力。

班克斯进入哈里森堡时，杰克逊率部队向东面15英里的康拉茨斯道（埃尔克顿）进军。该市坐落在马萨纳滕山麓，占了谢南多厄山谷的很大一块地方，从南部的哈里森堡和康拉茨斯道始，绵延45英里，一直延伸到北面的斯特拉斯堡和弗兰特罗亚尔。只有一条公路越过马萨纳滕山3000英尺高的山岭：在南北两端之间的半路上，一条12英里长的道路从西面的纽马基特通到东面的卢雷。沿着东面狭窄的卢雷山谷，流淌着谢南多厄河的南支流；在西面，北支流流过谢南多厄河谷的主段。两条支流在弗兰特罗亚尔汇合。

在康拉茨斯道，杰克逊安全地待在南支流彼岸，而且如有必要，便能够经过东面不远的蓝岭山区的斯维夫特伦盖普逃走。可是，爱德华·约翰逊已经撤退到斯汤顿以西大约7英里处的人数很少的部队无法阻止班克斯和弗里蒙特会师。此外，弗吉尼亚州东部的局势严重恶化。麦克道尔的军团即将向弗雷德里克斯堡进军，然后走完下一半路程，加入麦克莱伦的行列，兵临南方邦联首都城下。只有采取果断举措，才能阻止他的行动。这时，杰克逊采取了一项作为最诡诈的行动之一载入战争史册的战略行动。

他命令尤厄尔向康拉茨斯道前进。但是，尤厄尔抵达时，杰克逊自己的部队却调动到别的地方。杰克逊只要求尤厄尔留在康拉茨斯道，如班克斯进攻斯汤顿便袭击他。杰克逊率领自己的部队南行12英里，到达里帕布里克港，然后翻越蓝岭东进！他出现在夏洛茨维尔以西约9英里的弗吉尼亚中央铁路上的梅科姆河站。

这次进军所产生的结果是罕见的，杰克逊通过东进故意使人认为，他打算到里士满去与麦克莱伦交战，或者到弗雷德里克斯堡去阻击麦克道尔。这使得北方联邦的国防部长斯坦顿告知麦克道尔，他的首要任务是保卫华盛顿和在弗雷德里克斯堡逗留，直到进一步了解杰克逊的意图为止。此外，杰克逊的东进还使他得以避免直接援助爱德华·约翰逊的部队，从而使率领弗里蒙特先头部队的罗伯特·米尔罗伊中计，没有理由急急忙忙地派大部队增援。

在梅科姆河站，杰克逊让其部队上了他在那里聚集的火车。但是，火车没有像士兵们所预料的那样向东行进，而是向西返回谷地之中！5月4日抵达斯汤顿的杰克逊处于弗里蒙特和班克斯两军之间，有利于他分别击败这两支联邦军。他的直接打击目标是米尔罗伊将军；米此时率领一支小部队位于斯汤顿以西35英里左右，处于孤立无援的境地。

杰克逊的迂回行军具有一个出乎意料的额外好处，即把班克斯的部队切成两半。班克斯想要走出谷地进入东面较大的战场，因而要斯坦顿放心，杰克逊的目的地是里士满，建议将自己的全军派到麦克道尔或麦克莱伦那里去。斯坦顿和林肯拒绝了，但却命令班克斯派希尔兹的师到麦克道尔那里去，而只给他留下1万人守卫谷地。

杰克逊于约翰斯顿将军退出纽克敦防线并撤退到里士满郊外后一天抵达斯汤顿。争夺南方邦联首都的战斗打响了。

杰克逊迅速与爱德华·约翰逊会师，进攻米尔罗伊的先头部队。5月8日，在斯汤顿以西27英里的麦克道尔遇到了率领着4000人的米尔罗伊。杰克逊派一支部队从其侧翼迂回；与此同时，这位北方联邦将领袭击了位于这个村庄东面的一座高山上的南方邦联军主力部队。虽然他给叛军造成大量伤亡，但是他的处境是毫无希望的；联邦军连夜撤往富兰克林。杰克逊随后紧逼，攻占了富兰克林，把弗里蒙特的部队驱赶到阿勒格尼山区的深处，使之在一段时间里无法发挥任何军事作用。

杰克逊此时掉头返回山谷。班克斯突然感到自己孤立无援，于是北撤50英里，到达温切斯特以南14英里的斯特拉斯堡；在此处，马纳萨斯盖普的铁路给他带来了来自华盛顿的给养。他命自己的7500人在斯特拉斯堡挖掘堑壕以固守，把1500人部署在位于温切斯特的后方基地，把1000人部署在东面10英里的弗兰特罗亚尔；铁路从此处穿过蓝岭山脉。

杰克逊电告约翰斯顿将军说，班克斯正在斯特拉斯堡构筑工事，而他则正同尤厄尔师一起沿着山谷进军，去袭击班克斯。约翰斯顿回电说，进攻危险太大，应当任凭班克斯"待在其工事中"，尤尼尔应当向东前进，帮助打败麦克莱伦，而杰克逊留下来监视班克斯。杰克逊不打算任凭班克斯"待在其工事中"，但也不想从正面进攻他。但是，他需要尤厄尔师，于是求助于罗伯特·E·李帮助，要求戴维斯总统撤销约翰斯顿的命令。

杰克逊未动用一兵一卒，便第二次阻止了麦克道尔向里士满的进军。他纠集了一支占压倒优势的部队迫使弗里蒙特的先头部队后撤，使其全军暂时无法起到任何战略作用。此时，班克斯率一万人被孤立在下游河谷之中，而杰克逊则率1.7万人袭击他。

班克斯在斯特拉斯堡封锁了谷地中的公路，严阵以待，成竹在胸，以为他的堑壕、步枪和火炮能够打败杰克逊的正面进攻；他认为杰克逊将只得发动正面进攻。

杰克逊故意助长了这种想法，这正是他的企图。他命令尤厄尔派理查德·泰勒的路易斯安那旅于5月20日顺着马萨纳滕山麓从康拉茨斯道前进到纽马基特，从而使联邦军的间谍和侦察兵以为，他正在那里进行准备，要沿着公路直接进攻斯特拉斯堡。

然而，杰克逊马上就要充分显示他"迷惑、引入歧途和出其不意"的能力。次日早晨，特纳·阿什比的骑兵向北疾驰，直奔斯特拉斯堡，给他的命令是在杰克逊和联邦军之间建立一条骑兵封锁线，防止任何间谍穿越，造成主力部队就在后面的印象。与此同时，与先头部队一起行进的杰克逊则悄悄地使部队的队首转向右方——沿着斜坡上的路翻越马萨纳滕山，向卢雷前进！

几小时后，当他的大惑不解的士兵们进入卢雷山谷的时候，他们意识到了自己的司令官所获得的成果——因为尤厄尔的师正等待在那里。杰克逊一举在联邦军的侧翼集中了自己的全部兵力。现在，邦联军要袭击联邦军的后部，只有处于绝望劣势的弗兰特罗亚尔城的1000守军挡着南方邦联军的前进道路。

5月23日晨，杰克逊的部队倾巢出动，几乎全歼了弗兰特罗亚尔城中的被蒙在鼓里的联邦部队，俘虏600人，造成300多人伤亡。

这样，杰克逊就迅速地一举切断了班克斯同华盛顿的直接铁路联系和向东撤退的路线，使自己同班克斯设在温切斯特的后方基地的距离同班克斯一样近。班克斯获得这个惊人消息后呆若木鸡。5月23日全昼夜，他拒绝撤出他在斯特拉斯堡的现已毫无用处的工事，尽管他手下的高级指挥官们一再催促。当乔治·H·戈登上校恳求他在力所能及的期限内拯救部队时，班克斯怒吼道："看在上帝的分上，先生，我决不撤退！我们与其说怕敌人的刺刀，不如说更怕朋友们的意见！"

杰克逊使这位联邦军司令中计，严重分散了他的注意力，以致他无法立刻作出理智的判断。直到5月24日早晨，班克斯才终于认识到自己的灾难，下令迅速向温切斯特撤退。

杰克逊曾经希望在斯特拉斯堡和温切斯特之间截断班克斯的部队。但是这一天，他的往常很可靠的骑兵辜负了他的期望。组成杰克逊骑兵的来自谢南多厄河流域的骑士们既勇敢，又坚定。但是，特纳·阿什比带兵无方，其部下抵制不住诱惑，抢劫了逃往温切斯特的联邦军给养运输车；他们尤其无法忽视唾手可得的大量联邦军马匹。南方邦联军的骑兵必须自己为自己提供坐骑；这就是叛军的许多骑兵何以会暂时离开部队，把抢来的马匹送回家的原因。由于纪律不严明，阿什比的骑兵部队未能切断联邦军的退路，以致班克斯的大多数部队返回了温切斯特，尽管杰克逊在米德尔敦驱散了班克斯的后卫部队，硬逼着自己的疲惫不堪的步兵追击敌人，直到5月25日凌晨1点才收兵。

然而，班克斯在温切斯特的处境十分不利。敌我力量相差悬殊；班克斯注意力严重分散，以致未能占领城市南郊、亚布拉姆斯溪畔的一道极易防守的山岭。5月25日凌晨，杰克逊发现班克斯的部队待在北面约800码处的一条断裂的山岭上。在距离约400码左右处的另一道山岭上，有8门联邦军的膛线炮和一些神枪手。他们给南方邦联军的炮兵和杰克逊派去攻占亚布拉姆斯溪流畔山岭的两个旅造成了惨重损失。

　　杰克逊的主要努力是派两个旅，以泰勒的路易斯安那旅为首，绕过联邦军西翼进攻。这次攻击使已经军心不稳的联邦军望风披靡。杰克逊看到联邦军的阵线崩溃，便命令南方邦联军全线出击，1万大军浩浩荡荡，从敌军侧翼和亚布拉姆斯溪畔的山岭上发动冲锋，杀声震天，席卷了温切斯特的街道，然后向北追击。

　　倘若特纳·阿什比的骑兵在场，杰克逊也许会全面围剿班克斯的有如惊弓之鸟的部队。但是他们此时大多开小差回家了，因此杰克逊只给联邦军造成3000人损失，其中大多数人是被俘，并缴获大量步枪、火炮和给养。虽然骑兵的毫无纪律性是这一失败的主要原因，但是杰克逊的过于害怕泄露其计划也是一个因素。他完全有理由认为，他有可能在温切斯特和波托马克河之间对班克斯的全军来个瓮中捉鳖。但是，他并没有事先通知他的骑兵指挥官们。假如他这样做了的话，他们本会竭力实施他的旨意。

　　杰克逊击溃班克斯和向波托马克河的进军在华盛顿引起恐慌。国防部长斯坦顿给北方各州州长打电报，要求其所有武装力量进入戒备状态，以保卫首都。林肯第三次命麦克道尔暂停向里士满的进军，要他与弗里蒙特、班克斯和守卫哈珀渡口的萨克斯顿联合行动，切断"石壁"杰克逊的退路并摧毁其军队。林肯还电告麦克莱伦，说他认为杰克逊的总方向是向北方进军，因此，"已经快到这样的时刻，即你必须要么进攻里士满，要么放弃这项任务，前来保卫华盛顿"。

　　杰克逊的战略证明，迂回行动，进攻敌人的弱点——在此情况下是北方联邦的首都——能够牵制住敌人，而又不造成生命损失。杰克逊在波托马克河畔形成威胁，从而阻止麦克莱伦获得他认为在里士满城下打败邦联军队所必需的军团。这样一来，麦克莱伦停止了进攻，使约翰斯顿和罗伯特·李获得了更多时间来准备防御工事，调集增援部队来打败他。

杰克逊在没有采取任何进一步行动的情况下，就为南方取得了一次重大胜利。杰克逊相信他能够打赢这场战争。联邦军队绝大部分被牵制在里士满城下；假如杰克逊迂回到华盛顿后方，攻占巴尔的摩，或许还有费城，切断与首都的铁路联系，开始有条不紊地破坏北方的工厂，联邦军在几天甚至几个星期里都无法作出反应。杰克逊立即向戴维斯总统和李将军重新提议发动一场他曾于1861年马纳萨斯战斗之后提议的入侵。现在，他要求获得充分的增援，以把他的军队加强到4万人。他告诉戴维斯和李，他凭着这支军队，将挺进到马里兰州，"为里士满解围，把这场战役从波托马克河畔转移到萨斯奎哈纳畔"。

这是一项具有宏图大志的建议。它将使南方的实力同联邦的实力——里士满城下的麦克莱伦大军——相互错开，避实击虚，打击华盛顿北面的城市和铁路。倘若能够将首都孤立起来，并切断其食品供应，林肯政府将受到巨大压力，不得不因为担心政府要员被俘而撤出这座城市。在这种情况下，北方人民会严重丧失对其政府的信任，英国和法国有可能会承认南方邦联，使这场战争被迫结束，因为这两国的纺织工业由于联邦海军封锁南方的港口，阻碍了棉花的出口而受到损害。

倘若杰克逊向北方挺进，起码会给里士满解围，而又不会使南方邦联军的一兵一卒丧生。这样一来，还会使北方处于战略守势。

杰克逊的密使、美国前国会议员博特勒上校急忙赶赴里士满，以把杰克逊的计划提交给戴维斯和李。与此同时，杰克逊沿着山谷向南撤退，以迂回到企图切断他后路的联邦军背后。

如果杰克逊获得增援和入侵北方的授权，这次撤军不会阻碍他向北方卷土重来。他已经制订出一项计划，以试图使阻挡他的联邦部队失去效力，从而在几乎没有任何抵抗的情况下向北进军。杰克逊期望着翻越蓝岭，到达其东坡并向北进军。这样一来，将会牵制住抵抗他的联邦军。守卫华盛顿的部队因为担心杰克逊会直接袭击首都而无法移动；谢南多厄谷地中的部队因为担心他会夺取谷地也会按兵不动。凭借交替地威胁华盛顿和这块谷地，杰克逊便能够阻止联邦军队联合，打败胆敢进攻的任何单独部队，安然地从其余部队旁边经过，渡过波托马克河。河的彼岸上没有任何强大的联邦野战部队。

虽然林肯和斯坦顿企图切断杰克逊的退路并将其摧毁，但是他们成功地采取这种行动的希望渺茫。滞留在杰克逊部西南面80英里的阿勒格尼山区的弗里蒙特处于最有利的位置。但是，他对自己的给养运输线极为敏感；当一小股叛军封锁通向谷地的主要峡道时，他便沿着波托马克河南支流向北转移，然后向东合击斯特拉斯堡；此时，来自麦克道尔军团的1万人在希尔兹率领下也正向此地进军，跟随其后的是由詹姆斯·里基茨率领的另外1万人。

由于杰克逊的大胆挺进，弗里蒙特和希尔兹都夸大了他的实际力量，都不愿单独与他交战。结果，两人都按兵不动，使杰克逊于6月1日安然无恙地经过斯特拉斯堡，沿着谷中的公路南进。

与此同时，约翰斯顿将军派其部队袭击了里士满东面不远处的麦克莱伦部。这场战斗在南方称为"七棵松"，在北方叫作"美丽的橡树"；其指挥是失误的。约翰斯顿所计划的一场双重包围失败了；战斗沦为一系列正面冲锋，使南方伤亡6000人，北方伤亡5000人。约翰斯顿身负重伤；戴维斯总统任命罗伯特·E·李接替他指挥南方邦联军队。

一俟杰克逊抵达斯特拉斯堡南面，弗里蒙特便发动猛烈攻击，邦联军的后卫部队很难制上这场攻击；特纳·阿什比在哈里森堡附近的一场激战中捐躯。这时，位于弗兰特罗亚尔的希尔兹掉头向南，顺着卢雷山谷前进，企图经过穿越马萨纳滕山的唯一道路袭击杰克逊的后部。为了防备万一，希尔兹命其骑兵夺取谢南多厄河南支流上位于康拉茨斯道的桥梁，以便他的师逼近马萨纳滕山南麓，在哈里森堡阻击杰克逊。

杰克逊料到了这些行动，派遣一些熟悉谷地中大小路径的本地骑兵，去烧毁南支流上位于卢雷的两座桥和位于康拉茨斯道的一座桥。当希尔兹的师到达卢雷的时候，桥已不复存在，因为谷地中大雨滂沱，河水猛涨。当希尔兹的骑兵抵达康拉茨斯道时，那里的桥梁也已被摧毁。由于没有浮桥，希尔兹被孤立在南支流东面。

南支流上还有一座桥：在哈里森堡东南面12英里的里帕布里克港；在那里，南北两河汇集成南支流。这座桥横跨北河，而浅滩提供了涉水渡过南河的条件。杰克逊冒着无法避免的风险，保持了这座桥完好无损，因为它提供了杰克逊退避到东面不远处蓝岭山脉中布朗山口的通道。杰克逊必须把他的军队转移到这个山口，以躲避敌人的袭击，并且进军里士满——如果李呼叫他的话，抑或进军波托马克河——如果李和戴维斯批准进攻华盛顿的后方。

杰克逊和希尔兹都开始急行军，以火速夺取里帕布里克港的这座桥。杰克逊抢先一天，于6月7日抵达。次日早晨，联邦军的一个骑兵小分队涉水渡过南河上的一处浅滩，俘虏了杰克逊的部分参谋人员，几乎俘虏杰克逊本人。叛军在北河的桥上和附近的村庄里仓促地组织了一次进攻，才把联邦军击退。

杰克逊此时处于拿破仑所说的两支敌军之间的"中央位置"，能够对敌人分而治之。杰克逊所面临的最直接的危险来自希尔兹。虽然希尔兹允许他的师广泛地分散在卢雷山谷中，但是他仍能封锁杰克逊经过布朗山口的逃路，夺取他的位于里帕布里克港附近的运输军需品的马车队；然后，他或许还会进军到韦恩斯伯勒并切断弗吉尼亚中央铁路。

因此，杰克逊决心先打希尔兹，迫使他向北逃亡，然后掉头打败弗里蒙特。

不幸的是，6月8日，弗里蒙特在克洛斯基斯与尤厄尔将军的师不期而遇，迫使杰克逊不得不首先对付他。虽然弗里蒙特兵力两倍于尤厄尔，但是他只派了大约1乃包抄邦联军右翼；结果，伊萨克·特里姆布尔的旅粉碎了这场进攻，然后迂回到联邦军左翼，迫使其战线后退一英里。杰克逊看到弗里蒙特起码在一天内不打算再做任何事情，因而留下两个旅防备他，指挥其余部队去歼灭位于北面不远处的希尔兹先头部队。杰克逊希望先摧毁这支前锋，然后掉头来粉碎弗里蒙特。

希尔兹的3000人先头部队由一位杰出的军事家——伊拉斯图斯·泰勒指挥。泰勒占据了里帕布里克港以北大约两英里处的一条坑洼公路和一条小溪旁的地势险要的阵地。这是一条开阔的峡谷，有一英里左右宽，一侧是河流，另一侧是蓝岭树木茂密的山坡。他把8门加农炮部署在蓝岭山麓的一座露天炭窑上面。这些加农炮控制了这一阵地。

杰克逊率领着"石壁"旅和路易斯安那旅前进，期望剩下的部队从一座用马车在南河的一片浅滩上临时搭成的木板桥上过河。桥搭得不牢靠，因此士兵们只肯一个个地过桥。负责此事的军官们没能纠正这个问题，以致部队费了好半天时间才过去。与此同时，射击线上的叛军士兵们在来自炭窑上的炮火和联邦军的攻击下屈服。只有当路易斯安那旅和尤厄尔师的一部分从侧翼包围炭窑时，泰勒才失去有利阵地，被迫向北撤退9英里，撤到希尔兹所组织的新防线上。

战斗尚未结束，杰克逊就认识到，他掉头打败弗里蒙特的希望渺茫，于是命令防备弗部的几个旅撤退到里帕布里克港，过河来到东岸，将桥付之一炬。他们迅速完成了这项任务。

到傍晚时分，杰克逊已经取得了许多战果：他的军队安全地驻扎在南支流的东岸，蓝岭近在咫尺，希尔兹被迫退出战斗，向北逃窜，弗里蒙特被孤立在河西。杰克逊取消了对泰勒的追击，躲藏到布朗山口的山凹之中。

希尔兹次日向卢雷撤退，尽管麦克道尔批准他按兵不动，如果他有打败杰克逊的充分可能性。希尔兹显然断定他没有这种可能，因为他提出这样的借口，即他本应同麦克道尔的军团一起进军里士满。但是，由于杰克逊待在谷地之中，这场进军被无限期地中断了。鉴于希尔兹已经撤退，弗里蒙特也率部离去。在叛军骑兵追击下，他先退到哈里森堡，6月24日一直撤到温切斯特南面10英里的米德尔顿。率领联邦部队从波托马克河畔挺进的班克斯正在那里停留。

这场谷地战役就这样虎头蛇尾地结束了。杰克逊于6月12日率部队从蓝岭山上下来，在里帕布里克港安营扎寨，给部队5天休息时间。

在克洛斯基斯战斗即将开始时，杰克逊曾收到戴维斯发来的消息说，他无法派额外部队参加拟议中的在华盛顿以北发动的进攻。此时，鉴于已经清除了希尔兹和弗里蒙特，麦克道尔也因担心杰克逊再次北进而被牵制住，杰克逊希望获准发动这次入侵。

他于6月13日召见博特勒上校，派他到首都去送信，解释杰克逊的入侵计划，请求增援，以使部队人数增至4万。杰克逊说，他将率领这样一支部队，翻山越岭，到蓝岭东边去，然后北进，直至找到一个山口，从那里袭击班克斯部的后部并将其击败。然后，他将进军马里兰州和宾夕法尼亚州。

但是，杰克逊的反攻希望在里士满没有引起注意。戴维斯和李的心思被七棵松战斗的失利和约翰斯顿的受伤所分散。但是，真正的原因是，戴维斯和李固执己见，认为保卫里士满是摆在南方邦联面前的最重要任务。他们不明白，杰克逊的建议不仅提供了十拿九稳地给里士满解围的保障，而且提供了赢得战争的大好机会。

李曾于6月5日写信给戴维斯说，如能像杰克逊所请求的那样给他增援，"这场战争的性质"将变为完全有利于南方。但是，李不想从里士满撤走任何部队，因而表示，应当说服南北卡罗莱纳州和佐治亚州的州长们派兵。戴维斯没有作好准备去给这些州施压，因此这件事便不了了之了。

李给杰克逊派去了8000援军。但他的目的只是对联邦军指挥官施以诡计，使之认为杰克逊准备再次沿谢南多厄谷地发动进攻。他命杰克逊进行秘密准备，把他的全体部队调到里士满以北不远处的阿什兰，以帮助李正准备对麦克莱伦发动的反击。

当博特勒来到李的办公室，呈上杰克逊的信时，李回答说："上校，你难道不认为杰克逊将军最好是到这里来帮我赶走里士满城下的这些歹徒吗？"

当李把杰克逊的信呈送给戴维斯时，他的批示是："我认为杰克逊越快地向我方（里士满）靠拢越好——现在的首要目标是打败麦克莱伦。"戴维斯的批语是："同意你的看法。"

李和戴维斯都不懂得麦克莱伦陈兵于里士满东面，以致无法阻止对北方的入侵所造成的战略机遇。他们一心只想打败北方军主力，不愿理睬杰克逊的截然不同的战略：打击北方获胜的意志。

杰克逊想要远离北方联邦的军队，采用迂回的途径获得成功。李试图通过对着麦克莱伦强大军事力量的血盆大口正面硬拼来取胜。他的战斗计划最终在1862年6月26日至7月1日的"七天战役"中实施，将麦克莱伦驱赶到里士满东南20空英里的詹姆斯河畔的哈里森码头，使之处于守势。但是，伤亡的损失令人难以置信：两万多人，即南方全部军队人数的1/4。

李从未抑制住自己采取直接硬拼解决办法的冲动。在"七天战役"之后，杰克逊再次试图说服李和戴维斯采取间接方案进攻北方，避开北方联邦的野战军，而打击北方人民的士气。他再次失败了。此后，杰克逊试图在战斗中打败联邦军，从而使北方丧失防御能力。杰克逊先后4次企图说服李发动一场迂回包抄的战役来打败联邦野战军。先后4次李都拒绝了，或者未能实行之。最后，在第五次努力中，杰克逊获得李的授权，于1863年5月2日在钱瑟勒斯维尔袭击了约瑟夫·胡克联邦部队的后部，切断其退路，欲将其歼灭。不幸的是，杰克逊在即将实施这一壮观行动的时候受了致命伤，以致这一行动永远没有实施。

在两个月后的葛底斯堡战斗中，李重新采取了直接硬拼的战法，其策略在战斗第三天里命令1.5万名邦联将士，在乔治·皮克特率领下发动的灾难性冲锋中达到登峰造极的地步。其结果是这支部队几乎被全歼，从而使南方邦联的最后一点进攻力量也被摧毁。从此后，李只能像一头受伤的狮子一样攻击聚集起来、占压倒优势的庞大联邦军队。

第5章　谢尔曼：赢得南北战争胜利的将军

1864年年初，在弗吉尼亚州面对着罗伯特·E·李的邦联军的北方联邦军与1861年战争爆发时一样一筹莫展。李的北弗吉尼亚军尽管损失惨重，但是仍然顽强地阻挡着试图攻占里士满的联邦部队的前进道路。

在阿勒格尼山脉和阿巴拉契山脉另一侧的西部战场上，情况截然不同。到1864年1月为止，在弗吉尼亚一贯面对着比李和"石壁"杰克逊逊色的邦联军指挥官的北方联邦部队夺取了整个密西西比河流域、肯塔基州和田纳西州，把叛军驱逐到查塔努加以南、佐治亚州北部山区的多尔顿。

由于密西西比河彼岸的各州被孤立起来，所以南方邦联的西部版图被缩小为密西西比州的一些部分和田纳西河以南的阿拉巴马州。尽管如此，南方邦联仍然保持了一个强大堡垒：南方文化发祥地的旧有东部4州——佐治亚、南北卡罗莱纳和弗吉尼亚。这一核心地带的南部中心是亚特兰大；它是东西部之间残存的铁路联系的枢纽，也是至关重要的铸造厂、机器制造厂和军火工厂的所在地。

倘若驻扎在多尔顿的邦联军司令官约瑟夫·约翰斯顿能够阻止联邦军攻占亚特兰大，李又能保护弗吉尼亚，那么南方也许能坚持足够长的时间，等到北方的厌战并为损失而震惊的选民们在1864年11月的总统选举中选择一位主张和平的民主党候选人，把林肯和激进的共和党人赶下台，通过谈判实现南北方之间的和平。

林肯完全意识到，一股反战潮流正在席卷北方。他明白，1864年是他总统任期中关键的一年。除非他在选举之前取得显著进展，否则，他肯定会落选。林肯从惨痛的经历中了解到，他在东部主要缺少的是一位不顾后果地勇往直前的将军。他从未有过这样一位将军。一次又一次，东部的将帅们进入了南方邦联这头狮子的血盆大口，遭受了毁灭性的损失，夹着尾巴撤退了，永远不想再与李或杰克逊较量了。

然而在西部，林肯拥有一位强悍的将军——尤利塞斯·S·格兰特。他的主要副手是威廉·特库姆塞·谢尔曼。在1862年至1863年和1863年11月的战役中，谢尔曼战功卓著，攻占了维克斯堡，开通了密西西比河，打赢了查塔努加战役，迫使叛军逃入佐治亚州北部山区。

1864年3月4日，林肯作出重大决策。他把格兰特召到华盛顿，授予他所有联邦军队的指挥权。像几乎所有共和党政界领导人一样，林肯魂牵梦萦的仍然是李的军队和攻占南方邦联首都里士满。他命格兰特亲自监督波托马克联邦军对李的进攻。

格兰特同意了；他任命谢尔曼将军在西部进行指挥，制定了一项打败南方邦联的宏伟战略。格兰特的主要打击目标是在弗吉尼亚州拉皮丹河彼岸的李部和在多尔顿的约翰斯顿部。格兰特将指挥对李发动的战役；谢尔曼将领导对约翰斯顿的战役。为了分散邦联军的注意力，他下令分别包抄这两支叛军的战略上的侧翼。为了对付李，由本杰明·F·巴特勒率领的一支联邦部队将沿着詹姆斯河南岸向西挺进，进攻里士满。为了迎战约翰斯顿，联邦军的班克斯将军将夺取阿拉巴马州的莫比尔港，为进入佐治亚州另辟蹊径。在实施过程中，这两项包抄行动都没有成功。小股南方邦联部队在彼得斯堡以东的詹姆斯河畔包围了巴特勒；班克斯行动太慢，因而谢尔曼不得不直接进攻亚特兰大，而不可能对邦联军后方构成威胁。

这样，如果按照格兰特的设想，这些战役将采用正面硬拼的方法结束战争。到1864年，正面进攻已经变得非常危险，代价巨大。装有米尼式圆锥形枪弹的来复枪的远距离杀伤力同堑壕、土筑工事和用圆木筑成的射击孔相结合，使得野战部队所占据的任何阵地几乎都坚不可摧。格兰特所以无视这一现实，是因为他想不出任何别的行动方针，而且林肯向他保证他将全力支持，格兰特可以无限制地使用北方的人力。因此，格兰特采取了一项简单而粗暴的战略：反复强攻南方邦联军的战地工事，以主力压倒敌人。伤亡规模预计将比以前更大。

　　然而，正如人们将看到的那样，谢尔曼将军强烈意识到了正面攻击将会陷入的灾难，制定了一项完全不同的做法，尽管他被迫沿着从多尔顿到亚特兰大的单一走廊展开了一场正面战役；他之所以不得不这样做，是因为他由于给养问题而不得不死守从查塔努加到亚特兰大的单轨铁路。

　　谢尔曼是西点军校1840级毕业生；虽然他在墨西哥战争中并没有服现役，但是却以在西部，特别是在维克斯堡和查塔努加战役中战功卓著而名望越来越高。尽管如此，没有迹象表明，他即将在进攻亚特兰大及此后进军南方腹地的过程中采取迥然不同的作战方法。这些战役为北方赢得了南北战争，而格兰特的战略则几乎使北方输掉这场战争。

　　格兰特在1864年4月14日致谢尔曼的一封信中说，他将留在波托马克集团军中，并将命其司令员乔治·G·米德继续以李的部队为其唯一的打击目标，"不管李去向何方，他都要跟去"。因此，格兰特从一开始就放弃了迂回到李部后方的任何打算。对他非常信任的谢尔曼，他的指示则不那么具体。谢尔曼应当对付约翰斯顿部，将其打散，然后进入南方邦联的腹地，"对其战争资源"造成尽可能大的破坏。他让谢尔曼自行决定如何执行这项任务。

　　谢尔曼认识到，摧毁南方人民继续战争的意志比摧毁约翰斯顿的军队重要。一旦人民厌恶战争，其军队就会不攻自灭。只要他们保持战争的决心，他们就会继续组建军队，即使做不到这一点，也会组织游击队，从而可能导致无休止的战争。唯一有把握的办法就是对南方的财产和生活方式、而不只是对其"战争资源"造成严重破坏，以致南方人民宁愿投降而不愿这种破坏继续下去。南北战争初期，"石壁"杰克逊曾经认识到这一原理，想要在北方人民身上实施它。但是南方邦联领导人不肯这样做。现在，另一方的谢尔曼即将开始采用它了。

　　但是，谢尔曼首先必须对付位于多尔顿的约翰斯顿部；这支部队阻挡着经过山区通向80空英里外的亚特兰大的道路。约翰斯顿拥有大约6万人，包括由波克率领的正在从密西西比州赶来的一个军团。谢尔曼聚集了将近10万人，另外还有差不多同样数量的兵力守卫着他的从查塔努加经纳什维尔返回肯塔基州路易斯维尔的铁路供应线。

由于南方邦联同北方联邦兵力之间的比率为3：5，所以把守像佐治亚州北部山区这样的天然的易于防守的地方是惬意的事情，尤其鉴于约翰斯顿已经用铁路两旁牢固的堑壕覆盖了低谷，多尔顿以北的铁路从低谷中穿过。

约翰斯顿已经拒绝了戴维斯总统的一项建议，即在查塔努加东北面发动攻势，向西进入田纳西州中部，以期迫使谢尔曼撤退，去拯救纳什维尔。约翰斯顿对戴维斯说，他没有足够的马匹和骡子来进行这场战役。他对战场上的防御工事的威力深信不疑，认为打败谢尔曼的最大可能性存在于继续全面防守之中。

约翰斯顿确信，谢尔曼打算从正面向他发动进攻，因为联邦军依赖铁路，沿着铁路线移动将是最明显和最简单的方针。因此，他在多尔顿集中了他的两个军团（由威廉·哈迪和约翰·胡德率领），将由约瑟夫·惠勒率领的6000骑兵派出去监视通往多尔顿的各条道路。

这种依赖防守，特别是一味防守铁路线上一点的做法，是约翰斯顿的致命错误。谢尔曼明白，从正面进攻多尔顿的堑壕是自取灭亡，因而没有考虑这样做。他的做法则是于1864年5月4日，即在弗吉尼亚和佐治亚开始发动攻势之日命令其主力——由乔治·托马斯率领的有6.1万人的坎伯兰集团军和由约翰·舍菲尔德率领的有1.3万人的俄亥俄集团军——佯装直接进攻多尔顿，从而牵制约翰斯顿部。与此同时，他派遣由詹姆斯·麦克弗尔森率领的有2.4万人的田纳西集团军经山区绕过约翰斯顿的左翼即西侧，攻占铁路线上位于多尔顿南面15英里的雷萨卡。

这是拿破仑置敌于死地的最有效方法——"迂回包抄，攻其后

统帅6：威廉·谢尔曼

部"——的一个惊人的翻版，旨在正好在约翰斯顿的撤退路线上建立战略屏障。如果麦克弗尔森勇往直前，夺取雷萨卡，南方邦联军将只能沿着谷地东面崎岖的山路撤退，很可能会被歼灭。

托马斯和舍菲尔德的部队紧逼多尔顿的叛军；但是，他们按照谢尔曼的命令，没有对固若金汤的邦联军堑壕发动认真的攻击。然而，他们的挺进使敌人注意力分散，从而掩护了麦克弗尔森的侧面包抄行动。5月8日，他的先锋师没有遇到任何抵抗就占领了雷萨卡西面大约5英里的蛇溪山口。

与此同时，波克军团的詹姆斯·坎蒂旅抵达了雷萨卡。约翰斯顿还全然不知，麦克弗尔森正从其后面包抄上来；但是，由于对联邦军队纷纷进攻他在多尔顿的阵地迷惑不解，他命令坎蒂按住其两千人部队不动，留在雷萨卡，直到局势明朗为止。

5月9日晨，麦克弗尔森的2.4万部队进入雷萨卡西面约4英里的山谷开阔地带，击溃了叛军的一支小骑兵巡逻队，逼近到能够看到坎蒂的士兵们匆忙筑起的一条小小的堑壕战线的距离。虽然麦克弗尔森接到谢尔曼的命令，要他大胆进攻，夺取这个村庄，但是他率领4个师采取守势，派第五个师冲上前去切断铁路，然后撤到蛇溪峡谷的入口处。这场"进攻"有气无力，以致只有18名士兵攻到铁路上，其唯一的成功是破坏了一小截电报线。

约翰斯顿慌忙派遣其驻在多尔顿的七个师当中的三个师到雷萨卡。他们于5月10日抵达。但是该日麦克弗尔森令其部下养精蓄锐，没有发动进攻。约翰斯顿认为敌军的行动只是一次佯攻，因而召回其部队，留下两个师驻守在雷萨卡北面18英里处的蒂尔顿，以便于向两个方向当中的任何一个方向移动，命令刚刚抵达的波克军团集结在雷萨卡。谢尔曼对麦克弗尔森恨铁不成钢，但却只说了句："唉，麦克，你错过了一生中的大好机会。"

谢尔曼令托马斯留下其三个军团当中的一个在多尔顿继续佯攻，命他的其余部队和舍菲尔德部绕过约翰斯顿的左侧，去与麦克弗尔森会师并进攻雷萨卡。谢尔曼希望约翰斯顿会如他所愿，留在多尔顿，直到他的主力赶到麦克弗尔森处为止。但是，这是不现实的，因为只有出奇才能制胜，而这种奇袭的要素已经荡然无存。约翰斯顿的骑兵发现了足够的迹象，表明谢尔曼正在调兵遣将，因而于5月12日撤退，未打一仗便放弃了他在多尔顿的固若金汤的阵地。5月13日晨，约翰斯顿的部队集结在雷萨卡。

麦克弗尔森直逼这个村庄，而托马斯和舍菲尔德则陈兵村北。叛军在几小时内就在村子的西面和北面修筑起工事。5月14日，联邦军试探了叛军在各点上的实力，但是未发现弱点。

约翰斯顿是一位十足的循规蹈矩的军人，他未能领会谢尔曼战略的大刀阔斧的特性。谢尔曼轻而易举地把叛军赶出了多尔顿，这表明他很可能故技重演。修筑堑壕无济于事。一俟约翰斯顿把部队部署在防御工事之中，谢尔曼只需绕到其背后，便可使之失败。因此，南方邦联采取全面防御策略，便注定了其最终的失败。除非约翰斯顿以攻为守，迫使谢尔曼后撤，否则他只得从一处筑有堑壕的阵地撤到另一处，直到撤回亚特兰大为止。

谢尔曼的弱点是其交通线——联邦军通往查塔努加的铁路。在佐治亚州北部的穷山恶水之中，部队没有这条铁路运来的食物，是会挨饿的。如果约翰斯顿派精锐部队绕过谢尔曼的侧翼封锁这条铁路，他本来是有可能阻止联邦军进攻的。他拥有足够的部队建立牢固的战略屏障。如果采取这种策略，本来会分散联邦军的注意力；即使叛军的大多数被迫撤退，他们也可能通过铁路两旁的山地和森林逃遁。由于此地的蛮荒特性，大量的半游击性质的叛军团伙本来可以在铁路全线上活动，杀死守卫和养路工，炸掉桥梁，切断铁路交通。

约翰斯顿从未试图对谢尔曼的铁路线发动大规模攻势，而是在雷萨卡重新采取了一项显而易见的战术方案：派胡德部向侧面迂回，袭击谢尔曼的左翼，企图切断他的退路。这种小规模行动没有成功的希望，因为联邦军在数量上占优势；他们挫败了这次袭击。谢尔曼已经在雷萨卡西南面的乌斯塔诺拉河上架起浮桥，准备再次从约翰斯顿的侧翼迂回。

5月16日，约翰斯顿获悉，联邦军已经渡过乌斯塔诺拉河，正在包抄他的后路，于是放弃雷萨卡，撤退20英里，来到卡斯维尔。波克部的最后一个师已经抵达；约翰斯顿企图率7.5万人袭击联邦军的一个孤立的纵队，将其消灭。然而，谢尔曼仿照拿破仑的前进方式进军，把各纵队分散开来，形成一张宽阔的浮动式大网，它能够迅速集结兵力打击任何一支敌军。约翰斯顿没能狙击到联邦军部队，自己却处于被谢尔曼分散得更广的纵队包围的危险之中。他无可奈何地下令撤退到埃托瓦河以南，不得不再次败退的士兵们情绪十分低落。

约翰斯顿在陡峭而狭窄的阿拉图纳山口旁构筑工事，那里位于玛丽埃塔西北15英里，是铁路要道。谢尔曼根本没有被约翰斯顿引入这样一个陷阱；5月23日，他略胜约翰斯顿一筹，再次从侧翼包抄，迫使全部敌军撤退到埃托瓦河南面，企图再次袭击约翰斯顿的后路。

联邦军此时位于一个良田万顷的地区，于是便就地取材，抢劫食物，从而开始实施了谢尔曼迫使南方人民结束战争的计划。劫掠者们无情地放火焚毁了房屋、粮仓和其他财产；这标志着谢尔曼试图在佐治亚州全境进行的肆意破坏的开端。谢尔曼给妻子写信说："我们吞没了这片土地，我们的牲畜吃光了小麦和玉米。……居民们望风而逃；我们留下的是一片凄凉。"

约翰斯顿察觉了谢尔曼的南进行动，便派其部队在阿拉图纳西南15英里的达拉斯附近实施阻拦行动。两军激战数日；但是5月28日，谢尔曼开始向东面的铁路方向迂回，迫使约翰斯顿于6月4日向东南撤退15英里，到肯尼索山上构筑新堑壕，控制了离亚特兰大只有25英里的玛丽埃塔。

联邦军有几个星期由于阴雨连绵而受阻；6月27日，谢尔曼下令发动了战役中唯一一次正面进攻：对肯尼索山上的堑壕发动两次彼此相距一英里的同时攻击。鉴于谢尔曼一直回避正面进攻，所以他设想南方邦联军会猝不及防。两场进攻都彻底失败了；联邦军在几分钟时间里损失了3000人，而叛军却只损失了630人，而且几乎全部是被火炮所杀伤。

对肯尼索山发动的进攻再次证明，绝对没有理由对严阵以待的、没有动摇的敌人发动正面攻击。值得赞赏的是，谢尔曼对这种战术只尝试了一次。一俟它失败，谢尔曼便立即筹划采取新的行动沿着敌人侧翼迂回。

谢尔曼比在弗吉尼亚州作战的格兰特明智得多。1864年5月5日至7日，波托马克军在荒野中与罗伯特·李正面交锋之后，格兰特下令沿左翼迂回，向斯波托夕法尼亚科特豪斯进军。李在该地打败了他；格兰特从正面进攻了李的堡壕，损失严重，却没能突破南方邦联军的防线。格兰特于是溜向东南方，到达冷港，那里距离里士满足有几英里；他再次发动正面进攻，结果伤亡惊人。在一个月的战役中，格兰

特损失了5.5万人，几乎占他的原有兵力的一半，差不多比李的损失多一倍。格兰特毁掉了其部队的进攻实力。他于6月12日渡过詹姆斯河，包围了彼得斯堡。但是，波托马克军在邦联军的堡壕面前，基本上陷于瘫痪。弗吉尼亚州的战局陷入了长期僵持。

格兰特弗吉尼亚战役的结果——惊人的损失和胜利希望的破灭——使得北方人民陷入深深的忧郁，使得以民主党为首的许多人怀疑战争是否应当继续下去。就连在共和党内部，一些领导人也开始批评林肯的政策，林肯最坚决的支持者们也担心他当选连任的希望渺茫。

在1864年7月和8月间笼罩着北方的忧郁情绪中，只有谢尔曼的持续挺进令人稍微松一口气。倘若他夺取亚特兰大，证明南方的虚弱，北方将会重新获得信心，不胜利决不罢休。假如他失败，他的战役像格兰特的战役一样陷入僵局，林肯会被击败，联邦会解体。

在谢尔曼从肯尼索山败退之后仅4天，逼近亚特兰大的最后行动就

开始了，麦克弗尔森绕过约翰斯顿的左翼即西翼，悄悄迂回到距离查特胡奇河只有3英里的地方袭击邦联军的后尾。约翰斯顿察觉了这一危险，于7月2日撤走其部队。谢尔曼于7月3日早晨发现敌军撤退，派其部队猛烈追击，企图阻止邦联军渡过查特胡奇河，利用这一天然屏障建立一条新的牢固防线。

而约翰斯顿则已决定在查特胡奇河畔迎战联邦军；这是很冒险的，因为一旦兵败，他的部队背对河流，撤退将会有困难。约翰斯顿之所以冒险，是为了奇袭谢尔曼，在铁路越过河流的地方构筑一个6英里长的桥头堡。

谢尔曼根本不打算攻击叛军的这些新工事。他的部分骑兵向下游探索，似乎是在约翰斯顿桥头堡靠下游的地方寻找渡口；与此同时，另外一些骑兵找到了两处浅滩，无人防守；一处是菲利普斯渡口，位于上游10英里左右，另一处是上游大约20英里处的罗斯维尔。谢尔曼于7月8日令舍菲尔德的部队从菲利普斯渡口过河，在南岸建立一个牢固的桥头堡；与此同时，联邦军的骑兵从罗斯维尔渡河，建立了另外一个桥头堡，并很快就得到了一个步兵军团的增援。

约翰斯顿只好沿着唯一的生路，赶在联邦军切断它之前撤退到亚特兰大。他再次被谢尔曼所智取，不得不放弃自己精心构筑了工事的阵地，并且丧失了把查特胡奇河当作自己的前方防线的可能性。谢尔曼迅速利用了这种局势，把他在查特胡奇河畔的桥头堡用来调兵遣将，攻击邦联军沿着桃树溪构筑的东西防线；那里位于亚特兰大北面5英里。与此同时，舍菲尔德占领了该市以东7英里的迪凯特，麦克弗尔森则进一步向东挺进，以切断胡德同南北卡罗莱纳州和弗吉尼亚州的主要铁路联系——奥古斯塔铁路。

约翰斯顿的最后一次撤退使戴维斯总统再也无法忍受。7月17日，他解除了约翰斯顿的职务，把他的指挥权交给了约翰·贝尔·胡德。这对谢尔曼来说是极好的消息。胡德以其蛮干和愚蠢而声名狼藉；他从未领会米尼式枪弹和战场工事的构筑所带来的兵法上的深刻变化。

胡德仍然以为，决胜之道是正面进攻，他企图在联邦军横渡桃树溪时袭击他们，结果正中谢尔曼的计策。7月20日，胡德的部队跃出溪流彼岸的堑壕，袭击了托马斯集团军的胡克部。一场孤注一掷的正面战斗展开了；它持续了4小时，包括激烈的白刃战。甚至在最初的冲锋失败，已经不再能够出奇制胜的时候，胡德仍然一再发动进攻，结果一无所获，仅仅使南方邦联军的伤亡增加。与此同时，麦克弗尔森从迪凯特向西挺进，威胁着亚特兰大东翼；胡德不得不取消进攻，分出一些兵力来阻止麦克弗尔森攻入亚特兰大城内。在造成联邦军1700人伤亡，而自己损失4800人之后，胡德撤退到保卫亚特兰大的主要防线上。

胡德用两个军团把守这些防线，于7月22日夜间率领哈迪部队绕了一个大圈子，去袭击麦克弗尔森的左后部。但是，麦克弗尔森预料到这一行动，派多奇军团前去迎战。多奇保护了麦克弗尔森的后部，击溃了哈迪先头部队的进攻，迫使他攻击布莱尔部的受到防御工事保护的侧翼，而不是其后部。布莱尔挫败了叛军的头几次进攻；但是，胡德仍然下令一再发动毫无希望的冲锋，结果一无所获，伤亡惨重。他损失了8500人，却只给联邦军造成3700人的损失，包括阵亡的麦克弗尔森。胡德被迫撤入亚特兰大的堑壕中去。

谢尔曼没有足够兵力包围亚特兰大。他的计划旨在切断铁路线，以饥饿相威胁，迫使邦联军撤出该市。通向奥古斯塔的铁路已经被切断；谢尔曼此时调遣由新司令员霍华德率领的麦克弗尔森部绕过亚特兰大，以切断胡德剩下的唯一的铁路联系——通向西南面蒙哥马利的线路和通向东南方梅肯的路线。

7月28日，霍华德的部队刚刚占领伊兹拉彻奇附近的阵地——在亚特兰大西面几英里，胡德就用一个师对其发动了一场正面进攻。霍华德的部下们已经筑起了一道圆木胸墙，因而能够阻止这场攻击。胡德又派上来两个师，重新发动了徒劳的正面进攻，最终损失4600人，而霍华德却只伤亡700人。这第三次惨败严重挫伤了叛军的士气。在第一次冲锋中，士兵们显然就已经丧失了锐气。胡德以其执迷不悟地强攻的战术，走上了毁灭其部队的道路。

谢尔曼试图夺取亚特兰大以南7英里的东点市，因为那里是蒙哥玛利和梅肯铁路的会合处。但是他行动迟缓，以致胡德有充分时间加固东点的工事，保卫这两条铁路。战局开始呈现一种令人不快的僵持局面，因为胡德由于发动正面进攻而受到戴维斯总统的训斥，再也无法引诱他发动蛮干的攻击了。

此时，叛军的骑兵几乎全部在约瑟夫·惠勒统率下，开始发动长距离的奔袭，以切断谢尔曼同查塔努加的铁路联系；他在玛丽埃塔和多尔顿两地之间切断了铁路上的一些路段。然而，谢尔曼发现，惠勒并不打算保持铁路的断状，从而迫使他派大量部队前去打通它，而是奔向田纳西州，企图在那里切断铁路线，诱使谢尔曼撤军。这是没有成功希望的。对使用膛线枪的步兵来说，骑兵是又大又容易击中的目标。为了与步兵作战，骑兵不得不下马，以致丧失机动性。其结果是，骑兵不得不采取打了就跑的策略，因为守卫铁路线的敌军步兵能够迅速包围和消灭任何停下来的骑兵部队。

没有惠勒的骚扰，谢尔曼便得以修复通往查塔努加的铁路。他在查塔努加储存了大量食品和其他货物，从而使自己摆脱了在给养问题上的忧虑。

没有叛军骑兵在旁侦察联邦军的行动，谢尔曼还得以于8月28日率大军南征，到达亚特兰大以南的地区，破坏了几英里的蒙哥马利铁路路段，于8月31日逼近琼斯伯勒——该地在亚特兰大以南20英里，位于梅肯铁路线上——试图也切断这条铁路。这天，率领两个军团的哈迪帮了倒忙，再次发动毫无希望的进攻，在坚守在匆忙构筑的工事中的联邦军面前遭受了惨重损失。

胡德刚愎自用地断定敌军即将对亚特兰大发动一场正面进攻，于是将其所有部队，除哈迪的军团外，全部撤到该市，命哈迪守卫梅肯。哈迪向南撤退8英里，到达拉夫乔伊；而谢尔曼的部队此时切断了这条铁路。亚特兰大陷入孤立状态。胡德意识到，他再也无法守住这座城市，便于9月1日下令撤退，将其绝大部分部队撤向东南方向，然后向西去与哈迪会合。9月2日，谢尔曼致电华盛顿说："亚特兰大已属于我们，而且受之无愧。"喜讯使北方联邦振奋，重新萌生了胜利的希望，使林肯的当选连任成为定局，注定了南方的失败命运。

谢尔曼将军决心使南方人民相信，"战争和个人的家破人亡同义语"，并且立即着手表明他的意图。他命令亚特兰大的全体居民搬出这座城市，迫使男女老幼从城南不远处的一个车站撤离。无家可归、一无

地图8：谢尔曼夺取亚特兰大和向海滨的进军（1864）

所有的百姓们遍布佐治亚州，寻求住所、食物和安慰。许多人历尽千辛万苦。虽然谢尔曼不愿派出必要的兵力驻守拥有大量居民的亚特兰大，但是他的真正目的是惩罚他所能够惩罚的每一个南方人，因为他们企图脱离联邦。他致电华盛顿说："倘若他们要和平，他们和他们的亲人们必须停止战争。"

谢尔曼允许其部队在佐治亚州北部对那里的农村采取抢劫、纵火和大肆破坏的做法，从而表明，他打算在其所到之处毁掉所有南方人的财产，如果可能的话，还要使之家破人亡。他在此后的几个月里，把这项计划扩大成为一场史无前例的、有组织的大破坏和报复。

谢尔曼在夺得亚特兰大之后就已经决定了他的下一步行动：向沿海地区进军，依靠劫掠来维持部队的给养，并且毁灭路途上的一切财产。他的目标是220空英里之外的萨凡纳或者260英里之遥的查尔斯顿。在这两个地方当中的任何一处，联邦的船只都将能够补充他的军队的给养。在亚特兰大，他距离自己真正的大本营路易斯维尔450英里，并且依赖通向那里的唯一一条铁路；南方邦联军几乎在任何部位都能袭击它并将它切断。

胡德将军全然不知道谢尔曼大刀阔斧的计划。9月底，在戴维斯总统支持下，他背离谢尔曼的部队所在方位，计划向田纳西州进军，夺取纳什维尔，切断联邦军与路易斯维尔的铁路联系，断绝谢尔曼的给养，从而迫使他放弃佐治亚州。胡德的士兵们首先沿着铁路奔袭，到达查塔努加，切断了阿拉图纳和玛丽埃塔之间的铁路线，然后向多尔顿北进。但是，胡德并不打算途经佐治亚州北部山区进入田纳西州，因为那里没有食物来源，而是掉头向加兹登西进，准备直接进攻纳什维尔。与此同时，南方邦联军的弗莱斯特部袭击了亚拉巴马州的阿森斯，吓得那里的联邦军守卫部队缴械投降，然后向田纳西州长驱直入。

谢尔曼率大军追击了上来；但他意识到，如果向亚拉巴马州穷追不舍，将正中邦联军的奸计，即吸引他离开佐治亚州。因此，他取消了追击，把托马斯将军派回到纳什维尔去保卫田纳西州，把托马斯的部队、舍菲尔德的部队和除由基尔帕特里克率领的一个5000人的师以外的所有骑兵都置于托马斯麾下。托马斯总共有大约7.1万人，另外一支部队正走在从圣路易斯前来的途中。谢尔曼剩下4个军团和基尔帕特里克的骑兵，总计6万人。

1864年10月9日，谢尔曼致电格兰特说："保护道路畅通实际上是不可能的，因为胡德、弗莱斯特和惠勒等一大群魔鬼到处游荡，无处栖身。……我建议我们切断通向查塔努加的道路，向米莱奇维尔、米伦和萨凡纳进击。在我们能够使我们的人民在佐治亚州安居之前，占领它是无用的。但是，彻底破坏其道路、房屋和使其人民家破人亡，将会使其军事上的人力物力损失殆尽。如果试图把守铁路，我们每月将损失1000人，却一无所获。我能够发动进军，使佐治亚哭号。"

格兰特无可奈何地同意了谢尔曼的计划，但他感到不安，尤其因为对军事战略几乎一无所知的林肯总统也抱怨说："谢尔曼将军一步迈错，对其军队就有可能是致命的。"

格兰特和林肯都没有像谢尔曼那样认识到，戴维斯总统和胡德企图仅仅凭着封锁谢尔曼的后方联络路线，就迫使联邦军从佐治亚州撤走，这是犯了一个无可挽回的错误。恰恰相反，胡德的撤离让出了一条通向萨凡纳的几乎毫无阻挡的道路。只有少量州属民兵和骑兵处于谢尔曼和沿海地区之间。倘若胡德依靠弗莱斯特去切断谢尔曼的铁路交通，用自己的部队来阻止向佐治亚州的挺进，他也许不会拦住谢尔曼的所有部队，但却很可能摧毁其中的一两个纵队，从而严重威胁谢尔曼的攻势。

率领大约3.1万人的胡德挺进到西面很远地方，以便向弗莱斯特的大约7500人的骑兵部队靠拢。10月31日，他在亚拉巴马州佛罗伦斯的田纳西河彼岸获得立足之地；那里位于查塔努加以西150英里。但是，他在那里滞留了3个星期，因为给养匮乏。胡德的行动使谢尔曼下定了进军萨凡纳的决心，因为邦联军现在到达了西部遥远的地方，要反击他已是鞭长莫及。

格兰特于11月1日致电谢尔曼，对谢尔曼的计划提出了新的疑问。他问道："鉴于胡德向北长驱直入，你难道不认为先同他算总账，然后再发动你的拟议中战役才是合理的吗？"谢尔曼耐心地回答道，追击胡德会是竹篮打水一场空。他会向西南方撤退，"充当一个引诱我离开佐治亚的诱饵。这是他的主要目的。"谢尔曼在电报中如是说。此时，格兰特对谢尔曼的计划半信半疑地给予了支持；他聊以自慰的是，兵力超过胡德一倍多的托马斯拥有足够的部队摧毁胡德。

于是，谢尔曼便欣然行动起来，修复胡德部在铁路上造成的中断，从而把伤病员送回田纳西州，为他的行军运来给养，然后破坏了远到阿拉图纳的大段铁路和埃托瓦河上的桥梁。

谢尔曼将其部队分成两翼，分别由两个军团组成；右翼由霍华德率领，左翼由斯洛克姆指挥。基尔帕特里克的骑兵则直接由谢尔曼统帅。每个军团都将按计划轻装前进，走一条单独的道路。每名士兵携带200发子弹，每门火炮200发炮弹，外加20天的给养。而且，这些给养只是为应急而准备的，因为谢尔曼准许其部队靠劫掠当地百姓的财产生存。从一开始，征集粮草和劫掠之间的区别就消失了，因为谢尔曼想要在其部队所到之处摧毁所有有价值的东西。

哈迪将军率领着南方邦联军所拥有的、能够用以阻挡这次进军的仅有部队。唯一可直接动用的部队是7000人，主要由惠勒所率领的从田纳西返回的骑兵和几乎毫无战斗潜力的佐治亚民兵组成。另外，佐治亚洲、南卡罗莱纳州和佛罗里达州还有大约1.2万各地守军。佐治亚州政府在首府米利奇维尔号召所有有行动能力的男子动员起来保卫疆土。但是，这是一种绝望姿态，结果是虎头蛇尾。哈迪没有采取最佳策略，即把他的薄弱兵力分散成游击队，以骚扰联邦军。谢尔曼害怕这种策略，他说，敌军的伏击可能使联邦军消耗殆尽。

在这次进军开始前夕，即1864年11月15日，联邦军焚毁了亚特兰大的工商业区——机器制造厂、磨坊、仓库和商店——然后放弃了这座城市。

这次进军本身就使南方邦联军大惑不解。由于谢尔曼兵分4路，沿着彼此相隔很远、有时达到50英里的行军路线前进，所以邦联军无法确定他的实际目标。右翼部队似乎瞄准了梅肯，但实际上却从其北面通过，而左翼部队则造成进攻奥古斯塔的假象。据谢尔曼说，这使敌人举棋不定，"左右为难"。正如18世纪法国战略家博塞在其"分进合击"计划中所建议的那样，谢尔曼佯攻不同的目标，从而迫使敌人分兵把守梅肯和奥古斯塔，以致给谢尔曼留出一条畅通无阻的道路，从这两地中间直接进军，于11月22日夺取米利奇维尔。

位于梅肯的叛军掉头奔向萨凡纳，惠勒的骑兵被联邦军抛在后面。邦联军的布拉格将军急忙赶到奥古斯塔，承担了这次战役的最高指挥权。他那里有大约1万人。

11月24日，谢尔曼离开了米利奇维尔；他派基尔帕特里克的骑兵到左翼去做出一种假象，即先头部队瞄准了奥古斯塔。这样一来，便迫使布拉格按兵不动，在基尔帕特里克掉头向东南面去切断萨奥铁路时无法进行干预。惠勒几乎挫败了这种企图；但是，基尔帕特里克在部分联邦军步兵支援下，打得惠勒大败，从而迫使叛军骑兵只能尾随在联邦军后面，在这一征途的其余路段上几乎不能造成任何损害。

基尔帕特里克佯装向东北方挺进，以致其余联邦军几乎没有遭到任何阻挡，就于12月9日攻占了米伦。

到此时为止，联邦军在佐治亚州腹地留下了一条长达200英里、宽达60英里的满目凄凉的地带。住宅、粮仓和其他建筑物被付之一炬，庄稼被吃掉或毁掉，牛马被抢走，人民被弄得一贫如洗。跟在这支抢劫军队后面的是另外一支大军，这就是获得解放的黑奴们，他们兴高采烈地追随着联邦军。但是联邦军却不喜欢这群乌合之众，怕他们成为包袱，因而拆掉了一条大河上的浮桥，以阻止他们过河。然而，一大群黑人从堤岸上涌入河中，结果许多人被淹死。

在萨凡纳，哈迪将军纠集了1.5万邦联军，但他的命令是放弃这座城市，而不牺牲部队。

当12月10日谢尔曼的部队逼近这座城市时，他先攻打了城南的麦卡利斯特堡。虽然它在海岸一边的牢固防御力量使得近海上的联邦军舰队无法靠岸，但是谢尔曼正确地估计到，它的陆上防御力量薄弱；于是，联邦军以一次迅猛的冲锋夺取了这座城堡。

谢尔曼同联邦海军取得了联系，发现有一条格兰特的命令等待他接受，即加固海岸上的一个基地，留下他的炮兵和骑兵，将他的步兵主力输送到弗吉尼亚州去，为对抗李的战役助一臂之力。这条惊人的命令表明格兰特缺乏战略眼光。谢尔曼的部队如果经过南北卡罗莱纳州进攻李的后部，要比从正面进攻他具有强得多的毁灭性。

谢尔曼对格兰特的指挥感到失望，但他答复说，一俟海上运输工具来到，他将直接前来。但是，他急于首先夺取萨凡纳，因而企图骗得哈迪投降。哈迪虽然拒绝了，但是他于12月20日撤退，向北撤到南卡罗莱纳州，把萨凡纳丢弃给联邦军。

谢尔曼的出征沿海地区使南方陷入了一股深深的悲观浪潮中，他的此举结果表明，南方邦联无力保卫其领土或人民。南方人民对其政府和事业的信心遭到了一次几乎致命的打击。谢尔曼是对的：结束战争的最快方法是打击敌方人民的战争意志。

在谢尔曼逼近萨凡纳的同时，南方邦联军的胡德将军进攻了驻在纳什维尔的联邦军将领托马斯。胡德是孤注一掷。他将部队撤走是失算了，因为这样一来，便为敌军进攻萨凡纳打开了大门，并导致佐治亚州中部的毁灭。现在，他使谢尔曼离开佐治亚州的唯一机会就是夺取纳什维尔，或者使托马斯遭到惨重的失败。但是，他做成这两件事的希望很少，因为他的部队只有托马斯的一半人数，而且由于损失惨重已成惊弓之鸟。

此外，胡德——尽管其部队在同谢尔曼作战中遭受到一次次灾难性打击——仍然不懂得，对固若金汤的阵地发动正面进攻只会招致毁灭。

因此，11月30日，当胡德在纳什维尔以南20英里的富兰克林遇到舍菲尔德的孤立部队时，他便命令部队连续从正面进攻联邦军的堑壕。进攻彻底失败；胡德损失了4500人，是北方防守者们损失的3倍。这是对南方邦联军士气的致命打击；南军将士们认识到，胡德的战术正在毁灭他们。

舍菲尔德撤退到纳什维尔，全体联邦军都集结在那里。胡德追到此地是愚蠢的，但他恰恰这样做了；他不明白，他的部队已被重创，指挥它进入联邦军打击范围几乎肯定会使它彻底毁灭。假如他不这样做，而是溜过托马斯部所在地，威胁肯塔基州和俄亥俄河谷，他本来是有可能取得真正战果的。

托马斯于12月15日发动攻击，指挥主力部队进攻邦联军挖掘了堑壕的战线左翼，迫使胡德退到向南两英里处另外一条较短的战线。尽管托马斯所发动的也是一场正面进攻，但是他只损失了1000人；这表明叛军作战不再像从前那样坚决了。实际上，向南的一条条道路上挤满了南军的掉队士兵。

次日，联邦军步兵突然袭击了邦联军战线的一个力量薄弱的部分；这是一个迹象，表明南军即将全面崩溃。大约4500名叛军被俘；但是其主力向南逃窜，最后在密西西比州的图珀洛停留下来；在那里，残兵败将在新领导下重新组织起来。

谢尔曼在攻占萨凡纳以前，就着手说服格兰特撤销其调动他的步兵到弗吉尼亚州去的命令。12月17日，他要求准许他途经南北卡罗莱纳州向北进军，特别要惩罚南卡罗莱纳——该州是第一个脱离联邦的州，因而是谢尔曼憎恨的一个特殊对象。

他拥有一位盟友，即联邦军总参谋长亨利·哈勒克。哈勒克给谢尔曼写信说："倘若你攻占查理斯顿，我希望由于某种意外事故，这个地方会被摧毁；假如在它的遗址上撒下一点盐，可以防止今后滋生无法无天和脱离联邦的毒草。"谢尔曼回答："全军都燃烧着一种无法满足的欲望，要报复南卡罗莱纳。看到她的命运，我几乎不寒而栗。"

格兰特终于同意了谢尔曼的计划，但不是因为他懂得了扫荡南方邦联腹地并袭击李的后部在战略上的好处，而是因为他获悉，把谢尔曼的部队运送到弗吉尼亚要花两个月时间。

谢尔曼再次采用一项"分进合击"的计划来征服南北卡罗莱纳。他故意不动奥古斯塔，为的是使叛军对其目标迷惑不解，不知道是奥古斯塔，还是查理斯顿。1865年2月1日，当谢尔曼的6万大军开始北征时，他以一翼瞄准查理斯顿，另外一翼瞄准奥古斯塔。像扫荡佐治亚时一样，这使得邦联军"左右为难"，因为他们不得不把3.3万部队分散开来保卫不同的目标。而谢尔曼却从这两座城市中间通过，于2月16日攻占了南卡罗莱纳州首府哥伦比亚。

南军在撤退时的劫掠造成了一定的损害。但是，喝醉酒的联邦军士兵和联邦军领导们的报复欲望导致了大规模的焚烧和纵火。2月17日夜间刮起的大风使这些单独分散的火灾变成一片火海，使半个城市被焚毁，成千上万的人无家可归。

谢尔曼对哥伦比亚的进攻将南军分割成两半，并且破坏了它们合为一体的任何可能性。其结果是，叛军无法纠集一支足够强大的部队来向谢尔曼部挑战。此外，进攻哥伦比亚切断了通往查理斯顿的铁路干线，迫使南军于2月15日放弃了这座港口城市。叛军高级指挥官博勒加德命其分散的部队集结到哥伦比亚以北45英里的切斯特，以保卫北卡罗莱纳州的夏洛特和通往里士满的铁路。

但是，谢尔曼派其部队分成许多十分分散的纵队向东北方进发，经过南卡罗莱纳州的奇罗到达北卡罗莱纳州的费耶特维尔，打算继续向东北方前进，到达戈尔兹伯勒；那里有一支由舍菲尔德率领的有2.1万人的部队；这支部队是途径联邦军从1861年以来一直控制着的北卡罗莱纳港口新伯尔尼抵达该地的。谢尔曼期望着在戈尔兹伯勒给其部队补充给养。

南军再次处于不利地位，无法以有效力量阻止谢尔曼挺进，尽管位于密西西比州图珀洛的胡德残部火速经过佐治亚州的奥古斯塔前来增援南方邦联军。

在这场危机中，戴维斯总统重新任命约翰斯顿为最高司令。约翰斯顿认识到，阻止谢尔曼前进的唯一方法就是利用南军所占有的处于这两支联邦军队之间的中央位置。为此目的，李必须派其很大一部分部队从弗吉尼亚州南下，与约翰斯顿的4万人马会师。只有这样，拥有优势兵力的南军才能打败谢尔曼，然后掉过头来对付格兰特。从南北卡罗莱纳战役一开始，谢尔曼就害怕这一战略，怀疑李"会不会允许我们在几乎毫无抵抗的情况下顺顺当当地穿过南北卡罗莱纳州，切断和消耗掉他赖以养活其军队的给养"。他评论说："如果李是一位天才军人的话，他会谋求把他的部队从里士满转移到罗利或哥伦比亚；倘若他是一个只会执行任务的人，他会留在原地，他的迅速失败就已成定局。"

约翰斯顿于1865年3月1日向李提出了这样一项战略；但李却回答说，只有当联邦军抵达彼得斯堡以南仅55英里处的罗亚努克河时，他才愿意对付谢尔曼。这表明李缺乏战略眼光，并消除了打败谢尔曼的任何可能性。

尽管如此，李认识到了谢尔曼的进军正在迅速毁灭自己的军队。他曾经于2月24日写信给北卡罗莱纳州州长说："当前在我们的人民中普遍存在的士气低落正在对部队造成恶劣影响，开小差正变得司空见惯；有充分理由认为，这在很大程度上是因为士兵们的家人给他们写的信……就是说，我们的事业是毫无希望的，他们最好自己顾自己吧。"

谢尔曼于3月15日从费耶特维尔渡过开普菲尔河；他暂时伪装北进，派左翼部队作出进攻罗利的姿态，以使约翰斯顿和叛军在现场的指挥官哈迪以为他的目标是北卡罗莱纳首府。与此同时，他实际上将全部军队派往东北面去攻占戈尔兹伯勒。

李意识到，他在北卡罗莱纳州东部的给养供应站有被荡平的危险，因而于3月14日致电约翰斯顿说，除非约翰斯顿能够打击谢尔曼，否则李的部队将被迫撤离彼得斯堡。这促使约翰斯顿主动与敌军交战。

为了防止被敌人的人数优势所压倒，约翰斯顿必须在其余敌军鞭长莫及的地方抓住谢尔曼部的一部分。3月17日，约翰斯顿从其骑兵处获悉，戈尔兹伯勒是联邦军的进攻目标，谢尔曼的左翼已经转向那个方向，于是他便调动其军队向戈尔兹伯勒以西10英里的本顿维尔前进，企图在那里拦截北军。约翰斯顿以为谢尔曼的右翼正沿着东面很远处的路线前进。他选中本顿维尔这个地方是办了蠢事，招致了灾难，因为这个交通要道正是谢尔曼所选择的其两翼部队的会合地点！

然而，约翰斯顿先联邦军而抵达本顿维尔，因为他所走的路修得较好，而且大雨阻碍了联邦军的前进。3月18日夜间，联邦军左翼部队的两个先头师距离本顿维尔仍有8英里，另外两个师距此地还有8英里。与此同时，沿着东面的道路行军的右翼部队则在左翼部队后面。

谢尔曼以为叛军正在集结起来保卫罗利，因而命令右翼部队直接进攻戈尔兹伯勒，而不是向北去夺取本顿维尔。因此，3月19日中午，当他的由杰夫·戴维斯将军率领的左翼部队的两个先头师到达本顿维尔时，处于孤立无援的境地，单独地碰上了南军的一条很长的堑壕战线。联邦军试图攻克敌人的战线，但是发现情况不妙，它的防守很严密，于是急忙构筑工事。约翰斯顿的由哈迪率领的右翼部队包抄了联邦军的战线，迫使戴维斯的左翼后撤；但是，约翰斯顿的左翼被戴维斯的最初进攻吓坏了，其指挥官布拉格要求增援。约翰斯顿派去了一个师，而他本来可以用这个师包抄戴维斯的左翼，从而给敌人造成灾难。结果，联邦军左翼的由威廉斯率领的另外两个师的部分兵力便有时间赶上来，形成一条牢固的战线。

到夜幕降临时，南军的攻击明显失败了；约翰斯顿意识到，谢尔曼的其余部队即将到达，于是便把部队收缩成一个向外凸出的半圆防守阵势，只图先把伤员运走，然后向西北方的史密斯菲尔德撤退。

与此同时，谢尔曼把他的右翼部队调往本顿维尔，企图吓退约翰斯顿，而不是进攻，因为他的主要目标是戈尔兹伯勒，那里是与舍菲尔德之间的结合部和给养的补充地。他的部队的给养已经减少到了危险地步。虽然右翼部队的一个师突破到南军的纵深部位，但是谢尔曼命其撤回，于是，约翰斯顿率其部队逃离。

谢尔曼继续进军，夺取了戈尔兹伯勒，完成了历史上在敌人领土上进行的最了不起的进军，行程425英里。现在，战争的结局迅速到来了，因为位于弗吉尼亚州的李部已经不堪重击了。这支部队的瓦解部分是由于在彼得斯堡的堑壕中生活的艰苦，部分是因为谢尔曼的挺进所造成的南军给养来源的萎缩，使越来越多的将士忍饥挨饿。但是，最主要的原因是士兵们的家信，其中反映了目睹谢尔曼长驱直入并破坏其财产的家人和朋友的绝望及无可奈何。在这种情况下，将士们回归了其最根本的效忠对象，即其家庭，于是便大批地开小差，回家去尽可能地保护自己最亲爱的人们。

3月29日，联邦军的谢里登将军的骑兵在彼得斯堡南面威胁李的右翼；次日，格兰特把这一威胁变成了一场步兵进攻，打垮了南军的一个分遣队。4月2日，联邦军的一场总攻突破了彼得斯堡的外围防线，迫使李撤退并于4月9日在阿波马托克斯投降。这导致约翰斯顿于4月26日在北卡罗莱纳州的格林斯伯勒投降。

南北战争结束了，是谢尔曼的迂回包抄战略使北方军赢得胜利。假如他未在总统选举前夺取亚特兰大，林肯是不会当选连任总统的。穿过佐治亚州和南北卡罗莱纳州的进军摧毁了南方继续这场战争的意志。

但是，谢尔曼残酷地给南方人民所造成的伤害播下了将结出苦果的仇恨种子。如果说战争的目的是实现完美的和平，那么谢尔曼就是惨败了。在南北战争后的一个世纪里，对他和他的部下所造成的破坏的记忆在整个南方世代相传。在几代人时间里，一提起谢尔曼的进军，南方人民便会想起使他们仇恨北方、共和党和联邦政府的那种肆意的毁坏。南方之所以在许多年里坚持一致投民主党的票，之所以时至今日，人们对竟然对自己人民的一部分如此施暴的联邦政府仍然怀有不信任情绪，原因就在这里。

第6章 1918年的巴勒斯坦战役：打破堑壕战的僵局

第一次世界大战中有一次战役表明，除了面对位于法国和佛兰德的固若金汤的西部战线硬拼之外，指挥盟军的将军们本来是能够采取其他方式赢得战争的。这次战役就是1917年至1918年的巴勒斯坦战役；它的结果是歼灭了3个土耳其集团军，夺取了阿拉伯、巴勒斯坦、叙利亚和美索不达米亚，以及使土耳其突然退出这场战争。

巴勒斯坦战役是历史上最具有决定性的战役之一；但是，同在法国和佛兰德地区部署的几百万大军相比，参加这次战役的兵力则是九牛一毛。这次战役还表明，可以在伤亡极少的情况下取得重大战果。

巴勒斯坦战役证明，一名指挥官，凭借着大胆和机动灵活，是能够克服防守一方对进攻一方所占据的优势的；而自从美国南北战争时起，这种优势就成为战争的特点，在第一次世界大战中，它使西线的战事陷入了一场造成千百万伤亡的僵局。

从1865年南北战争结束到1914年第一次世界大战爆发这一期间，科技使西方文明的物质要素发生了沧海桑田的变化，同时也使战争中所使用的武器得到巨大改进。

到南北战争时期，大多数国家都拥有了铁路，从而大大增强了人员的机动性，改善了货物的运输，并且拥有了电报，从而使彼此相距遥远的地点之间的通信几乎立刻就可实现。

到第一次世界大战时期，西方文明开发了由内燃机驱动的汽车和飞机。前者使利用公路的机动性大大提高，后者使战争从平面上的二维打法提高到三维立体式。此外还发明了无线电报；到1901年，它使得大陆之间的通信得以进行，并且几乎把战争推进到四维，因为无线电报不仅大大缩短了空间，而且消灭了时间差别。

另外一些发明使兵器发生了具体的剧变。南北战争主要是用单响前装步枪打的。到第一次世界大战时，发明家们已使得用铜制子弹的、用枪栓射击的高速弹仓式步枪和机关枪达到了完美的水平。虽然弹仓式步枪把子弹的射程提高了几百码，但是它的最大影响是使步兵的射击速度提高了两倍到三倍。机关枪更甚，一挺就能产生1000支步枪的火力。

武器库中增添了无烟火药，使步兵破天荒地得以在射击时保持隐蔽。堑壕和其他曾经在南北战争中十分有效地保护了部队的野战工事，加上上述发明，使得防御力量大大增强，却极为不利于进攻。

野战炮兵的武器也发生了类似的剧变。虽然射程很远的、带来复线的火炮在南北战争前就已经开发了，但是其效力往往由于引信和黑色火药的欠佳而受到限制。到1914年，发明家们开发出了性能大为改进的引信、比黑色炸药威力大得多的无烟炸药，以及使炮兵能够从隐蔽处射击的技术。

火炮从隐蔽位置射击使炮兵的运用发生了革命性变化，因为步兵的火力已经鞭长莫及。现在，炮兵能够在被敌人反击火力压倒之前，在敌人战线上选中的地点轰击出一个缺口。这使得火炮成为战场上最强有力的武器，扭转了南北战争的战局。在1861年至1865年期间，最有效的火炮是明目张胆地部署在靠近敌人的前线上并装填着霰弹的滑膛炮；这种火炮能够以致命的金属球和碎片杀伤大量敌军步兵。但是，这种滑膛炮容易遭到敌军神枪手的袭击，这种袭击能够击毙或击伤炮手和马匹。

第一次世界大战开始时，集中运用大量火炮的有效性没给法国人留下印象，尽管其效力已经在1904年至1905年的俄日战争中得到证明；法国人还无视了一个事实，即弹仓式步枪和机关枪已经大大增强了防守压倒进攻的威力。

他们即将导致灾难的军事理论是"一往无前地猛攻"。他们期望着士兵们在最后400码上冒着枪林弹雨冲锋，用刺刀将敌人赶出其堑壕。他们不喜欢弹道很高的榴弹炮，而是开发了一种弹道很平的75毫米口径的、机动性强的速射野战炮；他们企图使自己的步兵与这种炮一起，采用直接平射方法来突破敌人的防御工事。

虽然德国人采用了重榴弹炮，但是他们最初并没有认识到把自己的炮兵隐藏在后方的好处。然而，随着战争的进展，他们改变了主意；法国人也跟着这样做了，因为两方军队在暴露在敌人面前的情况下部署炮兵时都遭受了巨大损失。

法国人以为德国人会穿过卢森堡和比利时东南部的阿登森林中的险峻地带向前挺进，待在布鲁塞尔东面大约40英里处向北流淌的默兹河以东。法国人派两个军去从侧翼打击德军这一预料之中的挺进，切断敌人的后方联络；与此同时，另外两支法军将直接进攻德军位于洛林的中心，那里距离梅斯和蒂永维尔不远。

德国人不打算这样轻易地中法国人的计策；他们制订了"谢里芬计划"，它是以德军1891年至1906年的总参谋长谢里芬伯爵的名字命名的。谢里芬构思了一场规模宏大的包围行动，把德军主力集中在右翼，横扫比利时和法国北部平原，在鲁昂附近渡过塞纳河，在巴黎南面掉过头来北进，以便从后侧歼灭洛林和瑞士边境地区的法军。

这项计划的高明之处在于谢里芬的兵力部署。在可动用的72个德军师当中，有53个师将用于这次横扫行动，有10个师将构成面对凡尔登的支点，只有9个师将控制沿法国边界运动的左翼即东侧。计划旨在大量削弱德军左翼，以致法军会在洛林发动攻击，迫使德军左翼向莱茵河撤退。法军向莱茵河挺进得越远，就越难以在德军以钳形运动包抄其后方时脱身。

谢里芬的继任人毛奇却不了解这项计划，他把兵力的分布修改得面目全非，以致最终毁掉此计。他不成比例地增加了左翼上的兵力；1914年8月，当法军的攻势扩展到洛林时，他向左翼抽调了6个新的师，从而使那里的指挥官、巴伐利亚的吕布莱施特亲王获得了足够的兵力发动进攻，而不是像谢里芬计划所要求的那样撤退。

德军在遭受惨重损失的情况下迅速粉碎了法军刚刚发动的攻势；

吕布莱施特把法军逐回到其修筑了工事的边界上。然而，这使得法军的抵抗力量增强，并使之得以将部队调往西线去反击德军的横扫行动。

此外，毛奇还抽调右翼的7个师去防范没有投降的安特卫普、吉维特和莫伯日，派遣4个师去增援与俄国人对垒的东普鲁士前线。这样一来，右翼的端点，即由克鲁克率领的第一军便只剩下13个师，而他们在这一具有决定意义的侧面上所面对的却是法军和英军的27个师。

最后，毛奇批准了克鲁克的一项决定，即向东南方前进，去增援德军的第二军，放弃向西南进军、包抄巴黎的具有决定意义的行动，从而彻底毁掉了谢里芬计划。此时，克鲁克正在巴黎东面活动，其右侧暴露给西端的法军部队。这导致1914年9月5日法英两国部队进攻他的侧翼和展开马恩之战，从而阻止了德军的进攻，使之陷于守势。

此后便发生了"奔向海边的赛跑"——双方都试图从西侧包抄对方的后路。其结果是从瑞士延伸到比利时海岸的一条连续不断的堑壕战线和西部前线上机动性的彻底丧失。在野战工事、步枪、机枪和集结起来的炮兵火力面前，双方都无法开辟充分的空间来恢复运动战。

法英两国的部队试图以正面进攻打破僵局。他们一般都进行长时间的炮火轰击，使敌人提高了警惕性，因而使自己丧失了战术上的出其不意，攻其无备；他们的正面进攻无一例外地失败了，尽管伤亡不计其数。德国保持守势，仅有的例外是1916年企图夺取凡尔登的又一次以失败告终的正面攻击和1918年的也失败了的最后一次进攻。因此，僵持局面形成并持续了4年。

虽然位于法国和佛兰德的英军和法军指挥官们仍然认为，他们能够以正面进攻决定胜利，但是持较为客观看法的领导人们认识到这是不可能的，因而寻找其他决胜的手段。

他们于1914年10月底发现了契机——土耳其站到德国和奥地利一边参战。土耳其希望恢复其帝国的很大一部分领土，特别是英国于1882

年为保护苏伊士运河而占领的埃及；它还希望提防俄国虎视眈眈，企图夺取黑海和地中海之间的海洋连接处达达尼尔海峡。

土耳其仍然保有安纳托利亚高原、美索不达米亚、叙利亚、巴勒斯坦和沙特阿拉伯的汉志，即阿拉伯半岛的西部，包括伊斯兰教圣城麦地那和麦加。土耳其在高加索地区开辟了对俄国作战的一条新的战线，并从西奈沙漠方向威胁苏伊士运河，其好战性是符合德国利益的。

英国军需大臣戴维·乔治对从西线突破的可能性丧失信心，因而建议把大部分英军转移到巴尔干，从敌人的"后门"进攻。

法国将军加利埃尼倡议从希腊的萨洛尼卡登陆，以一支强大到足以诱使希腊和保加利亚加入同盟国（英国、法国、俄国）行列的部队进攻君士坦丁堡。一俟攻占君士坦丁堡和达达尼尔海峡，就开辟了通往俄国的一条给养供应线，为沿多瑙河逆流而上，进攻奥地利和匈牙利提供了机会。

然而，1915年年初，在法国的同盟军将领们成功地阻止了把重点放在巴尔干的建议。但是，英国海军大臣丘吉尔帮助通过了一项关于夺取达达尼尔海峡的计划。这次从1915年4月25日开始的战役最终失败了，因为现场的指挥官们没有抓住土耳其最初的无备所提供的机遇。

攻占达达尼尔的失败使得旨在绕过西线、摆脱僵局的任何战略努力都终结了。虽然同盟国军队最终占领了希腊的萨洛尼卡，并在战争的最后几个月里进攻了奥地利和匈牙利，但是这场攻势来得太迟，已经没有了决定意义。

直到1917年为止，由陆军上将默里爵士率领的英国埃及远征军在同两年半来一直在西奈沙漠中与英军对垒的一支土德联军的作战中战果甚微。这场战役在从地中海岸边的加沙到东南方30空英里处的山脚下贝尔谢巴水井处的一条堑壕战线上陷入了僵局。

在这条穿过沙漠的战线上，条件十分恶劣：常常达到华氏110度的高温、沙暴、给养供应困难和严重的缺水。默里修建了一条从苏伊士运河到加沙的铁路和供水管道，从而使后两种恶劣条件得到了一定的缓解。但是，将士们幻想破灭，怒气难消，因为默里不知道怎样才能打破僵局，他一直把司令部设在开罗萨伏伊饭店的舒适环境之中，奖励殷勤侍奉其庞大司令部工作人员的人们，而这些司令部工作人员有许多从未见过前线是什么样子。

默里统帅期间寥寥无几的功绩之一是英国人煽动的反对土耳其人的阿拉伯暴动；这次暴动从1916年6月10日开始，是由麦加的行政司法长官、阿拉伯半岛西部汉志地区领导人侯赛因策划的。阿拉伯人在侯赛因的3个儿子阿里、费萨尔和赛义德率领下，最初取得了一定成功，但是一支土耳其部队击溃了他们，阿拉伯人开始对英国人不予支持感到不满。

1916年10月，英国外交官罗纳德·斯托尔斯被派去同阿拉伯人商讨此事。驻开罗的英军情报官劳伦斯（1888—1935）获准与其同去。从此以后，每当人们谈到这场起义就越来越多地想到他。劳伦斯于1910年以优异成绩毕业于牛津大学历史系，他的毕业论文内容是有关叙利亚和巴勒斯坦的十字军城堡的，战争前夕他正在进行一项秘密工作，即为军事目的绘制西奈半岛的地图。

劳伦斯对费萨尔印象深刻；他极为敏锐地估计了军事形势，建议给费萨尔以经费、武器和少量英国军官，但不派同盟国部队。他认为，傲气十足的阿拉伯人依靠自己的力量展开游击战，会比同欧洲的部队一起作战干得出色。而欧洲人如果同他们在一起，会视之为二流军人。默里想把自己的部队全部留在埃及和巴勒斯坦，因而赞成这项建议，并把劳伦斯派回到汉志地区。

劳伦斯制订了一项联合计划，以夺取麦加西北400空英里处的红海之滨的沃季港。由费萨尔和劳伦斯率领的一支部队将从内陆袭击这个港

统帅7：T.E.劳伦斯

口，而载着阿拉伯步兵和英国海军陆战队员的6艘英国军舰则从海上进攻。尽管费尽九牛二虎之力穿过沙漠，费萨尔的部下们还是来晚了，海上进攻已经攻克了沃季。这似乎证实了职业军官们的怀疑，即认为阿拉伯人不可靠；因此，劳伦斯和少数英国军官开始训练费萨尔的士兵，以便他们能以较高效率执行军事任务。

按照英国人的指点，阿拉伯人的注意力现在集中在打破土耳其人对从麦地那通往叙利亚大马士革的铁路的控制上。这条铁路是驻汉志地区的土耳其军队唯一的供应途径。为了建立一个便于对这条铁路展开游击战的基地，劳伦斯策划夺取离沃季250空英里的红海北端的亚喀巴港。然而，劳伦斯和费萨尔没有从正面进攻亚喀巴，而是穿过被认为不可逾越的沙漠，长途艰难跋涉，绕道800英里，于1917年7月6日攻其后部，完全出其不意地迅速夺取了这个港口。

这项出色的战略行动使阿拉伯人获得了一个稳固的基地，把同阿拉伯军队联络的一名联络官变成了阿拉伯的劳伦斯——这场暴动的活跃的领导人。

夺取亚喀巴之前不几天，将策划和进行巴勒斯坦战役的将军埃德蒙·艾伦比爵士到达开罗，以取代默里担任司令官。

艾伦比（1861—1936）是一位职业军人，曾经在法国指挥英军的第三集团军。在此之前，他并不显山露水，表明他持有同西线同盟国军高级将领们迥然不同的战略观点。这些将领确信，这场战争只能靠在法国和佛兰德的正面战斗中打败德军来赢得。但是，艾伦比却认识到正面进攻的徒劳；瓦韦尔——一位熟悉这位巴勒斯坦战场司令的出色联络官——写道，艾伦比不像伦敦的国防部和法国的司令部中的大多数人那样执迷不悟，认为打击敌人的最佳地点是在敌人力量最强的地方。

1916年底出任英国首相的劳埃德·乔治坚持要求军方考虑如何绕过西线上的屏障。他力主向土耳其发动攻势，以紧逼德国和奥地利的后方门户。虽然军队领导们认为巴勒斯坦无关紧要，但是他们迁就了乔治，提议由艾伦比担任指挥官。

艾伦比于1917年6月28日步入富丽堂皇的开罗萨伏伊饭店，风尘仆

统帅8：埃德蒙·艾伦比

仆就开始改变这里的一切。他把一大批参谋、少数几位年纪大的上校、一位师长和他的总参谋长遣送回国。没出几天，他就来到距开罗200多英里的加沙前线看望部队。不久以后，他便把司令部从萨伏伊饭店挪到距前线不远的沙漠之中的一个地方。

劳伦斯在夺取亚喀巴之后不久便穿过西奈沙漠来到开罗。艾伦比十分赞赏劳伦斯的功绩，接见了身穿飘逸的阿拉伯长袍的劳伦斯，并接受了他的建议，即把亚喀巴变成一个重要基地，提供装备和黄金，以实现阿拉伯人向叙利亚的北进。艾伦比把劳伦斯提升为少校，命令费萨尔的部队组成他自己部队的右翼，从而把劳伦斯和费萨尔直接置于自己的麾下。

劳伦斯和艾伦比分手时有一个问题没有澄清。作为确定"能否不战而胜"的努力的一部分，劳伦斯打算对通往汉志地区的铁路展开打了就跑的袭击，从而使之受阻，使驻麦地那的土耳其部队朝不保夕。而艾伦比则比较循规蹈矩，想要切断这条铁路。劳伦斯是正确的。出于荣誉、政治和宗教等原因，土耳其人决心使汉志铁路保持畅通，并为此花费了很大力气，以致他们无力在麦地那维持大量守军，无力守卫路轨和桥梁，使之免遭阿拉伯人袭击。

艾伦比的当务之急是突破加沙防线，迫使土德两国军队撤到耶路撒冷后面去。有三种可能性：他可以沿地中海岸边对加沙的主要敌军防御阵地发动正面进攻；他可以在中心部位进行打击；抑或他还可以在战线最右端向贝尔谢巴挺进。艾伦比迅速放弃了从中央部位发动进攻，因为那里水源紧缺。他还摒弃了在加沙发动攻击，因为那里是最明显的进攻地点，土耳其人早有防备，在那里，英军的左翼即沿海一侧能够得到控制着海洋的同盟国军舰保护，英军同埃及的主要交通线恰好到加沙防线背后为止。

这样一来，就只剩下贝尔谢巴了。但是，这里位于沙漠深处，远离加沙通向尼罗河的管道，因而对水的需求十分紧迫。贝尔谢巴有足够的水井；但是，除非英军在进攻的头几小时里夺取它们，否则土耳其人可能会毁掉它们，从而迫使英军撤退。

艾伦比的解决办法十分高明：他大张旗鼓地为在加沙发动进攻做准备，吸引敌人注意其最有备无患的地点。但这完全是假象。

艾伦比还把劳伦斯从阿拉伯召来，指示他摧毁加利利海（太巴列湖）东面耶尔穆克河上的铁路桥。这样一来，将切断通往巴勒斯坦的唯一铁路线，可能会迫使土德军队撤退到叙利亚。劳伦斯作出了坚决的努力，在一个没有月亮的夜间来到耶尔穆克峡谷，安放了炸药。但是，一名阿拉伯士兵的枪滑落了，因而惊动了敌人。劳伦斯他们不得不未引爆炸药就撤回。

土德军队由德军高级指挥官法尔肯海因将军率领。在毛奇进攻法国于1914年失败后，他接替毛奇担任德军总参谋长；但是，1916年，当他对凡尔登的进攻失败之后，他自己又被卢登多夫取代。他的主要副手是统帅加沙前线部队的克莱森·施泰因将军。

为了使敌人相信英军计划的主攻地点是加沙，艾伦比的军事情报官梅纳茨黑根上校策划了一个简单的诡计：一名装做执行侦察任务的参谋引诱土军哨兵追逐，假装受伤，丢下一个装有假文件和地图的、沾有血迹的帆布背包。其中大多数文件都是无关紧要的，但也有一些精心准备的文件，暗示对贝尔谢巴的进攻仅仅从属于对加沙的主攻。英军两次采取这一计策，都没能骗得土军追击。最后，在第三次尝试中，梅纳茨黑根亲自背上帆布背包故意暴露自己，结果成功了。德国人和土耳其人完全上当，在加沙做好了战斗准备。

艾伦比在战役开始时交替地在加沙和贝尔谢巴发动攻击，使敌人对他的意图捉摸不定。与此同时，他趁着夜色率领他的第20军团从加沙向贝尔谢巴进军，留下帐篷和假人来欺骗敌人，使之以为该军团仍准备在加沙进攻。第20军团与沙漠骑兵军团——一支有3个师的骑兵部队——会师，准备在贝尔谢巴突破防线。

在1917年10月的最后一周里，艾伦比命令炮兵和海军猛烈轰击了有重兵把守的加沙防线，使敌人的注意力被牵制在那里。克莱森·施泰因预料英军会利用其海上力量，从加沙防线背后强行登陆。4天后，当对贝尔谢巴的进攻开始时，克莱森施泰因认为这是一场佯攻；他被帆布背包所欺骗，没有作出任何努力去增援那里的守卫部队。

当第20军团对贝尔谢巴的防御工事发起进攻时，土军在兵力上被完全压倒。守卫部队的注意力集中在前线上，而沙漠骑兵军团却攻击了敌人的左侧，突破两道防线攻到这座城市的街道上，夺取了敌人正准备毁掉的生命攸关的水井。

攻占贝尔谢巴使敌人全线崩溃，迫使土德两国军队撤退；他们于1917年12月9日放弃耶路撒冷。但是，土军的顽强抵抗使英军未能包围敌军，像艾伦比所希望的那样将其歼灭。法尔肯海因在耶路撒冷北面，以地中海和犹地亚丘陵为依托，建立了一道牢固的新防线。耶路撒冷的失陷使法尔肯海因失去了其职位。取代他的是桑德尔斯将军——他是德国骑兵，从1913年起一直在土军中服役，因为守卫加利波利坚韧不拔而遐迩闻名。

1918年7月，艾伦比试图从杰里科渡过耶路撒冷东面的约旦河，以便在安曼附近切断汉志铁路。他的目的是使敌人的注意力集中在这一部位，而他却在地中海岸的西线发动主攻。但是，整个这一地区完全位于海平面以下，高温、暴晒和约旦河谷及死海岸边的尘土飞扬，令士兵们几乎无法忍耐；因此，在土军的牢固防线面前，这场进攻的结果是虎头蛇尾。

从此后，土军司令部对其左侧极为敏感，将大约1／3的兵力保持在约旦河东面。这种死心眼正中艾伦比的计策；他制定了一项新战略，旨在仅以一场闪电式战役就赢得对土耳其的战争。

艾伦比的计划同加沙–贝尔谢巴战役相反。他决定佯攻约旦河谷，实际上却在西面的地中海岸边发动进攻，用步兵突破土德军队牢固的防线。这样一来就会打开一个缺口，通过这个缺口，骑兵部队将能够北进，穿过沙龙平原这个对马匹的驰骋来说很理想的地区，越过卡尔迈勒山脉中的高原，然后东进，在敌人前线背后40英里左右的地方切断土军所有的交通线和供应线。

这样一场攻击会使约旦河西面的两支土耳其部队被迫投降或遭到毁灭，并使英军距离大马士革和约旦河东面的土军一样接近。一支骑兵部队将同劳伦斯及其阿拉伯军协同作战，夺取德拉；德拉是汉志铁路上

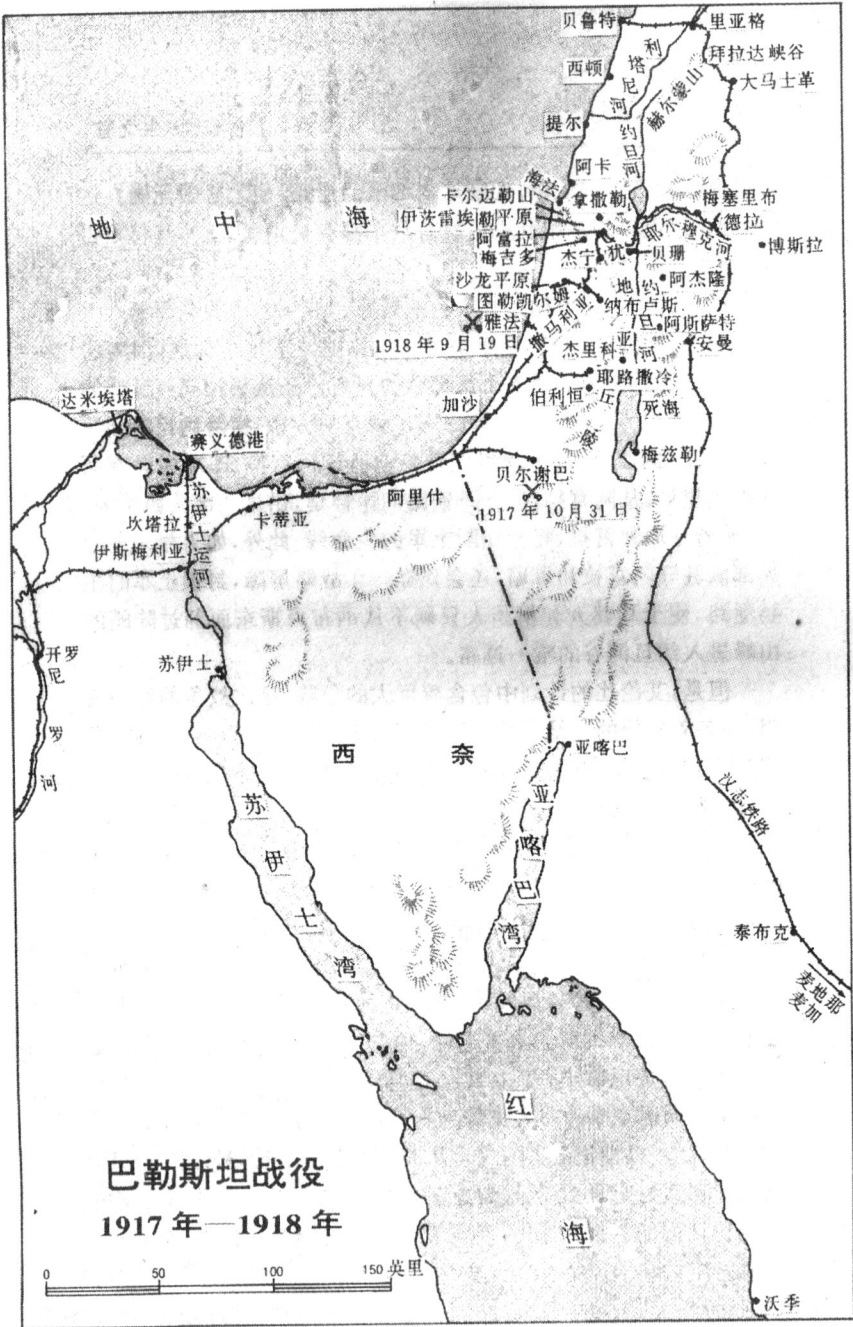

地图9：巴勒斯坦战役（1917－1918年）

的一个汇合点，位于大马士革以南60空英里左右。这样一来，约旦河东面的土军无疑将会撤退。与此同时，其余的骑兵部队将攻占大马士革，切断这支部队的退路，使之必毁无疑。这样一来，巴勒斯坦和叙利亚的所有敌军都会被消灭，土耳其将不得不求和。

艾伦比的计划遵循了拿破仑的箴言："战争艺术的全部秘密在于使自己成为交通的行家里手。"艾伦比看到了这个良机，因为服务于位于巴勒斯坦的两支土德部队的只有一条从德拉向西延伸的铁路，它越过劳伦斯未能炸掉的耶尔穆克河大桥，横跨约旦河到达贝珊，然后向西北，沿伊茨雷埃勒谷地通达阿富拉，即拿撒勒南面几十英里处。从阿富拉，有一条铁路向南伸延，供这些部队使用。因此，倘若夺取阿富拉，将会切断土军的生命线。此外，如果派一支骑兵部队驻守阿富拉和贝珊，还会建立一个战略屏障，封锁土军的主要退路，使土军和德军只剩下从纳布卢斯东面翻过陡峭的山峰进入约旦河谷的唯一逃路。

但是，艾伦比的计划中包含着巨大的危险。这次战争的经验表明，装备着机枪的少量步兵能够轻而易举地拦截住骑兵。因此，即使英军步兵在敌人防线上打开一个缺口，使骑兵得以进入沙龙平原，如果在卡尔迈勒山区的一两个山口处有少量士兵把守，就能阻上这一挺进。艾伦比清楚地认识到这一危险；为了防止土军和德军作出反应，他决心动用两种武器——他的飞机和劳伦斯的阿拉伯军队——使敌人的指挥部门耳聋眼瞎，行动迟缓。

1918年9月16日和17日，由劳伦斯率领的一支阿拉伯部队从沙漠中冒出来，炸毁了德拉西面、南面和北面的铁路，从而暂时切断了土德两国军队的给养运输，使其统帅部决定派遣其寥寥无几的后备力量到德拉去。在此同时，英国空军得到大量增援，直到它比土德两国空军占很大优势为止。英国空军的这支部队发动了持久的攻势，以期把敌人的飞机从天空中驱逐出去，最终使战斗机趴在了阿富拉南面10英里的杰宁土军航空站，无法起飞。当实施艾伦比计划的时候到来时，英国空军轰炸并摧毁了阿富拉的敌人主要的电报和电话交换中心。它还轰炸了约旦河西面的敌人两个陆军司令部，切断了通向各师部和设在拿撒勒的最高司令部的桑德尔斯上将处的电话线。因此，在进攻的一整天里，桑德斯和陆军司令部都丧失了联络手段。

为了分散敌人对沿海进攻发动地点的注意力，艾伦比实施了一些计策，以使敌人相信，英军再次计划从约旦河谷中进攻。上次在这个令人望而却步的地区展开的战役的失败对他起了帮助作用。在1918年整个夏季中，艾伦比都命其骑兵部队驻扎在约旦河谷中，以不断吸引敌人的注意力。当骑兵被调往西面沿岸地区去参加进攻时，艾伦比命令他们保留营地，修建新的营地，并设置1.5万假人假马，以欺骗敌人的空中侦察人员。骡子拉的雪橇经常搅得尘土飞扬，给人以部队和火炮正向约旦河转移的假象。步兵白天向约旦河谷行进，夜里则掉过头来往回走，重复这一过程达数日之久。军官们接管了耶路撒冷的一家饭店，开始为在那里建立"总司令部"而进行十分讲究的准备工作。

与此同时，英军主力趁着夜色向海滨的西侧行进；在那里，部队和装备藏在桔树丛中或者折叠起来放在现有的营房中。从表面上根本看不出这里集结着大量英军；在这一侧翼上，英军对土军和德军的优势上升到5∶1。

虽然桑德尔斯将军担心在沿海一带遭到攻击，但是艾伦比费尽心机的欺骗使他确信，英军的主要攻势将发动于约旦河谷之中。

9月18日夜间，位于艾伦比极右端的英军第53师冲入约旦河谷边上的丘陵之中。这样做一箭双雕，一方面使桑德尔斯更加相信英军的进攻方向在这里，另一方面又调动该师来切断敌人的唯一退路，即向东渡过约旦河。

9月19日凌晨4:30分，在海岸边，385门英军火炮对土德两国军队的主要防线上被选中的一段前沿展开了持续15分钟的猛烈轰击。然后，步兵在提升式或称"滚动式"的弹幕掩护下发起冲锋，也就是说，炮兵的火力仅赶在步兵先锋前面几码的地方向前推进。英军和少量法军步兵所向披靡，压倒了惊呆了的防守者们，突破了两道堑壕防御系统，从而在土德两国部队的防线上打出一个大洞。

这时，步兵向着内陆包抄而来，好像一扇大门沿着合叶转动。在东面，英军的一个师和法国部队构成了这个合叶。向西5英里处，英军的3个师组成了门板中心；在海滨，英军的另外一个师组成了门板的外层。它们合在一起，逼迫溃败的敌军向东进入丘陵地带。

与此同时，沙漠骑兵军团的3个骑兵师从敌人防线上的巨大缺口中涌过；由于没有任何敌军挡路，他们向北驰骋，穿过了沙龙平原。掌灯时分，他们抵达了35英里外的卡尔迈勒山脉，装甲车攻占了两个重要的山口。

9月20日早8时，英军骑兵夺取了战略要塞阿富拉，从而切断了敌人的铁路交通。下午4时30分，第四骑兵师夺取了贝珊，他们在34小时中行程70英里，封锁了敌人向东北方向的退路。稍后，澳大利亚骑兵师向南到达杰宁，在更近的地方封锁了敌人的撤退路线。20日上午，一个英军骑兵旅还袭击了设在拿撒勒的总司令部，但是桑德尔斯将军得以逃之夭夭。

土军和德军现在只有一条退路，即穿过从纳布卢斯到约旦河的陡峭峡谷。在后卫部队顽强牵制进攻中的同盟国步兵的同时，9月21日上午，两支土军的残兵败将组成一个庞大的纵队，开始沿着峡谷鱼贯而行。英军的飞机发现了这个纵队；由于土德两国空军已被从天空中清除，英军飞机便开始了4小时的残酷轰炸和机枪扫射，使这两支敌军陷入混乱。幸存者们四散而逃，被骑兵轻而易举地包围和俘虏。

没出3天，两个土耳其集团军和敌人在巴勒斯坦的全部势力都被摧毁。只剩下约旦河东面的土耳其第四集团军。它的司令官犯了一个错误，即等到9月22日才向北撤退。此时，一条残缺不全的铁路和阿拉伯军队挡住了这支部队的退路；9月26日，第四骑兵师从贝珊东进。前来拦截这支敌军，而剩下的两个骑兵师则直取大马士革。

由于第四骑兵师和劳伦斯的阿拉伯军的不断蚕食，土军第四集团军很快就消耗殆尽。它的残兵败将在大马士革附近被拦截和俘虏；10月1日，古城大马士革被同盟国军队占领。

土军的所有有组织的抵抗都崩溃了；第五骑兵师与一支阿拉伯军队协同作战，攻占了北面200英里的阿勒颇。骑兵的装甲车先头部队于10月23日抵达该市。3天后，虽然英军曾计划发动一场进攻，但是阿拉伯军在前一天夜间溜进这座城市，依靠自己的力量夺取了它。

鉴于几乎没有任何有组织的力量抵抗英军向土耳其腹地安纳托利亚高原挺进，土耳其政府于10月31日投降。英军在38天里行程350英里，夺取了整个巴勒斯坦、黎巴嫩和叙利亚，并孤立了美索不达米亚，使那里的土军只得撤退。在此期间，英军俘获敌军7.5万人，而自己伤亡却不到5000人。

艾伦比将军几乎完全凭借出其不意和机动灵活性打赢了这场战役，而没有进行任何大规模战斗。土军和德军一旦认识到英军骑兵在阿富拉和贝珊建立了一条横跨其主要撤退路线的战略封锁线，就不战自败了。这场战役证明，一俟步兵和猛烈的炮击突破现存堑壕系统和野战工事所构成的屏障，机动灵活的战法仍是可行的。它还证明，在除法国和佛兰德外的另外一些战线上，是能够取得决定性战果的。因此，西线上的4年僵持和巨大伤亡是不必要的。

第7章 毛泽东：赢得中国

虽然共产党于1949年把国民党及蒋介石赶出中国大陆，但是中国共产主义的真正胜利早就发生在1934年至1935年，即毛泽东在极端危急的关头把中国共产党和中国工农红军挽救出来的时候。

这次战役是战争史上最旷日持久和最艰苦卓绝的战役之一，其结果是红军从此创造了其战无不胜的神话。国民党认识到，他们无法摧毁共产主义运动。毛泽东脱颖而出，不仅成为一位历史上的伟大统帅，而且成为中国共产党的伟大领导人。

毛泽东（1893–1976年）——湖南省一位农民的儿子——是中国共产党的创始人之一。但是，直到蒋介石于1927年下令屠杀他所能抓到的每个共产党人时为止，毛泽东在共产主义运动中的作用是有限的。

1927年的大屠杀使毛泽东确信，共产主义运动要取得胜利，就必须拥有一支经过训练的和纪律严明的军队。他有一句著名的箴言："我们必须认识到，枪杆子里面出政权。"

为了躲避企图消灭共产主义运动的最后一点幸存力量的国民党军队，毛泽东率领大约1000名追随者来到中国东南部的罗霄山脉。1928年春，共产党的一位军事领导人朱德带领600人加入了毛的行列；1928年7月，他们东进130英里，转移到瑞金附近。另外一些红军领导人在其他边远地区创建了较小的农村根据地。

在井冈山中，毛泽东和朱德建立了一个很小的苏维埃共和国，并为建立一支拥有新型军人的新型军队奠定了基础。这支军队与西方或国民党军队不同，它没有因阶级或受教育程度而同士兵分开的标志明显的军官。大家不分等级，不佩带徽章。男兵（往往还有女兵）通过显示其能力而成为领导人。士兵们按照指挥员的职位名称来称呼他们，比如"排长同志"或"连长同志"。军官们不殴打或虐待士兵。官兵同住，吃同样的饭，穿同样的衣服。红军领导禁止部队抢夺农民的食物或财产，他们严厉惩罚强奸、抢劫和暴力行为。红军战士被人民

统帅9：毛泽东

视为朋友，而不像纪律涣散的国民党兵或众多军阀部队中的士兵那样被当作瘟疫。

共产党的领导人鼓励士兵们解决各种日常问题，对士兵理解自己承担的军事任务及其完成任务的能力给予极大的信任。一种在其他军队中闻所未闻的做法是，领导人在战斗以前向士兵们广泛介绍其战术和战斗计划，不遗余力地解释其所下达的命令的重要性。

共产国际看不起毛泽东的新型军队；1928年8月它安排李立三——一名来自湖南的28岁的工人领袖——来负责领导工作，指示他要首先夺取中国的城市，这是不合乎实际的，鉴于城市无产阶级仅占中国劳动大军的不到1％，其中被组织起来的也只是凤毛麟角。

毛泽东给了马列主义教条当头一击，认为中国农民是中国革命的主要力量，因为中国人口的80％以上是农民，他门在每个村庄里都遭受地主剥削。毛泽东写到，土豪劣绅几千年来一直压榨农民。农民只有推翻地主政权，才能改善自己的境况。因此，革命必须产生于农民当中，而不是占极少数的城市工业无产阶级当中。然而，毛泽东始终没有偏离一种信念，即这场斗争必须由中国共产党领导的红色军队代表群众来进行。

在如何赢得革命胜利方面，毛泽东和李立三之间一场激烈冲突已不可避免。毛泽东想要利用共运所拥有的少量红军作为游击队，袭击虚弱的目标，然后撤退到安全的根据地。他想要有条不紊地向外扩大，建立更多的根据地或苏维埃，首先夺取一些县，然后夺取一些省。但是，共产国际却指示李立三要在城市中掀起劳工运动，领导工人起义，要求他必须不惜任何代价地夺取一些城市。

1930年，李立三命令共产党人先夺取几座中等城市，然后集结兵力，进攻武汉。虽然毛泽东及其部队短暂地占领了湖南省省会长沙，但是国民党军队十分强大，因而红军不得不全线撤退。李立三的战役遭到惨败。但是，共产国际归咎于李，而不是它的政策，把中共的领导权移交给了"二十八个半布尔什维克"——曾经在苏联学习、对克里姆林宫唯命是从的年轻的中国学生。

蒋介石对这种夺取城市的企图十分吃惊，于1930年12月派遣10万军阀部队进行其第一次"围剿"，为的是把共产党人赶出毛泽东的"中央苏维埃"——远远超过其他根据地的最大和最重要的红色根据地。

在这次战役中，毛泽东显示了他的军事天才和对游击战的灵活运用。他利用农民朋友刺探国民党军的意图和兵力部署，迅速而秘密地采取行动抗击敌人，主要是在夜间出击，只在他能够取得兵力和武器上的局部优势的时候才发动攻击，然后迅速分散开来。毛泽东引诱国民党部队进入苏区深处或者对红军友好的地区。在那里，他以优势兵力包围并歼灭孤立的国民党部队，从而暂时扭转了国民党军所占有的总的战略优势。

毛泽东和朱德集中兵力袭击了一个师的两个旅，将其击溃并俘虏了9000人；这次战役的高潮由此到来。这场胜利使得邻近的两个国民党师逃跑了。红军追击了其中一个师，将其截住并歼灭了其绝大部分。这次围剿于1931年1月初不了了之，国民党军彻底失败了。

蒋介石于1931年4月再次做出尝试，他把参战的军阀部队人数增加了一倍，使之达到20万，派他的最忠诚的将军之一何应钦指挥。然而，他重蹈覆辙，再次采取了第一次战役的战术，分7个纵队缓慢地进入红区。毛只有3万人可用来对付国民党军，但他集中兵力袭击了其中一个纵队，击溃了几个团，摧毁了敌人的进攻力量。紧接着，毛迅速地连续袭击了另外3个纵队，将其各个击溃，然后歼灭了第五个纵队的一部分。剩下的两个纵队没有作战就撤退了。在14天内，红军进行了5次战斗，行军8天，结果取得了决定性胜利。

蒋终于认识到，他正在同一个坚韧不拔和足智多谋的人打交道，因而在于1931年7月开始的第三次围剿中，他亲自挂帅。他投入了自己装备精良的10万政府军，调集20万军阀部队担任后援。

蒋认为，他的嫡系部队将会迅速消灭毛的装备很差的军队。但是，蒋过去一直在培训其士兵进行一种驴唇不对马嘴的战争。从1927年起，他聘用了大约40名德国军事顾问来指导他的军队。虽然德国人的功夫造就了一种出色的军人，但是德国人所擅长的，是在欧洲野战军之间的相互硬拼的战斗中形成的正统方法。要想打败毛泽东半游击式的战法，国民党军需要与此不同的战术和训练。红军行动诡秘，集结迅速，打击凶狠，然后同样迅速地分散。他们大力依靠伏击，利用侦察员侦察敌人的兵力和行动，不建立任何战线，不分前线和后方，集中兵力专打敌人小股部队，各个歼灭，然后转移。

蒋的战略是极端正统的。他决定"长驱直入"，直捣苏区。他率领8个纵队每天疾行20多英里，进入中央苏区腹地，企图把红军挤入一隅，迫使其站下来作战，以占据优势的火炮、机枪和飞机将共产党军歼灭。

但是，毛根本不打算进行一场蒋式战争。他的仍然只有大约3万人的部队精疲力竭，正在瑞金东北面大约30英里的武夷山中休息。为了占据反击的有利地点，毛和朱率部队强行军到达瑞金西北大约35英里的兴国。

毛原先的计划是向西北面行进大约15英里，到达赣江边的万安，沿着江的东岸北上，然后向东横扫国民党军的交通线，切断其给养，打击那里出现的任何孤立的敌军部队。但是，国民党军的密探发觉了这一行动，于是，蒋急忙派两个师向赣江进发。为了避免落入圈套，毛向万安南面撤退了大约10英里。

毛此时在夜色掩护下向东北方向转移，从两支国民党部队之间的一个13英里长的缝隙中溜过去，向万安东面行进大约35英里，将其部队置于国民党军后方，在此处，毛袭击了一支孤立的国民党部队，将其击溃。次日，毛袭击了国民党军的一个也是孤立无援的师，使之溃退。然后，红军花了3天时间，基本上夜行晓宿，向东挺进15英里，到达黄陂，以包围和击败另外一个独处一隅的敌军师。

蒋介石命令所有国民党军以强行军向黄陂进发，以包围红军并将其剿灭。毛的情报网向他发出警报，于是，毛在从西面包围上来的国民党部队之间的高山中找到一个7英里长的缝隙，便从中过去，在兴国附近重新集合起来。

蒋用了几天时间才发现他的猎物已经飞走。1931年9月底，又累又饿、士气低落的国民党军撤出苏区。毛此时猛烈追击，抓住一个旅和同支援部队分离的整个一个师，几乎将两者都消灭。第三次"剿匪战役"就这样终止了。

1932年年底，蒋介石调集40万大军，对中央苏区发动了第四次清剿。但是，蒋对于1931年占领满洲的日本人的侵略无动于衷引起公愤，迫使他于3月间派5万部队北进（他并未动用这支部队），因而使红军得以击退剩下的国民党军。

蒋终于同日本人达成了一项脆弱的停火协议；他利用这个机会组织兵力，企图彻底剿灭共产党的农村苏维埃。在这第五次战役中，蒋构想了一种与从前迥然不同的战略，很像南非战争（1899－1902年）最后阶段英国人为摧毁布尔人游击队的抵抗力量而最终制定的方法，即把老百姓迁移到集中营里，修筑相互呼应的碉堡来限制布尔战士的活动范围。

蒋修筑了700英里的公路，以使汽车能够通到中央苏区凹凸不平的武夷山高原；他还建立了无线电和电话网，以协调他的包围部队的行动；这支军队总共有75万人。与此同时，还有另外几十万大军正在包围其他较小的苏区。

1934年1月，中共在瑞金举行一次会议，为即将来临的打击作准备。会上，领导人们再次强调"向前和进攻政策"，指示红军要"拒敌于国门之外"。他们完全摒弃了毛的诱敌深入苏区，以将其歼灭的战略。

蒋的进攻得到红军中共产国际代表李德的意外帮助。李德是德国人，曾在第一次世界大战中服役，毕业于苏联的伏龙芝军事学院。他认为自己是一名伟大的军事专家，贬低毛泽东的游击战术，声称红军进行正规战争的时候已经到来。他说服领导集团同意集中兵力，在国民党军修筑新碉堡时对其进行"快速的近距离突袭"。这实质上就是一种正面硬拼的策略，必然失败，因为国民党军拥有强大的炮兵、机枪和150架战斗轰炸机，而红军则几乎没有什么进攻性武器。

蒋介石开始了对苏区的"稳扎稳打，步步为营"的进攻。国民党逼迫住在苏区周围的几百万人民迁入离开战斗区域的集中营。碉堡形成了一个互相联系的包围圈，限制了红军的行动。食物和盐的缺乏影响了红军的健康和体能。

1934年4月 [编者注：1933年9月，蒋介石对中央苏区发动第五次围剿。]，蒋的军队逼近了瑞金北面大约60英里的广昌——中央苏区的门户。红军领导集团按照李德的建议，认为保住广昌至关重要，于是把4个军团派往前线，并修筑了野战工事。国民党军的飞机和火炮迅速将这些工事夷为平地，红军指挥官彭德怀在第一天里损失了1000人。彭强烈反对这种战术，但却毫无结果。红军面对着国民党用火炮和机枪构成的虎口发动攻击，结果4000多人阵亡，两万人受伤。

这大伤了红军的元气，证明了李德战术的无效，并迫使党的领导集团为最坏的情况，即撤出中央苏区作准备。虽然国民党军直到7月间才恢复了进攻，但是红军因为营养不良和伤亡而继续每况愈下。10月间，共产党人完成了撤出中央苏区的计划。

他们的目的地有两个：湖南省西北部桑植及其周围的一个由贺龙领导的苏区。这个苏区也受到蒋介石军队的压力；如果向那里转移，只会吸引所有的国民党军。倘若他们不能到达贺龙处，有一个由张国焘领导的更为遥远的苏维埃，它是于1932年在西南内地大省四川的通江周围建立的。

毛泽东在这项决策中没有起什么作用。实际上，为了进一步缩小他的影响，红军领导集团想让毛留在中央苏区，与由毛的朋友陈毅率领的大约6000人的部队待在一起，命其保持强大的游击力量。但是，毛泽东德高望众，以致任何人都无法对他与主力部队同行的决定提出异议。

其余的共产党人——组成第一方面军的大约7.2万名士兵和1.45万名官员、文职人员、重要领导人的夫人以及政府工作人员，于1934年10月16日突围，穿过瑞金西南75英里左右的一处国民党守卫力量薄弱的警戒线。长征开始了。

第一方面军基本上是在夜间行军，并且是走羊肠小道，因而得以摆脱企图包围它的国民党军。蒋介石花了两个星期时间才醒悟：猎物已经飞走。但是，他的飞机和情报网发现了红军的撤退路线，因而他得以设置路障来使红军前进速度变慢，并开始调动其军队——总共40多万人——从四面八方包围红军。

红军对蒋军的集结无可奈何，但却事先知道敌人的伏击，并能够将其粉碎，因为几年前周恩来曾派人到苏连接受密码技术培训；他们能够破译国民党人的无线电密码。

11月16日，红军各纵队在湖广边界北面不远的湖南境内、南岭山脉掩护下的临武集合起来。他们抛弃了几乎所有的重型装备，包括火炮，只留下650挺机枪和30门榴弹炮。这些武器，加上步枪和手榴弹，给予红军幸存所必需的火力。

蒋从红军的行动方向得知，红军大概正向湖南西北部桑植周围的很小的苏区前进。他把兵力集中在两个方面上：一支部队向北去阻止这一行动，另一支部队由周浑元率领，追击红军。蒋还要求广东和广西的军阀从南面收紧包围圈。

红军指挥官朱德意识到，他必须摆脱这个陷阱，于是他命令红军以强行军赶到西面100空英里左右处的湘江；他知道，红军必须先跨过这一屏障，才能掉头向北面桑植的苏区前进。

虽然红军行动迅速而敏捷的先头部队——第一和第三军团——于1934年11月26日抵达湘江，但是与红军同行并携带着大量装备和资料的文职人员行动却慢得多；因此，蒋介石有时间包围组成红军后卫部队的第八军团，歼灭了其中大约有2500人的一个师。尽管国民党军从北面和南面逼近，但是朱德仍把作战部队集中在湘江东面，以便文职人员的纵队能够渡河。从11月28日开始，用了3天时间，所有非战斗人员渡过了湘江。在此期间，江东的红军部队承受了兵力强大得多的国民党的空军和炮兵的狂轰滥炸和步兵冲锋。共产党军损失惨重，包括有2500人的整个一个师。

红军现在处于绝望境地。领导们对李德等的军事指挥不力非常不满；正是这种指挥失误导致了他们所面临的几乎不可收拾的局面。由于战斗中的损失、疾病和开小差，红军的人数减少到不到突围时的一半。一支强大的国民党军挡住了向北通往贺龙部队的去路；与此同时，其他国民党部队使向东撤退成为不可能的事情。倘若向南进入广西，将导致更多的敌军从四面八方围攻，进入一个无法逃脱的口袋。向西的前景同样令人望而却步：那里有老山界和五岭的悬崖绝壁。

这时，毛泽东提出了一项拯救红军和共产主义运动的计划：翻越老山界和五岭，向北突破，进入敌人力量薄弱的贵州省。从贵州，红军既可以前往湖南西北部的贺龙处，也可以奔赴四川东北部的张国焘处。

红军领袖们认识到毛是正确的：走向任何别的方向都意味着毁灭。他们命红军转向老山，开始攀登。有些地方的路不到两英尺宽，山势十分陡峭，以致爬山者仅仅能看到前面人的鞋底。只有最坚定不移的人们才翻过了老山和五岭，于1934年12月11日进入了地势较低的贵州境内。

红军只剩下大约3.5万人和5000左右的文职人员。许多勇士倒在途中，所有胆怯者也都离去。留下来的是共产主义运动的中坚分子。这些中坚分子经受住了战火考验并幸存下来。领导集团意识到，共运的整个前途都取决于这支危难中的部队的命运。

军事委员会举行了一次仓促的会议，以讨论对策。毛泽东不是其中的成员，但却应邀出席会议。有一点已经很明显，即红军需要他的指挥。毛立即承担了主要角色。截获的电讯表明，假如红军向北前往贺龙处，会被25万国民党军拦住，其中有10万人已经到达湖南。毛建议放弃到贺龙处的设想，红军应向西北进入贵州，因为那里敌军很少，前景较好。军事领导们表示同意。

两天后，第一方面军攻占了黎平——一个大县城；在这里，大家能够休息并获得急需的食物。毛获得了党的决策机构政治局中的实际席位，他使政治局同意前往遵义——西北面大约150英里的贵州北部一座大约有5万人的城市。在那里，红军既可以建立一个新的根据地，也可以向东北面转移，去与贺龙会师，或者跨过长江上游，到四川去与张国焘会合。如果实在别无去路，红军还可以向西南撤退到云南省。

但是，蒋介石打算阻止红军夺取遵义。他的兵力已接近25万。在这种情况下，毛泽东——此时他已经是长征的实际领导人——下令采取了一系列行动；这些行动属于历史上最足智多谋和最成功之列。

为了摆脱率领着一支比第一方面军强大得多的部队的国民党将军薛岳的追击，毛命令红军的一个纵队向西佯攻，直取贵州省会贵阳。当共产党军队的主力向西北进发时，薛似乎顺应红军的意愿，将其部队派往西面去贵阳，因而致使这支部队从战略画面上消失。

红军并没有直取遵义，而是迅速北进从而给人一种印象，即它可能会奔向东北面去与不到200英里外的贺龙会师。此举把国民党军大量部队牵制在湘黔边界地区。此时，红军面前只有贵州本省的力量薄弱的部队，于是它掉头向西北面进攻遵义，于1935年1月7日夺取了这座城市。

虽然红军获得了暂时的安全，但是考察显示，遵义地区不适于建立一个新的苏区。这个地区很穷。此外，薛岳的国民党部队正在贵阳，使贵州军阀王家烈受到鼓舞，以致他从南面攻击红军；同时，待在四川重庆的蒋介石封锁了长江和红军与张国焘会师的去路。

1935年1月15日，20名共产党领导人在遵义召开了一次为期3天的会议。这次会议是20世纪的转折点之一，它结束了使中国的马列主义毁灭殆尽的教条主义的领导。毛泽东担任了共运的领导人。

1月19日，红军离开遵义北进，人数只有大约3.5万。四面八方都是国民党军和军阀部队，有40万人。武器也比共军精良得多。蒋介石相信，红军将强渡长江；因此，他派兵把守了每一个可能的渡口，夺取了每只渡船。

毛的确想渡江；他希望能在长江上游，即重庆西南方找到一个防守力量薄弱的渡口。但是，他遇到了一支强大的川军。他又向上游走了80英里；但是，截获的无线电报表明，蒋正在调动部队来拦截他。

由于国民党军队封锁长江和云南部队挡住西进的道路，所以继续前行将导致红军钻入一条死路。

毛认识到，红军的唯一希望是迷惑蒋介石，使之不明红军的去向和意图。在此后的6个星期里，他实施了这样一场战役：从其足智多谋、运动速度和出其不意地袭击敌军来说，都几乎是举世无双的。

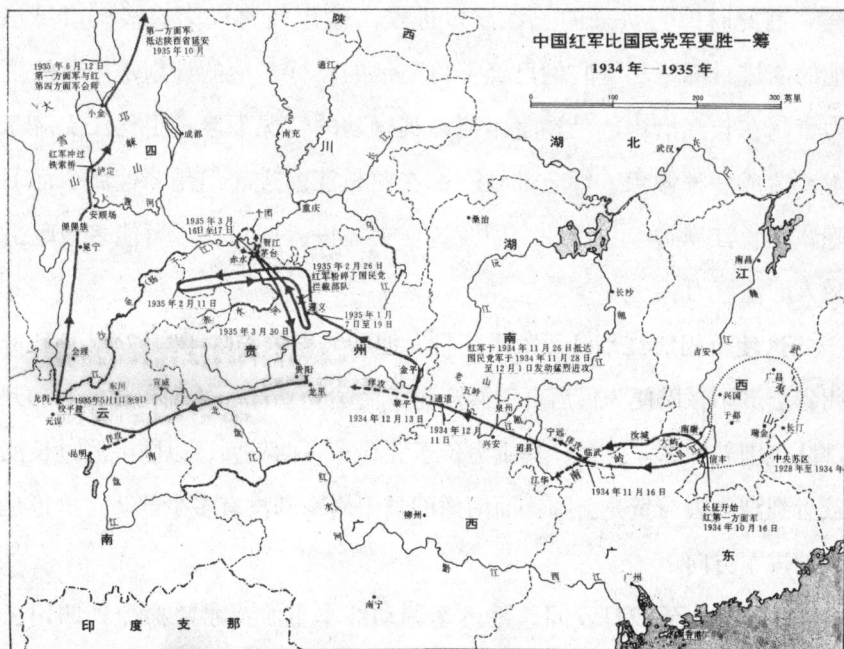

地图10：中国红军比国民党军更胜一筹（1934年－1935年）

2月11日，毛迅速地使红军掉过头来，以强行军疾驰，返回遵义。蒋的飞机一发现这一行动，蒋就开始调动其部队问东返回，以再次封锁长江的各个渡口。他还命令王家烈从南面北上，以夺取遵义北面大约12英里的娄山关——从山区南行的唯一通道。这样一来，将把红军封锁在长江和这一关口之间，使蒋得以随意地歼灭红军。

2月26日，红军位于娄山关北面大约12英里，截获的无线电报使毛获悉：王家烈部刚刚离开遵义。一场抢占这一关口的战斗开站了。两军到关口距离相等，红军以5分钟之差获胜，爬到山顶时，王的先头部队已经逼近到300码的地方。红军的炮火驱散了敌人，保住了关口。翌日，共军冲下关口，击败了王家烈所集结的部队，夺取了遵义，袭击了从后面上来的两个国民党师，将其逼到乌江江畔，迫使2000名士兵投降。

毛此时掉转头来向长江渡口进发。他想使蒋以为这些渡口仍是他的前进目标，尽管它们已经不再是他的目标。他的计划是把蒋的主力牵制在长江沿岸。毛在毫不掩饰其行动的情况下渡过了长江支流赤水，造成一种假象，即全部红军都在向长江前进。但是，他命令部下隐藏在长江岸边，只派一个团渡过江去，进入四川，尽可能多地吸引敌人的注意力。

这使蒋相信红军已经落入陷阱。他偕夫人宋美龄于3月24日飞到贵州省会贵阳，以便为最后歼灭共产党军而建立总部。他现在有大约50万部队包围着红军。但是，其主力位于北、东、西三面，以防毛渡过长江或者到湖南去与贺龙会师。而南面的贵阳周围却没有多少部队。这正是毛的进军方向。

3月21日至22日夜间，毛迅速调动红军重渡赤水，命令到四川去的那个团以强行军返回，向遵义进发，矛头指向南面。没出几天，国民党军的飞机和密探就得知了这一行动，猜想毛的目标是贵阳。蒋大惊，给云南司令孙渡打电报，要其迅速派精锐部队来守卫这座城市。3月30日，红军强渡乌江，直取贵阳。但是，云南孙渡部刚刚抵达贵阳，就接到报告，说红军从该市旁边经过，直奔东面大约25英里的龙里。

蒋认为红军正在向东返回湘赣边界上的老苏区，于是命令孙渡向龙里进军，追击红军。但是，次日早晨，蒋意识到自己上当了：红军已经突破包围圈穿过龙里，没有转向东面，而是向南面和西面，即云南方向。

然而，蒋无法确定红军的意图。毛把一个军团留在乌江北面，造成他仍有可能前去与贺龙会师的假象。这样便再次牵制了国民党军，使之为了阻止这种会合而按兵不动。这个军团在该地区一直待到4月份，然后悄悄地沿着一条比较直接的西进路线，穿过山区的羊肠小道，去与主力部队会合。

蒋仍旧以为红军要回到江西。最后，当抓住他们已为时过晚时，他才意识到，红军正向西南方的云南前进，于是他命部队追击。

毛依然必须渡过长江。剩下来的唯一渡口在上游的一个称为金沙江的地方，即在这条江从云南和四川的高山中流出，在昆明北面大约80英里转了一个大弯的地方。这里的渡口，云南军和国民党军很容易占领。但是在这个转弯处以东，情况更糟：国民党军早已接近寥寥无几的渡口。转弯处的西面，这条河流过一条条大峡谷，安全的浅滩很少。毛知道，红军只有在金沙江的这个转弯处可以渡江。

幸运的是，蒋仍然以为红军可能会返回江西，而毛的西进又产生了一种可能性，即红军可能会试图在云南建立一个苏维埃。为了使蒋中计，毛直取云南省会昆明。蒋上钩了；他撤走了金沙江畔的部队，命其向昆明进军。由林彪率领的一支强大的红军大张旗鼓地逼近到昆明郊外8英里处，引起一阵恐慌，即昆明即将遭到攻击；而与此同时，红军的其余部队迅速掉头向北面的金沙江疾驰。1935年5月1日，红军的一个团从绞平渡——一个已有1000年历史的商队渡口——渡过江去；几天内，除第五军团外，其余所有的红军都渡过去了；第五军团为林彪的部队把守着这一通道。遵照毛的紧急命令，林彪以强行军奔向金沙江，在48小时里走了100英里。5月8日和9日，林彪的部队渡过江去，挡住一支云南大军的第五军团也悄悄通过，到达安全地带；他们把渡船浮放在江中，看着它们在江中的岩石上撞碎。

红军只剩下不到2.5万人，但是它幸存下来了。毛为渡过长江上游而展开的令人难以置信的战役，此时便已成为传奇。

蒋介石大怒。他飞到四川的成都去动员新的部队，以便在金沙江北面大约200英里的另一条河上阻挡共军。这条大渡河水急浪大，沿着一条大峡谷流出青海省的高原。此时，红军正在高原崎岖的小路上艰难跋涉。

5月24日，红军先头部队攻占了大渡河上的渡口安顺场，迫使河对岸的国民党军队撤退。然而，这支红军只找到很少的渡船，并获悉蒋的部队正在向这个渡口进军；与此同时，国民党军的飞机迅速出现，前来轰炸渡口。

毛作出了一项惊人的决定：红军主力向北面的上游疾驰，到达泸定的著名铁索桥。泸定桥横跨大渡河的桥梁长370英尺，固定在两岸凸出的巨石上，东面受到泸定镇的门楼保护。它始建于1701年，许多年来一直使来自西藏和尼泊尔的商队得以前往北京的皇城。9条巨大的铁索，铺上木板，便形成了桥；桥两侧的两条锁链构成扶手，以稳定人和车辆。

由杨成武率领的第四团沿着大渡河西岸前进，主力部队跟随其后；与此同时，已经从安顺场渡过河去的第一师沿东岸挺进。第一师由于一支国民党部队的阻拦而行动缓慢；但第四团于5月29日到达泸定桥西岸，发现泸定镇被几百名国民党军占领。

国民党军已经拆掉了桥上2／3的木板，使红军面对着光秃秃的铁索和下面深谷中怒涛汹涌的河水。杨派一支22人的突击队，在廖大柱（音）率领下过桥。战士们一点点地顺着铁索逼近剩下的桥板。一待踏上桥板，他们将迅速袭击桥东端的那座门楼。正当他们前进的时候，门楼前面的用柴油浸泡过的木头突然燃起大火。国民党军试图用火来阻止红军过桥。火舌猛烈地舔着桥东端的木板。成败乃是千钧一发。突击队穿过火焰，冲入镇中，击退国民党守军，使战士们有机会灭火，并使增援部队有时间过桥支援。

22名突击队员中有18人幸免于伤亡。

不到两小时，第四团便夺取了这座桥和这座城镇。第一师沿着河的东岸从南面也来到这里。

战士们给这座桥铺上了新木板；次日主力部队抵达，开始兴高采烈地过河。红军战士们知道，虽然前方仍有危险，但是现在他们的军队终于能幸存下来了。这支军队人数少得可怜。从贵州到泸定桥一路上的行军和作战使部队不断遭受损失，包括伤亡、患病和掉队者在内，第一方面军只剩下大约1.3万人。尽管如此，从红军巧渡大渡河的时刻起，人们对红军战无不胜的信念就诞生了。

1935年6月12日，第一方面军的先头部队在铁索桥北面75英里处遇上了张国焘部的一支侦察部队。张国焘当时的部队人数是第一方面军剩下来的1万人的6倍；他企图从毛泽东手中夺取共产党的领导权，并且把合并起来的红军保留在四川西北部，从而威胁四川盆地中富饶的成都平原。他说，如果国民党军逼得太厉害，共产党军可以进入西藏或新疆。

1935年9月10日，毛和第一方面军的6000名战士悄悄向北进发，奔向中国中北部陕西省的黄土高原上的延安；从1931年起，那里一直有共产党苏维埃在活动。

1935年10月21日，当第一方面军到达苏区时，这支军队与一年前从江西撤退时相比，是人数很少的剩余力量。但是，这些幸存者——其中大多数人现在是训练有素的干部——是领导人才的无价之宝。假如他们没有经受长征的考验，共产主义运动能否顶得住国民党的强大压力是有疑问的；国民党仇恨和消灭红军的决心从未动摇。主要凭借着毛泽东的军事天才，第一方面军才幸存下来并到达了延安。

这支红军，连同姗姗来迟的张国焘部的一些成员，组成了一个苏维埃的核心，一直坚持到1937年抗日战争爆发时，与国民党组成统一战线。在这场战争期间，红军向中国北方扩展，其势力遍及表面上被日本人占领的地区。但是，日本入侵者们实际上只控制着城市和主要公路及铁路沿线狭窄的走廊，而共产党人则控制了几乎所有别的地方，领导着9000万中国人民。

当1945年日本人被打败时，中国的共产主义运动十分强大，以致蒋介石无法将其击败，尽管他获得了美国的大量援助。在1947年至1949年，共产党人解放了整个中国大陆，蒋介石和国民党逃到了台湾。

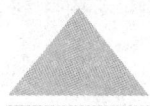

第8章 1940年的法兰西战事：出奇制胜

1918年以后，大多数将军被令人难以置信的防御力量的记忆所困扰；这种防御力量由机枪、密集火炮、堑壕和战场防御工事构成；第一次世界大战中，这些装备和工事造成了西部战线上的毁灭性僵局。

这些武器条件决定了使地面进攻成为自我屠杀的阵地战。由于相信下次战争将是上次的重演，许多将军断定，进攻战不再是可能的；因而他们集中力量使防御更加万无一失。从这种思维中产生的是现代史上最宏大的防御系统：法国的马其诺防线——一系列坚固的、相互连接的混凝土工事和机枪掩体；它们横贯整个法、德两国前线，从正面进攻几乎是坚不可摧的。

但是，并非所有军事理论家都对重新采取运动战绝望。尤其是两位英国人——哈特上尉和富勒少将；他们目睹了第一次世界大战中的原始坦克突破防线，尽管他们的活动范围不够远，行驶速度慢，武器处于劣势，装甲很薄，而且从未以充足数量来获得胜利。这些军官和少数思想家确信，坦克能够发展成一种打破阵地战僵局的武器。1925年，哈特在其《巴黎，抑或战争的前途》一书中说，坦克是现代形式的重骑兵，应当尽可能大量地集结，从而给予敌人的弱点、交通线和指挥中心以致命打击。

另外一些军官认为，飞机能够摧毁部队、战场工事、堑壕、运输和给养供应，从而在战场上进行决定性的战术打击。以意大利人杜黑为首的另外一个空中力量学派认为，地面上的进攻已不再可能成功，一个国家必须对敌人的居民聚居区、政治和工业中心发动大规模的战略轰炸袭击。杜黑坚持认为，这样做将为进攻战开辟一个新领域，并通过破坏敌人的士气和军工生产获胜，而不必依靠地面部队的战役。

第一次世界大战中获胜的将军们普遍接受了认为防御仍比进攻强大的意见，而失败者们则努力寻找新的进攻性解决办法，以不再重蹈1914年至1918年的覆辙。

赢家和输家都考察了所有类型的军用飞机。然而，德国理论家们较为注重能够在战场上空及其附近协助获得战术胜利的俯冲打击武器，而美国人和英国人则把重点放在战略轰炸机上。德国人创造了容克87B斯图卡俯冲轰炸机——它能以极高命中率轰炸战场上的目标——而美国人和英国人则研制了像B-17和兰切斯特式这样的有4个引擎的远程飞机。

杜黑的空中力量理论导致德国人于1940年和同盟国在此之后发动的对城市的大规模饱和轰炸。虽然这些空中打击造成了惊人的平民伤亡，但却并没有使地面战斗成为不必要的。事实上，它们并没有摧毁敌人的士气或军工生产，因而并没有决胜意义，直到美国人于1945年8月6日在日本广岛投下了新研制的原子弹。

德国人同法、英、美等国做法上的最大差异是，他们在坦克问题上的重点不同。1918年后，美国人设计了一些新式坦克，但并没有实际开发。然而，念念不忘未来战争将是防御战的法英两国却制造了大量的"步兵坦克"——为帮助步兵进攻有防备的阵地而设计的一种速度慢、射程近的重装甲武器。英法两国的指挥官们把大多数坦克分配给各个步兵师，期望它们同步兵一起前进，而不是单独活动。

德国出现了一种迥然不同的构想；奇怪的是，它受到了利德尔-哈特和富勒的启发，而他们两人的思想在英国却基本上无人理睬。德国在坦克问题上的主要理论家海因茨·古德里安在1929年就确信，坦克单独地或者同步兵一起行动永远无法起决定性的作用。他相信，坦克必须有炮兵和摩托化步兵的支援；这些兵种的车辆将使它门获得履带式坦克的速度和越野性能，从而使它们得以跟上坦克，协助坦克摧毁敌人的抵抗力量。古德里安坚持认为，把坦克置于步兵师之中是错误的。坦克应当集中置于装甲师之中：这些装甲师应当包括使坦克得以充分发挥战斗作用所需的一切支援武器。

统帅10：海因茨·古德里安

装甲战的基本构想是大量集结坦克，在一点上突破敌人的主要防线，巩固两翼，然后在敌人来不及反应的时候就全速穿透其后方。古德里安坚持认为，按照这一战术，装甲师就能够创造范围广泛的进攻性运动战。以任何其他方式使用坦克都是大材小用，浪费地面进攻能够动用的最佳手段。

古德里安在说服德军最高司令部相信这一想法方面遇到困难。但是，由于1933年当上总理的希特勒热心于坦克，所以德军于1936年组建了3个装甲师、3个装备一定量装甲的轻型师和4个摩托化步兵师。在1939年入侵波兰时，德国人发现轻型师行动不利，因而将其改编成了装甲师。到1940年，德国已经把它的所有装甲集合成10个装甲师，一些摩托化步兵师充当其后援。

与英法两国不同，德国所选择的是"飞毛腿"，而不是"厚皮"

坦克；它认为，总的来讲，如果需要做出选择，速度比重型装甲要可取。因此，同盟国的坦克比较经受得住敌人火力的打击，武器一般也较重，但行动较慢，射程也较近。

马克Ⅰ型德制坦克只装备着两挺机枪，而马克Ⅱ型也只配备了一挺机枪和一门轻型的20毫米口径火炮。然而，马克Ⅲ中型坦克却配备着一门37毫米口径的火炮；马克Ⅳ中型坦克则配备了一门口径为75毫米的火炮，而其最高行驶速度为每小时25英里，并不比马克Ⅰ型和马克Ⅱ型慢多少。装甲师所携带的燃料足够其行进90至120英里，而且有飞机专门用降落伞为先头部队投掷汽油，不管部队在何时缺油。德国坦克像法、英两国的坦克一样，其炮塔上的火炮能够向四面八方射击；但是，德国坦克和其指挥官之间有着较为可靠的无线电联络装备；德制坦克还拥有优越的光学装置，可大大提高射击的命中率。相比之下，法军的光学装备差，坦克没有无线电装置。其指挥官要想改变行进方向，只能把自己的坦克停下来，以此发出信号。

1937年，古德里安这样概述了德国的坦克战新理论："假如一支军队能够一鼓作气，在头一次进攻浪潮中投入敌军防御武器所无法摧毁的坦克，那么这些坦克必定会制服它们的这个最危险的对手；这必将导致敌人步兵和工兵的毁灭，……因为轻型坦克能够将他们肃清。"不过，倘若守方能够生产一种穿得透装甲的武器，并且在适当时候，在决定胜负的地方使用，那么坦克就可能失败。

虽然枪弹和装甲之间的争雄已经持续了几千年，但是古德里安坚持认为，坦克若在敌人防线上的一点胜过枪弹，就能够打胜仗。坦克若能迅速攻击，以足够的宽度和深度长驱直入，穿透敌人的防御系统，就能摧毁其目标，造成突破口，使后备部队，比如装甲师或摩托化师能够跟随着通过。突破后便可以在敌人后方扩大战果，还能破坏敌人进行抵抗的主要防线的作用。

鉴于英法两国人喜欢将其坦克力量分散在步兵师之中，古德里安指出，德国人能够通过把自己的装甲集中在一点上而获得巨大优势。

1940年5月10日开始的西线战役是历史上最迅速和最具决定性的战役之一。其部队和坦克都比敌军少的德军在六个星期中就打败了法英两国军队，迫使英军仓促地从敦刻尔克撤离，把自己的几乎全部武器都丢弃在欧洲大陆上。

使这次胜利更加令人惊愕的是，它实质上是由德军兵力的很小一部分实现的，即拥有2600辆坦克（而同盟国军队有4000辆装甲车）的10个装甲师，加上德国空军，特别是斯图卡式飞机。倘若没有英吉利海峡这个屏障，德国空军又没有在从皇家空军手中夺取空中控制权方面失败，德国本来能够迅速征服英国。

德国获胜的最后一个引人瞩目的方面是，它归功于两位将军——古德里安和曼施坦因——的出谋划策；他们两人职位低微，不得不与德军最高司令部抗争，以使其接受他们的想法。

曼施坦因研究出了使胜利成为可能的战略。古德里安在装甲部队实现战略上的纵深突破的前景鼓舞下，构思并主要地实施了向4个法英集团军后方发动的远程坦克进击。这一攻势切断了法英两国的联络线，导致了他们的毁灭或失败。

1940年，法国人在从瑞士一直延伸到蒙梅迪的马其诺防线上部署了他们的41个师。不论是德军还是盟军，都没人相信这条固若金汤的防线可能被正面进攻突破。在蒙梅迪和英吉利海峡之间，同盟国军部署了39个法国师，包括法国3个"轻型机械化师"——它们是用骑兵改编的，每个师有200辆坦克——以及英国远征军的12个师。

德军最高司令部计划实行1914年的谢里芬计划的翻版，派绝大部分兵力穿过荷兰和比利时，以绕过马其诺防线，进入西面的法国。同盟国准确地料到了这一招，准备抗击，派装备最现代化的3个法国集团

统帅11：埃里希·曼施坦因

军和也具备机动能力的英国远征军进入比利时，从正面迎战德军。

为了在色当附近建立枢纽，法国人派出了由4个骑兵师和12个步兵师组成的两个集团军；它们的成员主要是年纪较大的后备役士兵。蒙梅迪西面25英里左右的这一色当地段，是法军战线上最薄弱的部分。骑兵在同坦克的作战中是毫无用处的，而步兵师又没有多少反坦克武器和高射炮。尽管如此，法军最高司令部估计，这些部队够用了，这个地区不大可能遭到德军攻击，因为要从那里进攻，就必须翻过阿登山脉——一片覆盖着比利时东部和卢森堡北部的几乎没有路的山区密林。

按计划，德军在北线的主要进攻将由费德尔·冯·博克少将所率领的 B 集团军发动。它分得了43个师，即德军主力，包括几乎全部装甲师和摩托化师。为保护博克的南侧，德军最高司令部把22个非机械化师分配给戈德·冯·龙德施泰特将军的A集团军。为了与马其诺防线对抗，防止法国人从这里腾出兵力，威廉·冯·利伯将军分得了18个步兵师。

A集团军参谋长曼施坦因看到这一计划时，立刻表示反对，说它将会失败。他说，敌人必定会做好充分准备，应付这样一场战役，因为德军在北线的集结是无法掩盖的。同盟国军在北线拥有20个比利时师和10个荷兰师，与德军不相上下。曼施坦因说，即使博克集团军从正面攻入法国，同盟国军队仍然能够在索姆河下游建立一条牢固的新战线，并将其与马其诺防线连接起来。这样一来，可能会造成阵地战局面，使德国重蹈第一次世界大战的覆辙。

曼施坦因坚持认为，德国的王牌是其军队的进攻能力，这种能力不应当在对同盟国大量集结的军队发动的一场正面进攻中浪费掉。

他提出了一项与此截然不同的、极具独创性的巧妙计划。即仍然在荷兰和比利时北部发动一场大规模进攻——这是同盟国预料之中的动用三个装甲师和所有的航空兵，以便把敌人的注意力和兵力吸引到这一方向上来。几乎可以肯定，同盟国会把这场进攻看作主要的进攻，并迅速出兵比利时去抗击它。他们越多投入这场进攻，就越注定会毁灭。

曼施坦因坚持认为，应当跨越阿登山脉发动主攻，因为这是同盟国所没有料到的。同盟国军队的指挥官们确信，阿登山脉不适于坦克作战，但曼施坦因却对此胸有成竹。1939年11月初，他请教古德里安，问他装甲兵能否在这一地区活动；古德里安经过长时间的研究之后向他保证这是可能的。曼施坦因建议，装甲师和摩托化师的主力应当在法军还没有来得及组织一场防御战的时候就翻越阿登山脉，从色当强渡默兹河。这样一来，德军便会置身于同盟国军的防线后面，使装甲部队得以直接向西挺进到索姆河下游，切断仓促进入比利时的所有敌军的退路。

德军总司令、陆军元帅布劳希奇和他的参谋长哈尔德将军都反对曼施坦因的选择；虽然他们都采取了宽容的立场，把由古德里安率领的一支装甲部队分配给了 A 集团军群，但是他们坚持把重点放在北线的打击上。曼施坦因继续反对，于是陆军司令部于1940年1月27日分派他去指挥一支步兵部队；这支部队在此次战役中只扮演跑龙套的角色。最高司令部的借口是，在提升时再也不能不考虑曼施坦因了。

与此同时，古德里安成了曼施坦因战略的全力支持者，在1940年2月7日的一次军事演习中，他正式建议，他的部队在进攻的第5天从色当附近强渡默兹河，然后立即进攻索姆河畔的亚眠。哈尔德说这想法是毫无理智的，坦克可以在默兹河上建立一个桥头堡，但是应当等待步兵赶上来，然后发动一场"合击"。

古德里安确信，这样耽误战机，法军会轻而易举地在默兹河畔集结大量增援部队，从而可能使这场进攻夭折。他强烈反驳哈尔德说："我们务必动用我军的一切进攻力量，在一个有决定意义的地点发动一场突击，打入一个又深又宽的楔子，以使我们不必担心自己的侧翼，然后立即扩大战果，而不等待步兵到来。"尽管如此，哈尔德在2月14日的一次军事演习时重申了他的反对意见，就连在场的龙德施泰特也摸不清坦克的潜力，因而表示赞成稳扎稳打。古德里安哀叹道："现在是我们需要曼施坦因的时候了！"

然而，曼施坦因已经找到了一项解决办法：越过军队领导人，去求助于德国总理本人。1940年2月17日，他利用希特勒会见新上任的军团司令们的机会，介绍了自己关于在西线发动进攻的观点，发现希特勒不仅很快就领会了从阿登山区进攻的好处，而且完全同意曼施坦因的战略。

3天后，希特勒下令改变计划。他给A集团军群增加了第三个集团军（由克鲁日率领的第4集团军），以及两个十分重要的装甲兵军团。其中一个军团——包括由莱茵哈特率领的第6和第8装甲师——加上古德里安的由第1、第2和第10装甲师组成的军团，以及威特谢姆的有5个摩托化师的军团，结成了一个由克莱斯特领导的装甲群。克莱斯特集团中的这五个装甲师按计划将翻越阿登山脉，进行这场战役中的主要战斗：从色当附近在法军防线上突破一个较宽的缺口，然后迅速向西横扫，进攻位于比利时的同盟国军的侧翼和后方。与此同时，由两个装甲师（第五和第七）组成的、由霍特率领的新的第二军团将率领第四集团军，从色当以北大约40英里的迪南附近渡过默兹河，同样向西进攻。

进攻是以德军新建立的航空兵在北线发动的引人注目的攻击开始的。这些惊人的行动使同盟国军的注意力集中在比利时和荷兰北部，在数天中无力抗击德军的主攻。

在荷兰，只有4000人的伞兵部队的空中入侵，其后援是用运输机运载的一个有1.2万人的轻装师，起了决定性作用。由斯图登特率领的这支航空兵部队未能以奇袭夺取荷兰首都海牙，但是它攻占了多德雷赫特、鹿特丹和穆尔代克的桥梁，并使之保持畅通，直到被派来参加荷兰战役的唯一的装甲师（第9师）从德国边界赶来，并夺取荷兰的中心地带为止。荷兰人被这些惊人之举吓坏了，于战役的第五天投降，尽管他们的主要阵线仍然完好无损。

对比利时的入侵的开端更加具有轰动性。赖奇诺的第六集团军负责从马斯特里赫特附近渡过默兹河，然后进攻比利时首都布鲁塞尔；霍普纳的第16装甲兵团（第三和第四师）担任开路先锋。最大的危险是，一旦比利时人获悉这次进攻，他们就会炸毁默兹河及与其平行的阿尔贝运河上的桥梁。这样一来，就可能使这场进攻被阻挡数日之久，从而使英法两军得以在布鲁塞尔以东建立一条牢固的防线。

德军只剩下500名伞兵，便利用他们乘着夜色从天而降，夺取默兹河上的两座重要的桥梁；与此同时，只有78名航空兵的一个特别分遣队降落在比利时坚固的埃迈尔城堡的屋顶上；该城堡控制着阿尔贝运河的很长一段，由于它的火炮威力很大，所以从任何其他方向都无法接近它。勇敢的伞兵很快就制服了比利时人的高射炮，炸毁了所有炮的装甲炮塔。这实际上使城堡及其1200名守军失去作用，直到24小时后德军地面部队到来，城堡的守军缴械投降。

这时，霍普纳的装甲兵冲过完好无损的桥梁，在河彼岸的平原上分散开来，迫使比利时军撤退，而此时法英两国部队正好为支援他们而赶到。同盟国军仍然相信，赖奇诺的进攻是德军的主攻；由于他们已派其主要机动部队前去阻挡这一攻击，所以他们无法使之掉头向南，去对付5月13日在色当的法国边界地区突然出现的这一更大威胁。

1940年5月10日黎明前，有史以来在战争中集结得最多的装甲部队在比利时和卢森堡的边界上大兵压境：分为3层的三个装甲兵团；装甲师构成头两层，摩托化步兵构成第三层。在卢森堡北部边界上，承受着这次战役中主要打击的是古德里安的三个装甲师；每个师拥有300多辆坦克，其后援是规模与其大致相同的、莱茵哈特的两个装甲师。在北面的是霍特的两个装甲师，即第五和第七师（由即将闻名遐迩的隆美尔率领），总共有542辆坦克，其次要目的是从迪南渡过默兹河，阻止位于比利时的同盟国部队干扰古德里安和莱茵哈特向西进军英吉利海峡。

成败完全取决于速度。古德里安的装甲兵必须穿过阿登山区很难走的陡峭地带行进大约60英里，并在同盟国军恍然大悟、意识到自己所面临的令人难以置信的危险之前，从色当渡过默兹河。倘非如此，他们则可能会集结自己的装甲部队，向德军侧翼发起还击。这样一来，就可能使德军的进攻陷于瘫痪，即使仅仅因为这样做会对德军高级指挥官们产生影响——他们对曼施坦因的战略计划极不放心，只要法军在南翼有任何行动迹象，他们就会惊慌失措。

古德里安的装甲兵于5月10日凌晨5：30越过卢森堡边界，由于敌军望风披靡，所以在夜幕降临时分就攻入比利时。他们在那里停住了，因为比利时军摧毁了一些路段，并在一些地区布下地雷。古德里安的工兵直到次日早晨才开辟出通道。坦克继续向前冲，驱散了寥寥无几的比利时部队和对德军装甲无可奈何的法军骑兵。傍晚时分，第一装甲师抵达了距色当11英里的布永，尽管法军部队坚守这座城市直到次日早晨。

5月11日至12日夜间，德军司令部初次出现了焦虑和不安。克莱斯特将军——在进攻前夕接管装甲兵团之前，他从未指挥过装甲部队——命令南线的第十装甲师改变进攻方向，向边界另一侧不远处的隆维进军，因为据报法国骑兵正从那里前来。古德里安懂得，骑兵对坦克不构成任何威胁，因而发了牢骚；克莱斯特经过一段时间的犹豫之后，取消了这项命令。法国骑兵明智地没有露面。

古德里安的第一和第十装甲师于5月12日晚夺取色当并占领了默兹河北岸。克莱斯特命他于第二天下午4：00率部队攻过河去。

然而，克莱斯特修改了古德里安在开战之前与德国空军一起制订的计划，即在战斗自始至终，用对敌人炮兵和机枪的不断空袭和攻击威胁来掩护他的冲锋。古德里安确信，这种空袭方法会使敌人炮手隐蔽起来，使他的部队未遇抵抗就渡过默兹河。而克莱斯特却坚持主张用轰炸机和俯冲轰炸机对河畔防线进行大规模轰炸。这样一来，虽然可能造成相当大的破坏，但是轰炸之后飞机就会离去，使古德里安的部队仍旧面对幸存法军的机枪和火炮的射击。

古德里安指出，由于道路阻塞，德军的火炮无法及时赶到，为渡河冲锋提供掩护。古德里安所主张采取的选择方案是，利用飞机使法国守军无法抬头，一直坚持到德军在南岸建立一个牢固的桥头堡并筑起一座桥，把火炮和坦克接过河去。可是，克莱斯特拒绝改变其命令。

渡河冲锋开始时，德国空军准时赶到；古德里安惊愕地发现，只来了几群轰炸机和俯冲轰炸机，它们在战斗机掩护下行动。它们采取了他同空军参谋部一起制定的不断发动实际和佯装的攻击战术。在此地像在整个战役中一样，德军的俯冲轰炸机使得敌人守军胆战心惊，因为它们安装着由风力驱动的警笛，它在飞机向地面俯冲时发出可怕的尖叫。古德里安事后才得知，德国空军由于来不及发动克莱斯特所希望的大规模轰炸袭击，所以依旧实施了原来的计划。

这样做取得了显著效果。当冲锋部队——第一步兵团——集结在色当以西不远处的默兹河畔时，法军炮兵很警觉，稍微行动就会引来炮火。但是，德军的俯冲轰炸机和轰炸机对法军阵地的不断袭击，几乎使敌人陷于瘫痪，迫使炮兵丢弃其武器，使机枪手们无法抬头射击。结果，第一步兵团没有遭受多少损失就乘橡皮艇渡过默兹河，迅速攻占了南岸的制高点，没有遇到多强的抵抗。午夜时分，该团进一步向南挺进6英里，以建立一个向纵深发展的桥头堡，尽管不论火炮、装甲车，还是反坦克炮，都没有越过河来，因为工兵直到5月14日才建成一座桥。

这时，古德里安的第十装甲师已经从色当附近渡过默兹河，建立了一个小型桥头堡，莱茵哈特的装甲部队也已从色当西北约18英里的蒙泰梅渡过河去，获得了一块窄小的立足之地，但是，在法军的强大压力下，他们坚持阵地吃了许多苦头。与此同时，隆美尔的第七装甲师在北面约40英里的迪南取得重大突破。

法国人认识到，古德里安在色当南面的桥头堡使他们处境十分不妙。一旦古德里安把他的火炮和装甲兵弄过河去——这一行动在5月14日拂晓桥梁建成之后立即开始——法军只有其第三装甲师可以调来阻止他彻底突破法军的抵抗战线。

第三装甲师已经被用来对付色当之敌；但是，它的150辆坦克当中有一些被分配给了那里的步兵。尽管如此，该师的主力在能在低空飞行的法军和英军飞机的帮助下，于5月14日早晨发动了一次攻击；这些飞机勇敢地试图摧毁德军的那座畅通的桥梁和正在建筑之中的其他桥梁。德国空军已被派去执行别的任务，因而无法帮助古德里安的士兵们。但是，这支部队的高射炮干得漂亮，击落了一些同盟国军飞机，从而使桥梁均免于被毁。

此外，进攻中的法军坦克行动缓慢，当其抵达色当以南约7英里的布尔森时，德军第1装甲师的坦克和反坦克炮赶来了。法军处于劣势，因为他们的通信装备差，而德军坦克兵的新式无线电装备使之在运动中处于明显的有利地位。此外，支援法军坦克兵的行动迟缓的法军飞机，由于德军第一步兵团的机枪扫射而损失惨重，以致无力破坏德军阵地。

在布尔森的激烈装甲交锋中，德军摧毁了20辆法军坦克。法军还试图在西北约4英里的谢梅里取得突破；在这里，德军使50辆法军装甲车燃起熊熊烈焰。第三装甲师的残余部分退出战场，不愿再次冒险进攻。

色当之战给装甲战术带来巨变。在此之前，包括古德里安在内的装甲兵领导人一直使步兵和装甲兵泾渭分明。因此，5月13日至14日夜间，第一步兵团没有携带坦克和重武器就渡过了默兹河，单枪匹马地前进了。假如法军立刻反击，该团的处境本来会很危险。按照理论，在准备发动一场决定性攻击时，坦克必须集中在一起；指挥官们认为，让坦克附属于步兵是不明智的。而这次战斗却表明，倘若单个的坦克同步兵一起渡河，步兵将会更为安全和有战斗力。此后，德国人就组成了包括装甲车、火炮和步兵的混合战斗群，从而重新确立了一项古老的原则，即所有武器都应当在同一时间和同一地点集中。

与此同时，5月13日和14日在比利时发生了一场激烈的坦克战，因为霍普纳的装甲部队在布鲁塞尔东南28英里的让布卢，遇上了比它强大的法国装甲兵。通讯装备的优势和部队的训练有素，使德军装甲兵得以把法军坦克赶过迪勒河。霍普纳遵照最高司令部的命令，避开布鲁塞尔，把主要力量用在桑布尔河一线，以便同沿南岸进军的霍特装甲部队保持联系。

古德里安部的主要任务是夺取色当以南约17英里的斯通奈周围的制高点，以使敌人失去攻克这一桥头堡的任何可能性。5月14日，步兵和装甲兵一起进攻了这些高峰，与法国的步兵和装甲兵守卫部队展开激战，斯通奈村几次易手。

可是，威特谢姆的摩托化部队跟了上来；于是，古德里安把夺取斯通奈和保护德军南侧的责任交给了他，并把第十装甲师分配给他的军团，直到他自己的部队能够接管为止。结果，古德里安的挺进部队暂时限于第一和第二装甲师。

14日早晨，在法军装甲兵被打散之后，古德里安会见了装甲兵的高级指挥官们，建议部队向英吉利海峡西进。装甲兵的首领们迫不及待地表示赞成；他们念念不忘古德里安装甲兵理论的精髓：要集中兵力打击，不要分散力量。

因此，古德里安命令第一和第二装甲师立即掉头西进，以图摆脱法军防御力量。14日晚上，第一装甲师的部分兵力夺取了谢梅里西面13英里的辛里。

同天晚上，色当西面法国第九集团军司令考拉将军做出了一项招致灭亡的决定。在古德里安对东线的爆炸性压力和毫无根据的报告，即"几千辆"坦克正穿过隆美尔在迪南向西的突破口的影响下，考拉下令第九集团军放弃默兹河，向离河岸15至20英里的一条更靠西的防线全线撤退。然而，这条防线还没有建成时，德军第一装甲师就几乎赶到了；法军的撤退还使牵制莱茵哈特部的障碍消失了。他的部队得以绕过第九集团军的北侧，沿着一条畅通无阻的道路向西挺进。·

霍特部在隆美尔率领下的挺进挫败了法军第一装甲师（150辆坦克）和第四北非师计划向迪南方向发动的反击。第一装甲师用光了燃料，因而其坦克只有少数投入战斗；与此同时，由于德军装甲兵的攻击和源源不断的难民阻塞道路，使之行动困难，此时已无保护的第四北非师垮了下来。霍特、莱茵哈特和古德里安的似乎肆无忌惮的挺进造成了严重的困惑和法军的进一步崩溃，这种崩溃很快就导致混乱。

在这一关键时刻（5月15日），希特勒本人患了严重的神经病。他被自己的大胆行动吓坏了，于是命令同样忐忑不安的最高司令部立即停止进攻，使第12集团军的步兵师得以赶上并接过保护南侧的任务。克莱斯特将军并没有将此全部告诉古德里安，而只是命他停止前进而已。古德里安像其他装甲部队的指挥官一样，认为一场重大胜利已经唾手可得，但只有继续全速西进，不给精力分散和日益绝望的敌人以时间来还击，胜利才会有把握。

经过激烈争论，古德里安征得克莱斯特同意，将进军时间延长了24小时，"以使跟在后面的步兵部队获得足够的空间"。由于获准如此"扩大桥头堡"，古德里安进攻到了色当西南面24英里的布维尔蒙；这是第一装甲师所到达的最远地方；第一步兵团一直在那里激战。

在这座熊熊燃烧着的村庄里，古德里安发现该团的士兵们筋疲力尽。他们从5月9日起一直没有真正休息过。弹药快用光了，战士们在战壕里打盹。团长巴尔克中校对古德里安说，他的军官们曾对继续攻打这个村庄表示不满。巴尔克对他们说："那么我只有凭自己的力量来夺取这个地方喽！"当他前去这样做时，他的尴尬的部队跟随着他，布维尔蒙被拿下了。

这样一来，便破坏了法军仅存的抵抗力量；德国突破到索姆河北面的一马平川，面前没有任何大股敌军。5月16日夜幕降临时，古德里安的先头部队到达了离色当55英里的马尔勒和德西。

这天晚上，古德里安以为他的惊人挺进消除了对继续进攻的一切顾虑，于是便通知克莱斯特的司令部说，他打算第二天，即5月17日继续追击。凌晨时分，古德里安接到信息：克莱斯特将于早晨7：00飞抵他的简易机场。克莱斯特准时到达，甚至没有向古德里安问好就训斥起他来，说他违反命令。古德里安立即要求解除自己的指挥权；克莱斯特虽然吃了一惊，但还是表示同意，要古德里安把指挥权移交给级别仅次于他的高级将领。

回到司令部后，古德里安通过无线电告知龙德施泰特的集团军群：他已放弃指挥权，即将飞到集团军群司令部，汇报所发生的事情。没出几分钟，便有回信，指示他待在原地，等候奉命办理此事的第12集团军军长李斯特到来。李斯特在几小时内到达；他对古德里安说，停止前进的命令是集团军群司令部下达的。然而，李斯特完全同意古德里安继续前进的愿望，授权他"派出精兵强将进行侦察"。

感激不尽的古德里安利用这一托词，放松了其装甲部队，他们向前冲去；17日夜间，第十装甲师夺取了色当西面70英里的莫伊附近的瓦兹河上的一个桥头堡。次日，第二装甲师抵达越过莫伊10英里的圣康坦；19日，第一装甲师攻占了圣康坦以西差不多20英里的佩罗讷附近的索姆河上的一个桥头堡。

假如法军做出反应，古德里安令人难以置信的进攻速度本来会使

德国征服低地国家和法国

1940 年

0 10 20 30 40 50英里

北海

英格兰

多佛

福克斯通

英吉利海峡

泽布吕赫

奥斯坦德
新港

布鲁日

米德尔堡
泰盖尔

荷

安特工

马林

根特

比

弗尔讷

敦刻尔克

格拉沃利讷
加来

阿卡塞勒

贝尔格

波珀灵厄

鲁莱斯

伊珀尔

库特棱

莱厄河

奥德纳德

布鲁塞尔

利

塞珀韦勒

尼韦勒

圣奥梅尔

阿兹布鲁克

里尔

鲁贝

法英两国部队

布洛涅

利斯河

利莱尔

拉巴塞

图尔奈

蒙斯

埃塔普勒

贝蒂讷

卡尔万

沙勒罗瓦

莫伯日

博蒙

康什河

蒙特勒伊

圣波勒

朗斯

斯卡尔普河

瓦朗谢讷

菲利

杜朗

阿拉斯

杜埃

莱因哈特第 41 装甲兵团

康布雷

梅拉河畔努瓦耶
圣瓦莱里

博梅斯

巴波姆

伊尔松

蒙泰

阿布维尔

古德里安第 19 装甲兵团

佩罗讷

梅济耶
弗

索姆河

亚眠

圣康坦

马尔勒

迪耶普

哈姆
拉费尔

莫伊

德希
瓮尔河

布维耶蒙

鲁昂

博韦

克莱蒙

努瓦永

拉昂

勒泰勒

瓦兹河

贡比涅

苏瓦松

埃纳河

法

桑利

兰斯

塞纳河

马恩河

蒂耶里堡

多尔芒
埃佩尔

马恩河

巴黎

莫

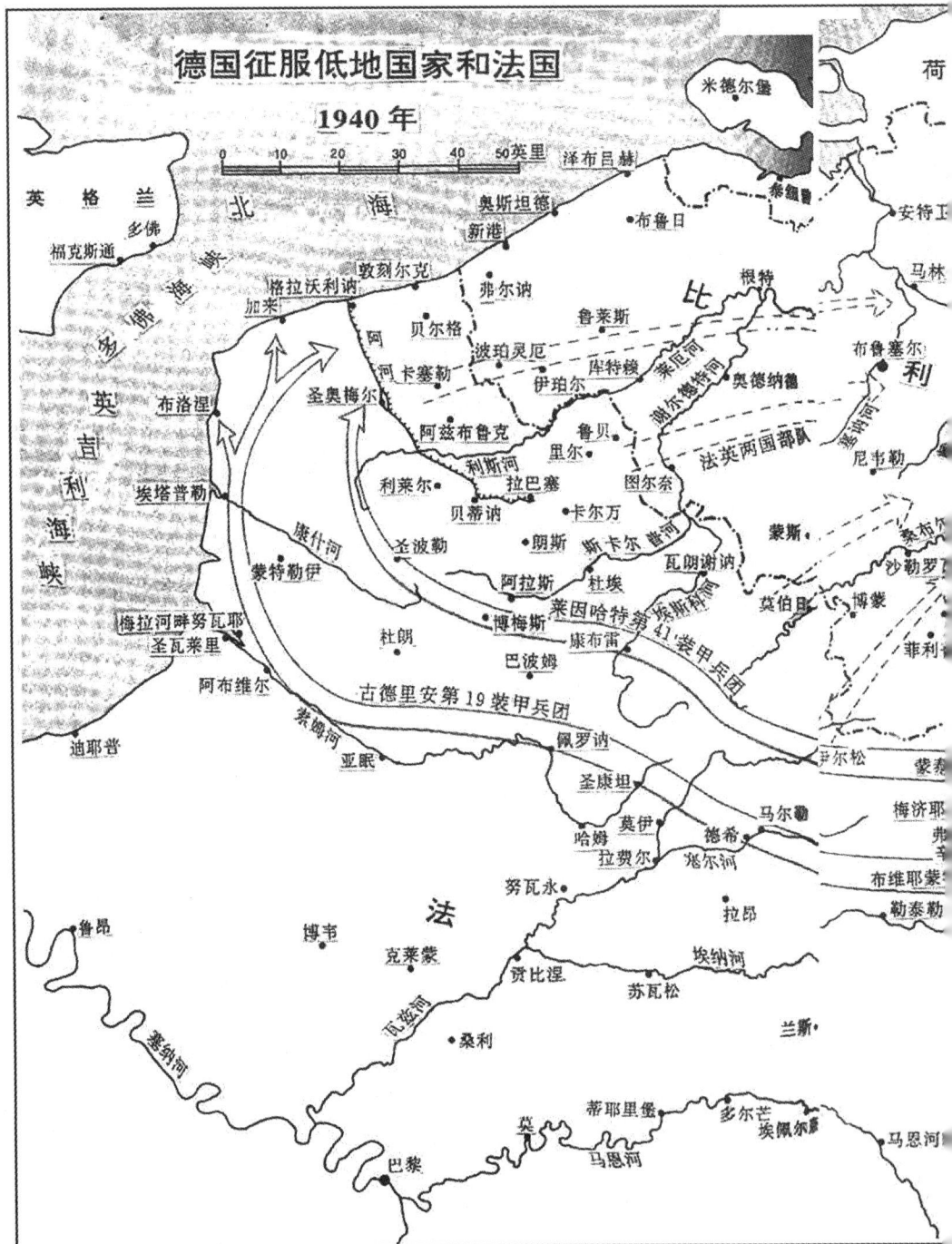

地图11：德国征服低地国家
和法国（1940年）

他的埃纳河、塞尔河和索姆河一线的坦露着的南侧承受严重风险。由于德军步兵远远落在先头部队后面，所以第12集团军不得不分散其仅有的少量多余的摩托化部队来保护这一侧面：先是单个的装甲部队，然后是威特谢姆的摩托化部队；一俟第12集团军的步兵在任何一地接替它们，这些部队便你追我赶地继续西进了。

正是这场进攻的速度本身使得强有力的反击几乎成为不可能。古德里安利用了法军的基本方案：只有到能够精确地确定敌人的所在位置时，才应采取行动。虽然8个法国师集结在巴黎附近，但是古德里安认为，只要他的装甲部队不停地前进，它们就不会攻击他的侧翼。

尽管如此，戴高乐将军所率领的新组建的法军第四装甲师一直同德军装甲部队同步行动；5月19日，他的少量坦克在拉昂附近发动攻击，但却被强有力地击退了。

即使在色当防线被突破之后，法军仍可能阻止德军的进击，倘若他们集中所有的装甲，对德军装甲部队的侧面发动一次强有力的反击。这样一来，不仅会吓住病态多疑的德军最高司令部，而且一旦成功，本来会切断德军装甲部队的三支主力的燃料和弹药供应，使之容易受到来自比利时和索姆河一线侧翼的合击。

然而，不论法国人还是英国人，都没有领会古德里安和德军装甲部队所采用的"闪电战"的彻底变革性质。法国人曾于前一年冬季组建了4个装甲师，每师只有150辆坦克；他们将其浪费在像戴高乐的第四装甲师在拉昂发动的攻击这样的孤立无援的战斗之中。法军第三装甲师在同古德里安的强大兵力作战中已被粉碎；第一装甲师用光了燃料，并被隆美尔的装甲师所压倒；第二装甲师沿着瓦兹河的一条25英里长的地段分散开，古德里安的先头部队没费吹灰之力就突破了它的防线。

在比利时，每个拥有200辆坦克的3个法国机械化师在同霍普纳的装甲部队在让布卢的战斗中遭受严重伤亡，但它们仍是一支强大部队。可是5月19日它们接到命令，要它们向南进攻康布雷和圣康坦，这场攻击一直都没有发动，因为许多坦克已经被派去援助步兵了。同样，驻法国的10支英军坦克部队也都已分散在步兵师之中；英军第一装甲师一直等到德军的进攻开始之后才向法国出发。

5月20日，德军第一装甲师夺取了亚眠，在那里的索姆河畔建立了一个纵深4英里的桥头堡。这天下午，德国第二装甲师抵达阿布维尔；晚上，该师的一个营穿过努瓦耶勒，成为到达大西洋海岸的第一支德军部队。这场进攻开始后仅仅10天，同盟国军队就被切割成两部分。

位于比利时的同盟国部队已从布鲁塞尔撤到斯海尔德河一线，其南侧位于距索姆河畔的佩罗讷只有25英里的阿拉斯。穿过这个狭窄的缝隙，供给德军装甲部队的给养源源不断地运输。鉴于德军装甲部队的主力此时位于佩罗讷以西，如果同盟国部队能够弥合这个缝隙的话，仍能孤立德军。

5月21日，英国远征军司令戈特勋爵下令从阿拉斯向南反攻。他试图得到法国人的援助，但他们说，他们只有等到22日才能进攻。鉴于古德里安的装甲部队已经攻到英吉利海峡，戈特勋爵认为他不能等了，便命令英军第50师和第一集团军的坦克旅进攻。由于行动仓促，这场攻击只有58辆小型马克I型坦克和16辆马克II型马蒂尔达斯坦克参加，由两个步兵营支援，炮兵很少，而且没有任何空中支援。马克I型坦克只装备着机枪；马蒂尔达斯坦克则拥有一门40毫米口径的火炮和3英寸厚的装甲。它们在德军标准的37毫米口径反坦克炮面前是坚不可摧的，就连炮兵的炮弹往往也反弹回去。

隆美尔的第七装甲师于21日抵达阿拉斯南面，开始掉头向西北方挺进。与此同时，第五装甲师逼近到该市东面。隆美尔的第25装甲团——由于机械故障和损失，与其原先218辆坦克的兵力相比，它的实力削弱了许多——向前继续前进，因为下午3：00左右，他的随后来到的步兵和炮兵，在阿拉斯以南5英里左右遭到英军坦克的猛烈射击。

同炮兵在一起的隆美尔命令他所能找到的所有火炮参加战斗，他自己亲自指出射击的目标。然而，英军的装甲部队使多数反坦克炮都哑了；只有重型火炮和88毫米口径的高速高射炮才阻止了它们的前进。隆美尔将这种高射炮作为反坦克武器部署，因为他发现，它的巨大的炮弹能够很容易地穿透马蒂尔达斯的厚装甲。一种对付同盟国军坦克的毁灭性新武器由此找到。这些火炮和高射炮摧毁了36辆坦克，使英军的进攻夭折。

与此同时，第25装甲团向阿拉斯西面进发；但是，遵照隆美尔的无线电命令，该团转向东南，袭击了英军装甲部队及其伴随炮兵的侧翼和后方。在一场坦克对坦克的激战中，该装甲团摧毁了7辆马蒂尔达斯坦克和6门反坦克炮，并突破敌人阵地，但损失了3辆Ⅴ型装甲车和6辆Ⅳ型装甲车，以及一些轻型坦克。惊慌失措的英军撤退到阿拉斯，再也没有尝试进一步的进攻。

尽管如此，英军的这一努力产生了广泛影响。隆美尔师在阿拉斯损失了378人，是进攻法国所遭受的损失的4倍。这次袭击还使A集团军群司令龙德施泰特感到惊愕；他在短暂的一段时间里曾担心，德军装甲部队会在步兵前来增援之前被切断联系。正如人们将看到的那样，龙德施泰特的不安情绪助长了希特勒的类似担忧，在几天内就导致了严重后果。

5月21日，古德里安从阿布维尔和海滨掉头北进，奔向海峡诸港口和英军、法军及比利时军的后方。盟军此时仍在抵御博克的B集团军群的正面进攻。龙德施泰特的装甲部队在古德里安部的北面保持着前进速度。次日，古德里安的装甲兵围困了布洛涅，5月23日又包围了加来。这样一来，古德里安就攻到了距敦刻尔克不到10英里的格雷夫兰斯；敦刻尔克是位于比利时的同盟国部队能够从其撤退的最后一个港口。龙德施泰特也到达了距敦刻尔克20英里的阿河畔。此时，德军装甲部队距离敦刻尔克比大多数同盟国部队要近得多。

虽然英国远征军的右翼部队在隆美尔北进的压力下于23日撤退到拉巴塞，但是英军主力进一步向北转移，以增援比利时战线，因为博克的部队在那里施加着越来越强大的压力，次日，在这一压力下，比利时军投降了。

尽管如此，英军在阿拉斯发动的失败了的坦克攻击对龙德施泰特产生了影响；5月24日早晨，当希特勒视察龙德施泰特的司令部时，龙作出了有些悲观的报告，喋喋不休地谈论德军坦克的损失和必须应付来自南北两方的攻击的可能性。龙德施泰特使希特勒的担忧加重，即担心装甲部队会陷入佛兰德沼泽之中；这是一种丧失理智的忧虑，因为坦克指挥官们能够很容易地避开潮湿地带。自从攻入法国境内时起，希特勒就一直处于高度紧张和不安状态之中。他之所以不安，恰恰是因为德军的长驱直入和所向披靡；他没有认识到，是曼施坦因的战略，和古德里安从色当突破到法军防线后方的出色行动，带来了现代军事史上最惊人的胜利。德军完全没有危险；但在希特勒看来，他们的成功太出色了，以致失真。

希特勒回到自己的司令部，同他的密友之一、德国空军司令戈林进行了商谈。戈林信心十足地告诉希特勒，他的空军能够轻而易举地阻止敌人从敦刻尔克撤退。然后，希特勒召见了陆军总司令布劳希奇，下令装甲部务必在阿河一线停止前进。龙德施泰特获悉这一消息后表示不满，但却收到了一份措辞干脆的电报："装甲部队停留在距敦刻尔克的中等炮兵射程（8至9英里）上。只许采取侦察和掩护行动。"

一些观察家认为，希特勒的停止前进令具有政治动机。在龙德施泰特的司令部，希特勒说，他想从英国得到的只不过是承认德国在欧洲大陆上的地位。由此产生了一种看法，即希特勒故意阻止毁灭英国远征军，为的是使和平较为容易实现。如果是这样，那么希特勒就是失败了。

在装甲集团司令克莱斯特看来，希特勒的停止前进命令完全没有道理。他无视这项命令，渡过河去，企图切断同盟国军的退路。然而，克莱斯特接到了一项更加坚决的命令，要他撤退到河岸上。德军坦克在那里待了3天；在此期间，英国远征军和法军第一及第七集团军的残兵败将纷纷溃退到敦刻尔克，急忙赶在德军收紧网口之前撤离欧洲大陆。他们在这个港口周围构筑了牢固的防御阵地；德军装甲部队的指挥官们不得不提防敌人在其鼻子底下溜掉。

英军仓促地临时组织了一次海运，利用他们所能找到的所有船只，共计860艘，其中有许多是老百姓的游艇、渡船和用于近海航行的小船。虽然这些部队不得不把自己的几乎所有重型装备都丢弃在海岸上，但是5月26日至6月4日，这些船只把33.8万部队，包括12万名法军撤到英格兰。只有少数几千名法军后卫部队成员被俘。

英军的此举成功的一个原因是，戈林迟迟没有发动一场猛烈的空袭。第一次沉重打击直到5月29日晚才到来。此后3天里，空袭加强了；6月2日，白天的撤退工作不得不暂停。英国皇家空军的战斗机英勇地努力阻止德军的轰炸和扫射，但是敌众我寡，他们无法在港口上空逗留足够保持空中掩护的时间。然而，德军的炸弹大多扔在沙滩上，因而没有产生很大的杀伤力；虽然在沙滩上等待的盟军士兵也吃了苦头，但是德国空军的破坏主要是在海上造成的；它击沉了6艘英国驱逐舰、8艘运兵船和两百多艘小船。

5月26日，希特勒撤销了停止前进的命令；装甲部队继续前进，但所遇到的抵抗越来越顽强。此后不久，陆军司令部命令克莱斯特装甲兵团向南转移，以越过索姆河进攻，把占领敦刻尔克的任务留给博克的步兵，而这时英军已从那里撤离。

法国的战事很快就收场了。在三个星期的闪电战中，德军俘虏了100万以上的战俘，而自己的损失却只有6万人。比利时和荷兰的军队被消灭，法国军队损失了30个师和将近1/3的总兵力，而且是机动能力最强的部分。他们还失去了12个英国师的帮助；这些英军此时已回到英格兰，装备丢弃殆尽。只有两个英国师留守在法国的索姆河南面，尽管国防部又派去两个缺乏训练的师。

5月20日，接替加梅林将军担任司令的法国将军魏刚只剩下66个师，其中大多兵员不足；他们守卫了一条沿索姆河和埃纳河建立的战线，坚守时间比原先的防线要长。

魏刚集结了49个师来守卫这条新战线，留下17个师去防守马其诺防线。但是，大多数机械化师都已经丧失或伤亡惨重。而德军却使其10个装甲师恢复了元气，而且部署了130个仅仅初试锋芒的步兵师。

德军重新分配了兵力；古德里安获得了两个装甲兵团的指挥权，从埃纳河畔的勒泰勒向东南进攻瑞士边界。克莱斯特剩下两个装甲兵团，要从索姆河边的亚眠和佩罗讷的桥头堡向前挺进。剩下的装甲部队由霍特率领，要从亚眠和海岸之间向前进军。德军的进攻于6月5日开始，法军迅速土崩瓦解。虽然并非所有的突破都轻而易举，但是德军装甲部队很快就在法国乡村中所向披靡。马其诺防线迅速崩溃，德军几乎一枪未发就将其拿下：他们是从背后逼近的，切断了法军的给养供应。守军别无选择，只好撤退。

德军于6月14日进入巴黎，于16日抵达罗讷河谷。同天夜间，法军要求停火。谈判的同时，德军继续前进，跨过卢瓦尔河。6月22日，法国人接受了德国人的条件；6月25日，双方都停火。

在6个星期里，法国就被淘汰出这场战争。英国军队被赶出欧洲大陆；其陆军损失殆尽，只剩下皇家空军、皇家海军和波涛汹涌的英吉利海峡作为防御毁灭的力量。这场胜利是由于曼施坦因和古德里安两位将领的军事天才才取得的；他们排除了异议，克服了上司们的胆怯心理。

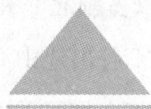

第9章 "沙漠之狐"隆美尔

　　纳粹德国在1941年至1942年间，曾经遇上一个千载难逢的好机会：它只要用4个装甲师就可以占领北非和苏伊士运河。一旦占领这两个地方，德军就可以把英国海军赶出地中海，具有丰富石油资源，战略地位极其重要的中东就会全部落入德国手中。占领叙利亚、伊拉克和阿拉伯半岛，则会迫使土耳其和伊朗达成协议，切断英国与印度和澳大利亚的联系，而且还可以使苏联在西、南两面受到攻击。

　　希特勒和他的高级军事顾问未能抓住这个有利时机，而是徒劳无益地想通过德军主力的直接进攻摧毁苏联。这种努力耗尽了德国的财力，并给了美国和英国集结军队的时间。接着，它们在苏军从东面推进的同时，从南面的地中海上进攻德国。后来，美、英军队又从法国向德国发起攻击。元气大伤的德国经不住来自两个战场的打击，以失败而告终。

　　德国本来并不一定会战败。1940年法国投降后，地中海、北非、苏伊士运河和中东本该像熟透的桃子一样纷纷落入德国手中，因为英国当时在埃及只驻有一个装备不全的装甲师和4万人的部队。到1941年和1942年，英国甚至要在北非继续驻军都很困难，其原因是意大利封锁着地中海西部水域，迫使英国军舰绕道好望角才能到达北非。

　　1940年10月，德军最高统帅部派其高级装甲兵专家之一威廉·冯·托马少将前往利比亚，以便搞清楚德军是否应该帮助意大利人。冯·托马发往德国的报告说，非洲可以驻扎德国4个装甲师。要把英军赶出埃及和苏伊士运河、打通征服中东的通道，驻扎这些部队是必要的。当时，德国拥有的坦克师的数量比这多3倍，但是它一个坦克师都没动用。

　　然而，希特勒、陆军总司令瓦尔特·冯·布劳希奇和参谋长弗朗茨·哈尔德都已把精力集中到了对苏联的进攻上。他们没有看出如果德军占领苏伊士运河和中东，德国就会获得巨大战略利益。希特勒和德国最高统帅部似乎对欧洲有着特殊偏好，并且不敢在海外采取军事行动，这使德国失去了取胜的机会。希特勒告诉冯·托马，他只能抽调一个装甲师。冯·托马于是说，最好完全放弃派兵的念头。这下惹恼了希特勒。希特勒说，他的全部想法都具有严格的政治意义，因为他害怕如果德国不去帮助意大利军队，意大利独裁者墨索里尼就可能改变立场。

希特勒从未下过决心要在非洲开战。1941年，他派埃尔温·隆美尔少将仅率第15装甲师和第五轻型装甲师开赴利比亚。隆美尔因在法国指挥第七装甲师大胆挺进而名声鹊起。希特勒派这点儿军队去非洲，只是因为意大利军队即将被为数不多的英国军队赶出非洲。英军是装甲部队，它们凭借良好的机动性包围和摧毁了意大利装备极差的步兵。

结果，隆美尔这位现代最伟大的将军之一，用有限的兵力进行了有史以来最辉煌和最成功的战役。但是，他的努力从一开始就注定要失败，因为他的上级军官看不到他们面临的机遇，而且也从未给他以充分的支持。

这一点可以从德国最高统帅部未能占领马耳他看得清清楚楚。以马耳他为基地的英国飞机和潜艇不断击沉意大利的护航舰只，使隆美尔得不到补给。然而，希特勒确实也曾在1941年春天下令德国伞兵部队占领希腊的克里特岛，尽管克里特岛不像马耳他岛那样具有战略意义。希特勒曾计划在1942年夏季夺取马耳他。但是，由于他害怕意大利海军会抛开预定要登陆的德国和意大利空降部队不管，所以他取消了这项计划。

1941年2月6日，当希特勒命令隆美尔指挥德国非洲军时，隆美尔年仅49岁。那几年他平步青云，但他不是容克家族成员，也不是曾控制普鲁士军队达几个世纪，以及主宰1871年德国统一以来的联合军队的德国北方贵族军官中的一个。隆美尔是德国西南部的斯瓦比亚人，他父亲是一名中学校长。然而，他在第一次世界大战中曾获得德国军队的最高勋章——功勋奖章。后来他又写了一本论述军事战术的畅销书《步兵攻击》。

希特勒曾要隆美尔指挥他的私人警卫营。隆美尔利用这个职务让希特勒任命他为第七装甲师师长。隆美尔指挥的装甲师行动迅速、诡秘，并且屡打胜仗，法国人因此称他的部队是"魔鬼之师"。他在入侵法国的战斗中获得了几乎与装甲兵之父海因茨·古德里安一样高的声誉。如此高的知名度使他成为希特勒用来掩盖其出兵非洲真相的一名理想候选人。希特勒出兵非洲主要是一种对墨索里尼表示支持的外交姿态。

尽管隆美尔对希特勒是否对非洲真正感兴趣深表怀疑，但他不愿意躺在过去的荣誉上停上不前。他渴望成功。他一到非洲就开始策划组

统帅12：埃尔温·隆美尔

织一次夺回利比亚东部昔兰尼加地区的反攻。英国在1940年12月发动的一场战役中速战速决,占领了昔兰尼加地区。

英军的进攻是在英中东总司令阿奇博尔德·韦维尔上将自始至终的监督下、在理查德·奥康纳中将直接指挥下完成的。英军进攻得手完全出人意料。英国之所以能够取胜,主要是因为意军装备落后,机动性很差。在利比亚和埃及空旷的沙漠地带,军队没有藏身之处,意军容易招致机动性强的英国军队的包围,并被迫投降。

沙漠战与海战有惊人的相似之处。机动装备可以在沙漠上运动自如,就像军舰在海上行驶一样。隆美尔本人是这样描述两者的相似之处的:

"正如在海上一样,谁的武器射程最远,谁的胳膊就最长。谁的机动性大,谁就能凭借快速运动迫使他的敌人照他的意愿行事。"

北非的战争完全以机动性为基础。北非战场是唯一一个纯粹打坦克战的战场。历次战斗表明,如果没有运输车辆和摧毁敌人坦克的武器,步兵就不能生存;坦克——由于其机动性和装甲保护——是取胜的关键;步兵若没有坦克保护或有效的反坦克炮,就成了一个累赘,在其大炮射程之外,它无论如何都不能发挥任何影响。

英军在俘获或歼灭了从埃及西迪拜拉尼撤退的大部分意军之后,于1941年2月5日和6日最终扫清了位于班加西南部约80英里的贝达伐姆的意军残部。英军机动步兵和炮兵沿利比亚海岸的唯一一条通道——巴尔比亚公路——切断了意军退路。与此同时,英军19辆坦克埋伏在意军退路两侧攻击意军坦克。到夜幕降临时,英军只剩下7辆坦克,但它们摧毁了意军60辆坦克。到第二天早上为止,意军又损失了40辆坦克。

2万多名意军在失去坦克掩护之后向英军投降,而英军在贝达伐姆的全部兵力只有3000人。英军本来可以扑向的黎波里，把意军逐出非洲。但是英国首相丘吉尔把韦维尔5万军队的大部人马调往希腊，企图针对德国建立一个巴尔干国家联盟。希腊已经打退了1940年从阿尔巴尼亚侵入的意军。

但是，巴尔干落后的军队根本不是德国装甲部队的对手，而且已准备侵略苏联的希特勒也决不允许其后方存在敌国军队。他得到匈牙利、罗马尼亚和保加利亚的支持，占领了南斯拉夫和希腊。英军被迫丢下全部坦克、大部分装备以及1.2万名官兵，撤出希腊。

1941年5月20日，德国伞兵部队在由2.86万名英国、澳大利亚和新西兰军队和差不多同样数量的希腊军队驻守的克里特岛着落。德军空投了2.2万人，其中有4000人被打死。但是，他们歼灭了敌军大部，把剩余的1.65万人（包括2000名希腊人）逐出克里特岛。德军飞机还击沉英国3艘巡洋舰、6艘驱逐舰，并炸伤其他舰只13艘，其中包括2艘战列舰和1艘航空母舰。

隆美尔坚持认为，德国在巴尔干的整个冒险行动毫无必要。他在其战史稿中写道，如果把征服南斯拉夫和希腊的德国军队用于援助北非的德军，那么他们就"能够夺取英国占领的地中海海岸，这会把欧洲东南部的英军孤立起来。希腊、南斯拉夫和克里特岛的敌军就只能投降，因为他们不可能再从英帝国那里得到补给和支持"。隆美尔写道，发动这样一次战役，就会确保德国占领地中海，夺取中东石油，并且达到德国在欧洲东南部的目的。但是，隆美尔的上司对在一个通过海上获得补给的战区开展一次大的军事行动心存顾虑，因此反对他的建议。

1941年2月12日，当隆美尔到达利比亚首都的黎波里时，英军正位于的黎波里以东约380英里的阿盖拉和的黎波里东北60英里以外的阿杰达比亚地区。奥康纳将军已返回埃及，接替他的是在沙漠坦克战方面缺乏经验的菲利普·尼姆中将。此外，韦维尔将军把绰号"沙漠之鼠"的

第七装甲师余部（另一半兵力已调往希腊）调回埃及休整，由第二装甲师接替。澳大利亚富有作战经验的第六步兵师则由澳大利亚第九步兵师接替。但是，由于补给困难，澳大利亚第九步兵师一部滞留在位于的黎波里东北280空英里的托卜鲁克。

韦维尔认为完全可以不把驻扎在的黎波里塔尼亚的少量意军放在眼里。尽管有情报说德国向北非派遣了"一个装甲旅"，但是韦维尔1941年3月2日还说："我认为敌人不会凭借这支部队收复班加西。"这是个符合逻辑的结论，然而韦维尔没有考虑到隆美尔的性格。

隆美尔的"装甲旅"——第五轻装师的第五坦克团——的120辆坦克在侦察营和反坦克营之后于3月11日到达的黎波里。其中一半的坦克是仅用于侦察的轻型坦克，另一半是中型坦克，不是最大时速为24英里的20吨的Ⅲ型坦克，就是最大时速为26英里、18吨重的Ⅳ型坦克。

尽管德军坦克有着令人敬畏的名声，但是与英国坦克相比，它们根本不占什么优势，而意大利军队14吨重的坦克则处于绝对劣势。意军都是过时的、装备着火力不强的47毫米坦克炮的坦克。它们被人们叫作"自行棺材"。

德军此时的两种中型坦克装备的都是短筒武器：马克Ⅲ型坦克装备的是50毫米的坦克炮；Ⅳ型坦克装备的是75毫米的坦克炮。这两种坦克的火炮都不能穿透英国26吨的马蒂尔德Ⅰ型坦克，以及最高时速为15英里和越野时最高时速为6英里的步兵坦克77毫米厚的前装甲，并且它们难以阻止速度更快（时速30英里），前装甲为40毫米厚的英国马克Ⅴ型巡逻坦克的前进。此外，英国所有坦克上装备的坦克炮都能发射2磅（40毫米）的炮弹。它们比德国的坦克炮发射时的初速度高，而且穿透力也好（在1000码之内可穿透44毫米厚的装甲）。由于德国中型坦克的前装甲最初只有30毫米厚，英国的2磅坦克炮就可以阻止德国中型坦克的前进。

早在1940年春天，隆美尔在法国时就估算出了英军坦克装甲的厚度。在北非，他采取了新战术，最大限度地发挥其长处——德军坦克的越野速度和装甲部队的高技术水平。

隆美尔认识到，在沙漠战中，装甲部队面临的最大危险就是被包围，因为一旦被围，它就容易受到来自各个方向的火力的射击。然而，装甲部队常常可以通过集中火力朝一个方向突击而冲出包围圈。因此，削弱和破坏敌军的有机凝聚力就必然成为战术目标。

隆美尔在其战史稿中写道，要打赢一场消耗战，指挥官必须：（1）在努力分割敌军部队并在不同时间内消灭敌人时集中兵力；（2）在切断敌军补给线时要保护好自己的补给线；（3）用反坦克炮攻击敌军坦克，留着自己的坦克在对敌军实施最后打击时使用；（4）在靠近前线的地方指挥，以便当战术条件变化时迅速作出决定；（5）进行突然袭击，快速运动，并且不失时机地歼灭已被打乱的敌军编队。隆美尔写道，速度就是一切，在打乱敌人之后，必须立即追击，绝不能让其重新组织起来。

为了把坦克遭受攻击的危险降到最低限度，隆美尔借助于两样"秘密"武器：88毫米的高射炮和50毫米的反坦克炮（它逐渐取代了战前研制的37毫米的反坦克炮）。50毫米的反坦克炮可以在1000码以内穿透50毫米的装甲，因此它只有在近距离内才能打碎马蒂尔德坦克厚重的前装甲。但是，88毫米的高射炮能够在2000码的地方击穿83毫米厚的装甲，这使它成为交战双方最令人畏惧的反坦克武器。此外，这两种武器都能发射可以击穿装甲的实心炮弹，或者发射能够摧毁或压制英军反坦克火力的高爆炮弹。

相比之下，英国的二磅反坦克炮就起不了多大作用。它发射实心炮弹，而且只有在直接命中时才能摧毁轴心国意大利和德国的反坦克武器；它在200码射程内只能穿透敌军坦克两侧较薄的装甲。英国不得不把保护步兵的25磅（105毫米）榴弹炮调来用作反坦克武器。这样，英国装甲部队就多了一个保护步兵的任务。直到1942年春天，英军才得到6磅（57毫米）的反坦克炮。这种反坦克炮既能发射高爆炮弹，也能发射实心炮弹，而且其穿透力比德国50毫米反坦克炮的穿透力大30%。

英国人过了很长时间才意识到隆美尔的战术是建立在用反坦克炮打坦克的想法的基础之上。在进攻时，他把坦克隐蔽起来。而把体积较小、较为轻便的50毫米反坦克炮从一个有利地形拖到另一个有利地形，如有可能，还要给它们以炮火掩护。一旦反坦克炮安置妥当，它们反过来又在坦克向前挺进时对其实施保护。

在防御时，隆美尔总是竭力诱惑敌人。他派速度较快、装备很差的轻型坦克前去与敌人接火，然后再退回来。英国人最常见的反应就是用装甲部队进攻，尽管正在退却的敌人扬起的尘土和沙子使能见度很低。德军把50毫米的反坦克炮埋伏在坑中断后，其后则是88毫米的高射炮。当英军坦克进入50毫米反坦克炮射程之内时，德军就将它们一辆一辆地摧毁。同时，德军在英国2磅坦克炮射程之外远远地向英军坦克轰击。隆美尔的战术之所以能够成功，是因为英国人几乎总是只把小股装甲部队投入战斗，而没有用整旅整旅的兵力进行攻击，并且从未集中几个旅的兵力进行作战。

英国人在三个方面让隆美尔占了便宜：他们一直把"步兵"与"巡逻"或快速坦克分开；他们组建了由步兵和炮兵组成的机动"支援群"，使其得不到装甲部队的保护；他们分散而不是将装甲部队集中起来使用。

古德里安把所有坦克都应该编成装甲师作为德军的一条作战原则，而英国人则把他们的坦克分编成装甲师和"马蒂尔德"Ⅰ式或步兵坦克旅。把马蒂尔德坦克与兵步编在一起，实则使其有生力量减少了一半，因为马蒂尔德坦克虽然速度慢，但它的装甲很厚，除了88毫米的高射炮之外，没有哪种火炮能穿透它。

英国人之所以提出组建"支援群"的想法，是因为混编在一起的炮兵和步兵部队曾经成功地对意军进行了骚扰，尤其是因为这样一支部队在贝达伐姆堵住了意军的退路。英国人认为没有必要把坦克、步兵和大炮混编成战斗群——德国人1940年在西线战役中发现这样做很有效，隆美尔在非洲更是常常这样做。由于支援群不得不依赖于它们为数不多的25磅榴弹炮和2磅反坦克炮，因此它们在与作战顽强、装备较好的德军及其支持的意军对阵时就容易受到攻击。

英国人之所以产生分散兵力的想法，是因为在沙漠中要使坦克免遭空袭是不可能的。隆美尔则反其道而行之：尽可能把每一辆坦克和每一门大炮都集中起来，使之协调作战，以进攻一个单一目标——由于英军分散兵力，这个目标常常只是英军的一小股装甲部队。

尽管直到4月中旬向非洲运送第五轻装师的工作仍未完成，到5月底运送第15装甲师的工作也未结束，但是隆美尔仍然下决心阻止英国人巩固在阿盖拉以东约25英里处的卜雷加关的防御阵地。卜雷加关居高临下，它的一侧是大海，另一侧是盐碱沼泽，更远处则是坦克难于通过的法里杰干河谷。如果时间充足，英国人也许就会使这个阵地变得固若金汤。

英国人没有料到德军会进攻卜雷加。3月31日，隆美尔命令第五轻装师各部攻击前进。英国人还未明白怎么回事，卜雷加关已落入德军手中。接着，隆美尔又驱使部队乘胜前进，去夺取阿杰达比亚。被德军的快速进攻搞得糊里糊涂的英国人过分夸大了隆美尔的实力。英军指挥官下令赶紧撤出卜雷加并向东撤退。英军撤退时阵脚大乱、溃不成军。

尽管隆美尔所能得到的全部支援只有两个战斗力很弱的意大利师，但他还是决定孤注一掷，把全部赌注都押在昔兰尼加。隆美尔下令从两个方向对昔兰尼加进行包抄。他派第三侦察营沿巴尔比亚公路直奔班加西，同时下令第五坦克团和意大利阿列特装甲师（有60辆坦克）越过昔兰尼加侧翼高地前往梅奇里。梅奇里就位于阿克达"绿山"南面。如果德军坦克继续北进，他们就能断绝英国沿海岸撤退的路线。德军此举立竿见影：英国人慌忙撤出班加西，纷纷向后退却。

第三侦察营于4月3日夜里进入班加西。而意大利布雷西亚摩托化师则继续向前推进，让第三侦察营掉头进攻梅奇里。与此同时，第五装甲师和阿列特装甲师也正在向梅奇里方向挺进。在此紧要关头。韦维尔派奥康纳将军前去帮助尼姆将军。4月5日夜，奥康纳和尼姆在没有护卫车跟随的情况下驱车转移，结果与德军一支先头部队遭遇。他们两人都落入德军手中，成为俘虏。

英国的一个坦克旅在仓皇撤退时几乎损失了全部坦克，而英军第二装甲师师长和刚到达的一个摩托化旅都向梅奇里的德军投了降。隆美尔欺骗了守卫梅奇里的英军。他让卡车扬起漫天沙尘，英国军队因此认为他的兵力远远超过了他们。

截至4月11日，英国人已被完全赶出昔兰尼加，退往埃及边境线内，只有一小股英军退守托卜鲁克港。意军在战前就在此构筑了工事。英国皇家海军通过海路向这里运送给养。隆美尔先前之所以能够取胜，主要是他运用了几个世纪沿用下来的两个原则，他欺骗敌人，使其相信自己比他们强大；他出击迅速，因此使得敌军不知所措，并破坏其凝聚力，打乱其秩序。

尽管隆美尔的部队战斗力很差，他的补给问题也因英国潜艇和飞机袭击德国运送给养的船队而日益严重，他还是向顽强的英国托卜鲁克守军发动了几次进攻，但每次进攻都失败了。

这期间，英军试图给托卜鲁克解围。丘吉尔与希特勒和德军最高统帅部不同，他认识到了北非的重要性，并且为控制北非甘愿冒巨大风险。为了加强韦维尔的防御力量，他下令5艘装载着295辆坦克和43架飓风战斗机的军舰，直接经地中海而不是绕道好望角开往北非。丘吉尔

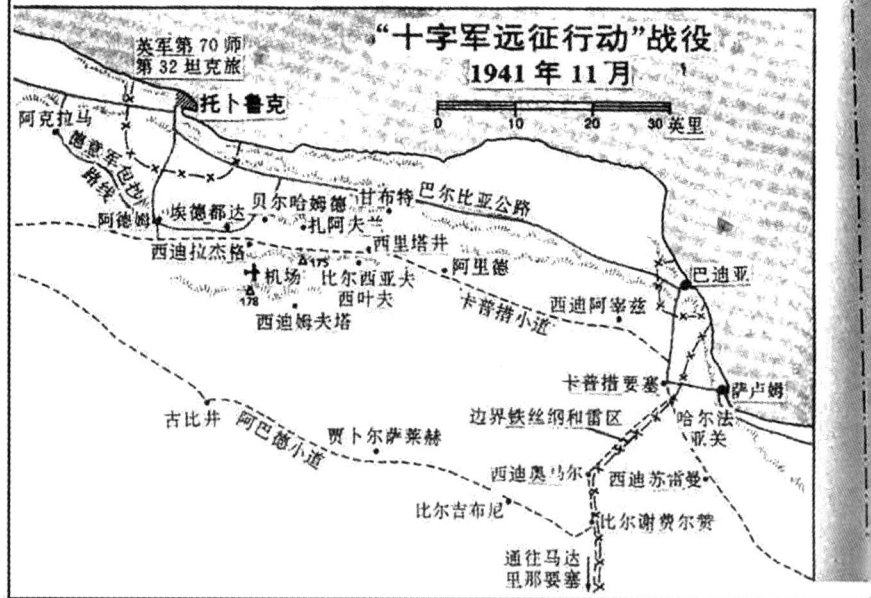

"十字军远征行动"战役
1941 年 11 月

地图12：沙漠之战（1941—1942年）

1941年4月20日在给参谋部的一份备忘录中写道：中东战争的胜败和英国是否会失去苏伊士运河"可能完全取决于几百辆装甲车。如有可能，必须不惜一切代价将它们运到北非"。英国运输船队借助于雾天于5月12日到达亚历山大港。船队没有受到来自空中或海上的攻击，但有一艘载着57辆坦克的船只在突尼斯海峡触雷沉没。

未等这些坦克开到前线，韦维尔就为解托卜鲁克之围于5月15日开始其首次作战行动——"短促行动"。他派26辆马蒂尔德坦克支援第22近卫旅，沿海岸直接进攻守卫萨卢姆和哈勒法亚关的德意军队。

同时，一个配备29辆巡逻坦克的摩托化步兵和炮兵支援群沿沙漠边缘地带迂回前进，力图绕到德意军队的后方。在这个地区，只有从萨卢姆和哈勒法亚关，才能翻越600英尺高的从萨卢姆向东南延伸至埃及境内的悬崖峭壁。

尽管英国人损失了7辆马蒂尔德坦克，他们还是拿下了哈勒法亚关。然后，德军从侧翼发动反攻的威胁迫使英国人撤兵，但他们留下少数兵力把守关口。5月27日，隆美尔下令德军集中火力从几个不同方向向哈勒法亚关进攻，一举收复失地。他还命令德军挖坑把4门88毫米高炮隐蔽起来。这几门高炮在英军下一次的"战斧行动"中发挥了非常重要的作用。

在"战斧行动"计划的第一阶段，由步兵和英军马蒂尔德坦克旅一部进攻哈勒法亚、萨卢姆及其西面8英里处的卡普措堡，而坦克旅的另一部由沙漠边缘进攻隆美尔安置在那里的一个坦克团。"战斧行动"计划本身存在失败的种子，因英军坦克旅的一部几乎不可能在隆美尔第二坦克团从托卜鲁克赶来增援之前，摧毁德军的那个坦克团。

另一个问题是德军埋伏在哈勒法亚的88毫米高炮。英军称哈勒法亚是"鬼门关"。指挥坦克进攻的英军指挥官1941年6月15日发回的最后一份电报说："他们把我的坦克打得粉碎。"英军13辆马蒂尔德坦克，只有一辆从88毫米高炮的坦克陷阱中死里逃生。英军对哈勒法亚的进攻失败了。

英军的一个步兵纵队在马蒂尔德坦克的掩护下占领了卡普措堡，途中未受到88毫米高炮的打击。但是，英军一个从南向北攻击的巡逻坦克旅的大部，却在卡普措西南数英里的哈菲德岭陷入德军反坦克炮和88毫米高炮构成的陷阱里，损失惨重。此时，隆美尔先遣坦克团的大部分坦克已赶到卡普措堡，并且有可能进攻英军侧翼，致使英军撤入埃及境内。到黑夜降临时，英军坦克损失过半，其中大部分是被88毫米高炮和50毫米反坦克炮击毁的，而隆美尔的坦克几乎都完好无损。

英国人因害怕隆美尔会切断他们的退路，便退回他们原来出发的地方。自从二战和开始使用坦克和俯冲轰炸机进行突然袭击以来，进攻方一直比防守方占优势。正如托卜鲁克战斗和"短促行动"所预示的那样，"战斧行动"标志着这种优势的消失。隆美尔使用88毫米高炮获得成功，并且他越来越大胆地把50毫米反坦克炮和坦克密切配合起来使用。这表明防御方可以阻止敌人坦克的前进，即使在广袤的北非沙漠里也是如此。不幸的是，英军指挥官对有关88毫米高炮怎样被用作反坦克武器——埋伏在坑中或运动中发挥作用——的报告表示怀疑。他们也不知道未将坦克集中起来投入战斗是他们在"战斧行动"中失败的主要原因。这两个错误使英军付出了昂贵的代价。

丘吉尔对"战斧行动"的失败感到失望。他决心作一次新的尝试，再向埃及增兵和运送装备。为此，他在日本人于1941年12月向美国、英国和荷兰开战之后，放松了在远东的防卫，致使新加坡陷落。

1941年11月18日，英国人称之为"十字军远征行动"的战役开始，并且演变成历史上最引人注目的一场坦克战。交战双方在可以让其充分自由机动的沙漠舞台上厮杀。战斗以极快的速度进行着。隆美尔自始至终都掌握着战场主动权。他准备把他的最后一辆坦克和最后一门火炮投入战斗，以便与英军决一雌雄。

英国有巨大的空中优势。他们有将近700架飞机，而德国只有120架，意大利只有200架。他们在坦克上也同样占有优势，但是他们还是把坦克分编成步兵师和装甲师。英国人集结了5个坦克旅共724辆坦克，另有200辆作为预备队，以对付隆美尔的414辆坦克（其中有意大利的154辆坦克）和50辆尚在修理的坦克。托卜鲁克守军的一个旅有69辆马蒂尔德坦克和32辆旧的巡逻坦克，而隶属于步兵师的第一步兵坦克旅有132辆马蒂尔德坦克，或速度与其差不多一样缓慢的圣瓦伦廷重型坦克。其他3个坦克旅第4、第7和第22坦克旅——配备的是巡逻坦克，其中包括165辆新的美制斯图亚特坦克和229辆新的十字军战士坦克。斯图亚特坦克的越野速度最快（时速为36英里），但它配备的是火力不强的37毫米火炮。十字军战士坦克的最大时速为26英里，它的装甲很厚（炮塔的前装甲厚49毫米）。但这种坦克与英国其他坦克一样，配备的是火力很弱的2磅（40毫米）火炮。

英国人还调集了3个摩托化步兵师，把它们编成4个师，并且派英国第70师去解托卜鲁克澳大利亚第9师之围。

尽管希特勒提升了隆美尔，使其由一个军指挥官成为一个装甲兵团指挥官，但是隆美尔并未得到什么援助和新的装甲部队。他指挥的还是原来的那3个师：两个德国师和一个意大利师。第五轻装师改名为第21装甲师，但其坦克的数量没有任何增加，同时，隆美尔把已经抵达利比亚的独立部队编成"非洲师"，很快该师又更名为第90轻装师。这个师没有一辆坦克，只有4个步兵营和4个炮兵营，其中包括一个88毫米高炮营。隆美尔指挥的意大利军队由第20装甲军（阿列特装甲师和的里雅斯特装甲师）和4个没有配备坦克的步兵师组成。这4个师只能发挥一种静止作用，它们妨碍了隆美尔调集军队的自由。

由于英军占领着马耳他岛，隆美尔的问题便更加严重了。1941年9月，以马耳他为基地的军舰、潜艇和飞机炸沉了德国运往利比亚的全部补给品的30%。10月份运送的5万吨补给品，只有1.85万吨到了利比亚。

"战斧行动"失败4天之后，丘吉尔解除了韦维尔的指挥权，由驻印度英军司令克劳德·奥金莱克接替他。同时，英军沙漠部队改名为第八集团军，由艾伦·坎宁安中将指挥。第八集团军分为两个军：第13军和第30军。第13军由戈德温·奥斯丁中将指挥，下辖新西兰第二师和印度第二师，以及一些马蒂尔德坦克。第30军由诺里中将指挥，下辖有"沙漠之鼠"之称的第七装甲师（第七和第22坦克旅，再加上一个步兵和炮兵支援群），第四坦克旅、第22近卫旅和南非第一师。预备队是南非第二师。

英国的战略有着固有的缺陷，因为奥金莱克和坎宁安都把"歼灭敌军"作为第八集团军的直接目标。装甲部队机动性很强，它们不适于被看作是一个目标。相反，英国人应该在轴心国的供应线上建立一个战略堡垒，使隆美尔在有利于英军的条件下将他的坦克投入战斗，以此间接摧毁隆美尔的装甲部队。

位于托卜鲁克以西20英里的阿克拉马就是一个这样的目标。它在轴心国的供应线上。集中兵力进攻阿克拉马，就会不费一兵一卒解除托卜鲁克之围，并迫使隆美尔要么进攻这个堡垒，要么因缺乏补给而撤退。但是，英国人从未想占领阿克拉马或轴心国供应线上的其他任何一个战略要地。相反，他们径直朝着隆美尔的炮口撞，被隆美尔打得落花流水，付出了高昂的代价。

此外，隆美尔经常发现英军将其坦克分散开来，并伺机予以打击。正如他在"十字军远征行动"之后对一位被俘的英国军官所说的那样："你们有两辆坦克，而我只有一辆，那又有什么区别呢？你们将其分散开，让我一个一个地消灭掉。"

英国人的计划是，第13军牵制据守在萨卢姆和哈勒法亚关到深入内陆25英里的西迪奥尔马一线的敌军，而第30军则向南横扫西迪奥尔马，摧毁隆美尔的装甲部队，然后与距利埃边境线70英里的托卜鲁克守军会合。

英国人不仅分散了他们的装甲兵力，而且从一开始，英军担任主攻任务的3个坦克旅的进攻目标就各不相同。它们的主要目标是西迪拉杰格机场。这个机场建在一个高地上，止于托卜鲁克环形防线东南方12英里处。要是德军占着它，就会对英军与托卜鲁克守军会合构成威胁。要是英国人占领了这个机场，就会威胁到轴心国的阵地。

11月18日夜里，第30军绕过隆美尔在沙漠侧翼的阵地。第二天，坎宁安将军派第七坦克旅的两个坦克团攻占西迪拉杰格机场。第七坦克旅的另外一个坦克团及第七装甲师的支援群直到20日早上才赶到。那时，隆美尔已调集了第90轻装师一部和大量反坦克炮阻止了英军的推进。

与此同时，另外两个兵力非常分散的英国坦克旅深陷困境。刚从英国开来的第22坦克旅发动了一场攻势，遭到位于古比井（在西迪拉杰格以南22英里处）的的里雅斯特装甲师埋伏的火炮的迎头痛击。第22坦克旅共有160辆坦克，战斗打响后不久就损失了40辆坦克，进攻受阻。第四坦克旅在西迪拉杰格东南30英里的贾卜尔萨莱赫停止前进，以便与第13军的左翼部队取得联系。

但是，这个旅的3个团中有一个团则在25英里外的地方追击德军的一支侦察部队。隆美尔派21装甲师的坦克团，外加12门野战炮和88毫米高炮，向第四坦克旅的其余两个团进攻，摧毁英军23辆斯图亚特坦克，德军损失坦克3辆。

非洲军军长路德维希·克鲁威尔将军在得到一份关于英国人将从卡普措堡方向发动一次大型攻势的错误报告后，于第二天早上率其全部坦克徒劳无益地扑向卡普措堡。尽管坎宁安得知非洲军已离去，但他并未打算将其坦克集中起来。第21装甲师在西迪奥马尔附近用完了汽油，直到天黑以后才得到补给。第15装甲师于当天下午回师西南，与仍在贾卜尔萨莱赫的英军第四坦克旅相遇，再次重创该旅。坎宁安虽已下令第22坦克旅增援，但直到战斗结束，第22坦克旅才从古比井走完28英里的路程，赶到贾卜尔萨莱赫，而第13军的马蒂尔德坦克旅当时就在第四坦克旅东面7英里的地方，并且打算前去增援，但是就因为它有"步兵"坦克，坎宁安就没让它去。

隆美尔意识到英军第七坦克旅和第七装甲师的支援群已被德军第90轻装师围困在西迪拉杰格机场，遂令非洲军于11月21日早上从它们的后面进攻，以便将其消灭。

诺里将军计划向托卜鲁克前进，与在坦克掩护下从托卜鲁克突围出来的部队会合。但是上午8点，他看到德军坦克从东、南两面向西迪拉杰格靠近。这时，他不是把坦克集中起来迎战，而是命令第六皇家坦克团继续向托卜鲁克进攻，派第七轻骑兵团和第二皇家坦克团与隆美尔对阵。结果是灾难性的。第六皇家坦克团进攻德军第90轻装师占据有利地形的火炮，遭到迎头痛击。隆美尔亲自指挥88毫米高炮射击，击毁英军几辆马蒂尔德坦克，阻止了托卜鲁克守军向外突围。

在东南方向，第15装甲师在英军第七轻骑兵团和第二皇家坦克团之间打开一个数英里宽的突破口。第21装甲师发起进攻，几乎全歼孤立无援的第七轻骑兵团。非洲军在获得补给后，下午又返回来进攻第二皇家坦克团。德军把反坦克炮排在坦克前面向前推进，并从侧翼包围了第二皇家坦克团。结果，由于从贾卜尔萨拉赫赶来的第22坦克旅未能及时赶到，第二皇家坦克团差点儿全军覆灭。英军第四坦克旅直到第二天才赶到。

英军支援群的火炮粉碎了非洲军占领西迪拉杰格机场的企图。但是，非洲军当时正位于支援群和从南面开过来的第22和第四坦克旅之间的中心阵地上。隆美尔认为，它可以将英军各个击破，于是命令克鲁威尔在第二天发动进攻。

想得到"完全的机动自由"的克鲁威尔原计划夜间率非洲军东进。但是在接到隆美尔的命令后，他下令第15装甲师向位于西迪拉杰格东北20英里的甘布特前进，同时指挥第21装甲师到贝尔哈姆德和位于西迪拉杰格北面约7英里的扎阿夫兰之间重新集合。

非洲军掌握了战场主动权。第15装甲师在西迪拉杰格以东15英里的比尔西亚夫西叶夫；第21装甲师防守着西迪拉杰格地区；意大利阿列特和的里雅斯特装甲师在南面22英里处的古比井附近集结。

隆美尔相信，英国人在西迪拉杰格以南大约12英里的地方，因此他命令轴心国部队从三面实施包围。他认为，只要实施一次向心攻击，就可以打垮英军。他命令意大利的两个装甲师向东北方向前进，非洲军于11月23日"包围并歼灭敌人"。然而，当隆美尔的命令到克鲁威尔手里时，克鲁威尔已经开始实施他自己的计划。

在此之前，新西兰第二师已在前一天从东面赶到并占领了卡普措堡，随后派其第六旅沿阿拉伯沙漠小道——卡普措小道——向西前进。11月23日天刚破晓，第六旅无意之中发现了设在西迪拉杰格东面25英里的阿里德的非洲军指挥部。此时，克鲁威尔已不在指挥部。第六旅遭到德军的激烈抵抗后夺取了这个指挥部。由于非洲军损失了参谋人员及无线电联络中断，隆美尔在随后几天里遇到了严重困难。

克鲁威尔命令第21装甲师的步兵和炮兵坚守西迪拉杰格机场南面的高地，其坦克团配合第15装甲师从英军第七装甲师和南非第五旅的后方发动进攻，与从古比井开来的阿列特和的里雅斯特装甲师会合。克鲁威尔计划用这种办法把其所有坦克都集结起来，然后全力以赴，对英军进行一次打击。

11月23日早上，当克鲁威尔的部队在雾中浩浩荡荡向西南方向前进时，偶然闯入了英国阵地的中心地段。英军阵地的位置比德国人估计的距离还要远，还在其东面。德国坦克猝然而至使英军惊慌失措，英军车辆、坦克和官兵四散而逃。克鲁威尔此时有机会将英军各个击破。但是，一心想与意大利军队会合的克鲁威尔，不让部队追击，而是摆开比先前更大的阵势向西推进。克鲁威尔就这样错过了赢得胜利的一个重大机会。他这次以及以前没有执行隆美尔的命令，将英军包围起来并予以歼灭，说明了一个下级怎样就能破坏一个伟大指挥官的计划。

克鲁威尔是在接近傍晚时才与意军会合，并且从西南方向向此时已遭到德军南北夹击的英军第22坦克旅和南非第五旅发起正面攻击。南非军队在克鲁威尔留给他们那么长的时间里，把大部分火炮安置到容易受到攻击的侧翼，构成了一个难以攻克的堡垒。

这时，克鲁威尔犯了他在一天之内所犯的第3个错误。他不是按照德军的战术条例让火炮行进在前并包抄敌人侧翼，以便进攻敌人坦克、压制敌人的火炮和坦克，然后再把坦克投入战斗，而是将坦克排成一字长蛇阵，命令步兵乘汽车跟进，不顾一切地向前攻击。他们遇到一道火力墙。一辆又一辆坦克被击毁。德军调集所有火炮一齐射击，才将南非军队的炮火压住。与此同时，英军和德军的坦克和反坦克炮之间展开激战。战场上尘土飞扬，烟雾弥漫。黄昏时分，德军坦克终于把敌军阵地冲开几个缺口。德军坦克攻击前进，歼灭南非第五旅，打死和俘虏3000人。当夜幕降临时，数以百计燃烧着的车辆、坦克和火炮照亮了整个战场。

克鲁威尔进攻得手，但付出了巨大代价。不仅德国步兵因受到猛烈炮火的阻击伤亡惨重，而且非洲军也损失了剩余的160辆坦克中的70辆。尽管英国第30军能参战的坦克只剩下70辆——它一开始有500辆坦克，而且还很分散，但英军有庞大的坦克储备，而隆美尔却没有。

德军这次直接进攻南非军队坚固的阵地造成的坦克损失大大抵消

了隆美尔前几天运用熟练的战术所取得的成果。

尽管隆美尔的进攻力量遭到严重削弱，但是他的胆量丝毫未减。他立即命令乘胜向英军后方实施纵深攻击。他的目的是恢复萨卢姆－哈勒法亚关一线的局势，切断敌人的补给线，并迫使英国人罢战。鉴于轴心国力量弱小和英军力量强大，这是隆美尔所做的最大胆的决定。

有些批评家认为，隆美尔应该全歼第30军余部或击溃新西兰第二师。但是，隆美尔认识到进攻坚固的步兵防御阵地会耗尽他的兵力，而英军的巡逻坦克比他自己的坦克速度快，它们可以逃跑，以避免与德军坦克作战。他唯一取胜的希望就是大胆进攻敌军防御阵地的中心地带，旨在瓦解英军的士气，特别是利用英军指挥官的恐惧心理。

隆美尔勉强从各部队调集了一支战斗力很弱的兵力继续围攻托卜鲁克。他本人于11月24日中午率第21装甲师出发，命第15装甲师、阿列特和的里雅斯特装甲师跟随其后。隆美尔击溃了英军第七装甲师和南非第一师，在5小时内到达离比尔谢费尔赞60英里的利埃边境。比尔谢费尔赞位于哈勒法亚关南面20英里处。隆美尔一到那里就立即派一支部队穿过边境铁丝网的一个缺口和通往哈勒法亚的雷区，控制第11集团军的撤退路线和补给线。

隆美尔此举使英军第30军惊慌失措。军长坎宁安因此计划立即退回埃及——这正是隆美尔的意图。当时的情形，很像美国内战期间，南方联军的"石壁"杰克逊将军于1862年夏天在弗吉尼亚的马纳萨斯突袭联邦军队后方时的情形。杰克逊的进攻与隆美尔的进攻一样，目的都是攻心：使敌军指挥官越来越害怕其退路被切断，以此迫使他退兵。杰克逊的行动成功了。联邦军队的约翰·波普将军迅速向华盛顿撤退。但是，隆美尔没有成功，尽管坎宁安的反应与波普一模一样。奥金莱克将军到达第30军指挥部，下令继续进行"十字军远征行动"。奥金莱克意识到隆美尔的进攻已是强弩之末，而他却不是，并且他在很多指挥官都会逃跑的情况下有进行抵抗的勇气。这项决定注定了隆美尔的失败。

奥金莱克认为此时必须撤换坎宁安。11月26日，他任命他的副参谋长尼尔·里奇中将任第八集团军司令。这就确保此次战役尽管存在危险但仍将继续下去。

隆美尔的汽车因发动机出了故障坏在了边境线东侧。克鲁威尔的指挥车——从英军手里缴获的一辆带篷子的汽车——碰巧路过，便让隆美尔上了车。德军指挥官们在黑夜里找不到边境铁丝网的那个缺口，他们及其参谋只好就地过夜。印度通信兵在附近跑来跑去，英国坦克和卡车不断从他们身旁经过。天刚放亮，他们就悄悄地溜走了，路上没有遇到任何麻烦。他们越过边境，又回到了利比亚。

隆美尔在离开12小时后一回到司令部，就发现第15装甲师仍未到达利埃边境，而阿列特和的里雅斯特两个装甲师在边境西侧与南非第一师的一个旅遭遇后，便停止前进。而且运送弹药和燃料的补给纵队也没有赶到。结果，隆美尔无力实施其计划：派一支部队占领哈巴塔——英军在哈勒法亚关东南35英里的地方建立的一个前方铁路终端站，或者切断英军沿哈勒法亚延伸至埃及境内的高地的补给和逃跑路线。这意味着他迫使英军迅速撤退的努力失败了。然而，隆美尔并不气馁，仍然希望有机会给英军一次决定性打击。

由于奥金莱克决定继续作战，第13军——以新西兰第二师和90辆马蒂尔德坦克为先导——便向西边的托卜鲁克推进。留守西迪拉杰格地区的少数德军不久就感到压力很大。11月25日，新西兰人占领了位于托卜鲁克环形防线东南仅9英里处的贝尔哈姆德。第二天夜里，托卜鲁克守军冲破轴心国部队的包围，并占领了离新西兰人只有数英里的埃德都达高地的制高点。

装甲兵团司令部发出紧张不安的信号，要求坦克返回。但是隆美尔不愿意轻易放弃，他命令克鲁威尔向北进军，让西面的第15装甲师和东面的第21装甲师（已经到达哈勒法亚）发动攻击，扫荡萨卢姆防线。然而，第15装甲师已回到位于萨卢姆北面15英里的巴迪亚补充燃料，而第21装甲师由于误解了命令也在向巴迪亚进发。隆美尔在意识到他的希望已经破灭之后，命令第21装甲师返回托卜鲁克布防，但是让第15装甲师留在巴迪亚南面。11月27日早晨，这个师的坦克占领了新西兰第五旅设在位于巴迪亚西南10英里处的西迪阿宰兹的指挥部，俘获了该旅旅长和800名官兵，并缴获了几门大炮。隆美尔打了这场胜仗后，命令第15装甲师也向托卜鲁克推进。

非洲军在利埃边境上没有取得任何有决定意义的战果。现在它只剩下少量坦克，而英军留守西迪拉杰格机场的坦克编队已经修好了很多坦克，并从埃及得到了新的坦克。尽管英军坦克现在在数量上占了优势（英军有130辆坦克，德军有40辆），但是，隆美尔把坦克集中起来使用，而英军则继续把其坦克分散开来，逐个将它们投入战斗。

隆美尔决意继续孤立托卜鲁克守军，消灭贝尔哈姆德地区的两个新西兰师——第二和第四师。11月29日，第15装甲师从西、南两面包抄西迪拉杰格。经过激烈战斗，这个师从西南方向进攻得手，占领了埃德都达。阿列特和第21装甲师从东、南两面向新西兰人进攻。但由于英军坦克从南翼攻击它们，因此它们几乎毫无进展。

隆美尔继续战斗的决心是其意志力的表现。官兵们疲惫不堪，气候寒冷，水源奇缺，而且轴心国的补给系统已经瓦解，尽管新西兰人几乎被围，但是英军强大的装甲部队可能会打败南翼装备轻武器的德军，南非第一旅正赶来救援，而且托卜鲁克守军仍很强大。

11月30日上午，第15装甲师在第90轻装师的配合下，从西迪拉杰格北面的高地向南发起攻击。傍晚时分，该师占领了新西兰人的几个阵地，抓了600名俘虏，缴获大炮12门。与此同时，第21和阿列特两个装甲师击退了英军装甲部队为给新西兰人解围而从南面发动的进攻。

尽管德国人抓了1000多名俘虏并缴获了26门大炮，但大部分新西兰人都乘着夜色突围了。英军坦克和步兵向东面和南面集结，再度使托卜鲁克陷于孤立。

轴心国的军队似乎已经胜利了。但是，胜利的代价太高了。隆美尔认识到他已经没有进攻能力，而英军从后方源源不断地运来坦克，英军装甲部队的实力日益增强。隆美尔知道，如果他想再多打一天，就必须使其部队摆脱困境。他率兵西撤，在撤退中打了一连串漂亮仗。1942年1月6日，他终于在的黎波里塔尼亚边境附近的卜雷加停下来。

尽管巴迪亚的轴心国部队在1942年1月2日投降了，但是，哈勒法亚关那些饥饿不堪的部队却一直坚持到1月17日。由于主要通道被封锁，英国人难于运送补给，并使阿杰达比亚前方地区的守军与第201近卫旅和第一装甲师换防。这两支部队刚从英国调来，为的是接替疲惫不堪的第七装甲师。

与此同时，形势对隆美尔变得非常有利。希特勒向意大利的西西里调集了大批德国飞机。德国空军对英军在通往利比亚的运输线上空的优势构成威胁。1942年1月5日，意大利一支装载55辆坦克和很多大炮的船队抵达的黎波里。这些坦克，再加上正在修理的坦克，使德意在前线的坦克到1月20日分别达到111辆和89辆，另外后方还有28辆。相比之下，第一装甲师拥有150辆坦克，但驾驶坦克的都是一些没有作战经验的士兵。

隆美尔决定发起一次反攻。为了保密起见，他的计划既不让意大利最高统帅部知道，也不让德国最高统帅部知道。他为了麻痹英国人，禁止德军进行任何侦察活动，命令部队把坦克伪装成卡车，并通过夜间急行军集结部队。

因此，隆美尔在1月20日至21日夜里实施的打击是一次令英军目瞪口呆的突然袭击。隆美尔派第90轻装师的一个战斗群和部分坦克沿巴尔比亚公路北进，而非洲军则顺着距海岸约40英里的法拉杰干河床穿越沙漠，以便把英军包围起来。但是，德军坦克的大部分燃料耗费在沙丘之中，敌人因此有时间避开包围圈，向阿杰达比亚以东集中。非洲军的燃料已经用尽，但是隆美尔亲自指挥第90轻装师的战斗群直扑阿杰达比亚，并于1月22日占领该城。接着，他挥师北上，向巴尔比亚公路进军。这使英军的补给纵队陷于一片混乱之中。

隆美尔现在试图包围第一装甲师。尽管非洲军在阿杰达比亚东北约40英里的萨苏姆附近包围了第一装甲师的一个战斗群，并摧毁其70辆坦克，但是第一装甲师的大部都向北逃去。剩下的英军坦克部队溃不成军，向阿杰达比亚北面40英里处的姆苏斯退却。德军坦克穷追不舍，有时它们的时速竟达到15英里。德军摧毁了英军剩余的大部分坦克。

隆美尔要非洲军摆出一副越过昔兰尼加凸地向姆苏斯东北80英里处的梅奇里进军的姿势。由于隆美尔在1941年4月发动首次进攻时曾做出过这样的举动，因此，里奇将军中了圈套。他把所有坦克集中起来准备对付隆美尔。隆美尔没有进攻梅奇里，而是率第90轻装师沿着海岸奔向班加西。英军再次遭到突袭，损失大量补给品。印度第四师的1000名官兵成了德军的俘虏。希特勒为此提升隆美尔为上将，并把装甲兵团改名为装甲集团军。但是希特勒并未向北非增派部队。

隆美尔的部队疲惫不堪，已没有力量再发动进攻。里奇将军一直退到位于托卜鲁克以西仅40英里处的贾扎拉，在此动手构筑一道防线。1942年2月6日，隆美尔来到这道防线前面。他以很小的代价取得了很大胜利。他重新占领了昔兰尼加的大部分地区。一俟重新将兵力集结起来，他就能继续进攻。

丘吉尔继续源源不断地向埃及增兵和运送装备。他想要奥金莱克在1942年2月就发动进攻。但是，奥金莱克不慌不忙。他坚持要把第八集团军的兵力集结起来，以确保英军对德军占有很大的优势。在这一点上，英国人有点儿像希特勒的盟友。隆美尔在3月份会见了希特勒，但是一心扑在对苏战争上的元首没有给他提供大批增援。然而，隆美尔仍然得到了大量补给，因为德国纳粹空军不间断的轰炸，使英军空军和潜艇的基地——马耳他岛失去了骚扰作用。

隆美尔认识到，他等待的时间越长，英军的实力应会越强，因此他决定尽早发动进攻。他选择的进攻日期是1942年5月26日，比奥金莱克抢先一步。奥金莱克打算发动进攻的时间比这晚将近一个月。

截止5月26日，轴心国和英国的空军力量几乎不相上下。但是第八集团军有5个坦克旅共850辆坦克，其后方还有420辆备用坦克。而隆美尔有560辆坦克，其中只有280辆是装备有射击武器的德国马克Ⅲ型和Ⅳ型坦克，剩下的是230辆过时的意大利坦克和50辆轻型坦克。隆美尔的备用坦克包括30辆正在修理的坦克和20辆刚运抵的黎波里的坦克。在战斗开始时，英国人在坦克数量方面处于3∶I的优势，如果这场战役变为一场消耗战，英国人则处于4∶1的优势。

然而，双方在坦克方面的很大差别不是在数量上，而是在质量上。英国现在部署了170辆占绝对优势的坦克：美国的格兰特坦克携带一门侧置75毫米炮和一门塔置37毫米炮，其装甲厚度为57毫米。英军有230辆格兰特坦克备用。格兰特坦克的主要缺陷是侧影高，75毫米炮的方位角小。德军有19辆新式马克Ⅲ型特种坦克。这种坦克的性能最接近格兰特坦克。它上置一门长筒、初速度很大的50毫米炮，其装甲厚度为50毫米。装备着一门短筒50毫米炮的老式马克Ⅲ型坦克和装备着一门短筒70毫米炮的马克Ⅳ型坦克是德军坦克的主力。它们在能够射穿格兰特坦克装甲的射程之外就会被格兰特坦克摧毁。

英国人还给他们的摩托化步兵配备了新式6磅（57毫米）反坦克炮。这种炮的穿透力比德国50毫米反坦克炮强30％。德国88毫米高炮仍然是双方使用的最可怕的坦克杀手。但是隆美尔只有48门这样的高炮。

　　英军防线从贾扎拉海岸向南延伸50英里，直到比尔哈希姆。这条防线由第13军防守。第13军现由绰号为"强击机"的戈特中将指挥。防线北端是一段长达10英里的坚固的防御阵地，它由南非第一师防守。往南是英军第50师的3个旅防守的一些很分散的防御"箱"，周围只有雷区作为屏障。防守比尔哈希姆的是由4000人组成的自由法国第一旅和由1000人组织的犹太旅。它们非常孤立。它们的防御阵地在防守朱特瓦勒卜的第150旅的阵地南面16英里处。这些防御阵地中的部队面临被包抄或包围、然后被迫投降的危险。另一个问题是，英国的前方铁路终端站和补给基地位于贾扎拉防线以东的贝尔哈姆线，距贾扎拉防线仅45英里。它立即成为一个必须予以保护的要地，而且也是敌人的一个进攻目标。

　　与往常一样，英国人把他们的坦克分编在仍由诺里将军指挥的第30军的第一和第七装甲师的3个旅和准备对南非第一师和第50师实施支援的两个旅中。前者使用的是巡逻坦克（包括格兰特坦克），后者使用的是马蒂尔德或步兵坦克。

　　隆美尔发现贾扎拉的非机动防御战术具有英国军事思想的典型特征，并且是建立在第一次世界大战中步兵的基础之上。英军指挥官没有从他们在沙漠中的失败中得出正确结论。隆美尔在其战史稿中写道："在北非任何一个南翼敞开的沙漠阵地上，一成不变的防御系统定会导致灾难。"因为敌军可能会绕过任何一道这样的防线，迫使守军撤退或投降。隆美尔认为，只有以攻为守才能成功。

　　奥金莱克和里奇将军计划用那两个装甲师发动进攻。然而奇怪的是，奥金莱克不是没有想到隆美尔可能会绕过南翼进攻，但是他认为隆美尔最有可能沿卡普措小道实施中间突破。他向里奇提出了很好的建议：把两个装甲师部署在卡普措小道两旁，这样，里奇既可以对付德军沿小道而来发动的进攻，也可以对付德军对南翼的包抄。

然而，里奇把第一装甲师和第二、第22坦克旅部署在卡普措小道两侧，而派第七装甲师（只带着它的第四坦克旅）南去支援比尔哈希姆的法国人和守卫在比尔哈希姆以东数英里的掩护阵地上的印度第三摩托化旅。这样，英国的坦克一开始就分成了三部分：两个马蒂尔德坦克旅（第一和第三坦克旅）在北面，第一装甲师在中间，第七装甲师在南面。

隆美尔的计划一直是绕过南翼进攻。但是为了把英军吸引到中间地带，他命令德军坦克和卡车在贾扎拉防线附近兜圈子，以便制造一种德军坦克正在此集结的假象。在进攻前，他命令所有摩托化部队白天向被派去沿贾扎拉防线佯动的意大利步兵师的所在位置前进，夜里再返回它们的集结地。

隆美尔的突击部队包括非洲军（第15和第21装甲师）、意大利第20装甲军（阿列特和的里雅斯特装甲师）以及第90轻装师。所有这些部队都要绕过比尔哈希姆。然后，非洲军和意大利人将直接向阿克拉马和海岸进攻，分割并歼灭贾扎拉防线上的英军装甲和步兵部队。与此同时，第90轻装师——配备着一些装有飞机发动机、能够像行进中的坦克那样扬起满天沙尘的卡车——将插入托卜鲁克东南约15英里的阿德姆－贝尔哈姆德地区，切断英军与其补给品堆集地和增援部队之间的联系。

5月26日，当德国将军克鲁威尔指挥的意大利步兵为转移英国注意力对贾扎拉防线展开正面进攻之后，隆美尔由一万辆车辆组成的机动编队乘着月色出发了。机动编队前进时扬起的沙尘遮天蔽月。它们没有遇到任何抵抗。天亮之前，它们在比尔哈希姆东南几英里的地方停下来，稍事休息后，便以最快的速度插入英军后方。

到5月27日上午10点，第90轻装师已占领了阿德姆并夺取了英军难以计数的补给品。不久，它与英军在这个地带展开了一场异常激烈的战斗。

此时，已由瓦尔特·内林将军指挥的非洲军，在离哈马特井不远的比尔哈希姆东北大约15英里的地方与英军第四坦克旅遭遇。而在左侧，阿列特装甲师打垮了印度第三坦克旅。内林的坦克部队没有执行隆美尔的命令，他们在没有炮火支援的情况下就发起攻击，结果被格兰特75毫米炮的远距离炮火打得狼狈不堪。坦克一辆接一辆被摧毁。只是当他们把反坦克炮和88毫米高炮投入战斗后才能向前推进。他们的坦克对敌人实施侧翼包抄，终于打垮印度第三坦克旅，并迫使其残部向北退却。

将近中午时分，英军第22坦克旅从北面赶来。第15和第21装甲师对其进行向心攻击。第22坦克旅受到重创并陷于孤立，被迫撤退。非洲军向卡普措小道推进，但遭到英军的攻击。第二坦克旅从西面、装备着马蒂尔德坦克的第一步兵坦克旅从东面向非洲军进攻，英军的格兰特和马蒂尔德坦克乱打一通。各支部队之间毫无协调而言。德军的反坦克炮和88毫米高炮使英军损失惨重，但是英军的进攻还是阻止了非洲军的前进，切断了它与企图北上的德军补给纵队的联系，迫使已缺少弹药和燃料的德军装甲部队在卡普措小道以北约3英里的地区构筑了一个环形防线。

虽然轴心国军队在英军防线后方处于孤立无援、非常危险的境地，但是，非洲军阻止了所有进攻，原因是敌军的每个坦克旅都各自为战，并且里奇也没有把拥有100辆马蒂尔德和圣瓦伦廷重型坦克的第32步兵坦克旅投入战斗。

对隆美尔来说，英军零零散散的进攻简直令人不可思议。把第七装甲师牺牲在哈马特井南面更是毫无用处。隆美尔在其战史稿中写道："对英国人来说，不管我们的坦克在那里还是在卡普措小道上都一样。他们那些完全机械化的部队本来可以使他们以最快的速度到达战场上任何一个有危险的地方。"

隆美尔速战速决的企图失败了，德军也未能摧毁英军装甲部队的主力，尤其是格兰特坦克。轴心国的坦克前进受阻，它们的补给队不得不绕道南翼，而且容易遭受英军坦克的袭击。隆美尔毫不情愿地陷入了一场消耗战中。里奇将军在5月28日有了一个大好时机：他只要发动一次向心攻击就可以摧毁非洲军，尤其是因为第32旅刚到，并且完好无损。然而，里奇没有采取这样的行动。他给了隆美尔重新组织部队的时间。

5月28日，隆美尔计划要第90轻装师和非洲军一道向北攻击。但是，第90轻装师被英军第四坦克旅缠住不放自身难保。非洲军和阿列特师与英军小股装甲部队稀里糊涂地打了几次。到天黑，非洲军能够作战的坦克还剩150辆，意大利还有90辆，而英国人仍有420辆。

第90轻装师得以在夜间撤往哈马特井。5月29日早晨，隆美尔亲率一个补给纵队为非洲军补充燃料和弹药。尽管英军坦克白天一直攻击，但它们还是没能协调起来，因此到这一天结束时，德军的阵地得到了巩固。

然而，隆美尔认识到，如果他的补给线不能确保畅通，那么他就不能继续向北进攻，因为绕道比尔哈希姆的补给纵队不断受到英军装甲部队的袭击。

隆美尔现在做出一个为他挽救了这场战役的重大决定：他派第90轻装师向西出击，意大利步兵沿卡普拉小道向东进攻，并径直通过贾扎拉防线的雷区打通一条补给线，而他的其余部队在一条缩短的战线上进行防守。隆美尔计划在进行防守的同时，摧毁朱特瓦勒卜现已孤立无援的第150旅和比尔哈希姆的自由法国旅的矩形阵地。

步兵和炮兵击溃在贾扎拉防线北段进攻的战斗力很差的意大利师，并且切断轴心国的补给线——使隆美尔的坦克得不到燃料，在非洲的轴心国军队的生存将受到严重威胁。然而，隆美尔深知英军指挥官害怕他向海边推进，尽管英军剩下的400辆坦克，再加上反坦克炮，完全能够阻止德军剩下的130辆装备有射击武器的坦克和意军约100辆坦克的前进。隆美尔确信，英国人将把注意力集中在轴心国装甲部队上，并

"继续徒劳无益地向我们防线严密的防御阵地进攻，直到耗尽他们的力气"。

实际情况就是这样。5月30日，德军用88毫米和反坦克炮粉碎了英国人断断续续又缺乏协调的进攻。到这一天结束时，轴心国的部队击毁英军57辆坦克，并且在东西走向的西德拉岭（位于卡普拉小道以北1英里处）和南面与之相隔约5英里的阿斯拉格岭上构筑了坚固阵地，包围了一个英国人称之为"釜"地的地方。

5月31日，隆美尔亲率第90轻装师、阿列特装甲师和非洲军的几个分队进攻第150旅防守的矩形阵地。英国人在一个马蒂尔德坦克团的支援下顽强抵抗，但是他们的阵地已保不住了。第二天，他们遭到斯图卡俯冲轰炸机的狂轰滥炸，在弹药用光之后被迫放弃抵抗，3000多人成了俘虏。

6月2日，第90轻装师和阿列特装甲师进攻比尔哈希姆的矩形阵地。这场持续10天的战斗成为第二次世界大战中最激烈的战斗之一。防御者在野战阵地、机枪和反坦克炮掩体以及被撕开几个缺口的堑壕阵地上进行反击。他们在9天里遭到1300架次的斯图卡俯冲轰炸机的密集轰炸。

6月5日，英国人发动了数次不痛不痒的突击，试图摧毁"釜"地中的轴心国坦克。但隆美尔发现英国人的进攻很容易对付。

在北面，英军第32坦克旅的马蒂尔德和圣瓦伦廷重型坦克大白天在没有炮火掩护的情况下，缓慢而吃力地向前推进，完全成为西德拉岭上德军第21装甲师反坦克炮的靶子。英军坦克陷在一个雷区里，一辆辆都被德军炮火击毁。第32坦克旅参战的70辆坦克中，有50辆坦克被摧毁。

在东面，印度第10旅把阿列特装甲师赶下阿斯拉格岭。不久，第22坦克旅从此经过，后面紧跟着印度第九旅。第22坦克旅遭到德军反坦克炮和火炮的猛烈炮击后，向位于阿斯拉格和西德拉岭之间的塔马井撤退。中午，隆美尔发起一次非常漂亮的反击。第21装甲师向东南的塔马并发起攻击，而第15装甲师穿过阿斯拉格岭南面雷区的一个缺口，然后进攻守卫阿斯拉格岭的印度军队的侧翼和后方。到天黑时，轴心国的军队击溃了印度第九旅，并包围了阿斯拉格岭上的印度第10旅、位于岭北的第22坦克旅的战斗支援群以及4个野战炮团。英国人只有把坦克协调起来发动一次进攻才会有希望，但是英国人并未这样做。6月6日这一天结束时，非洲军摧毁英军100辆坦克，消灭印度第10旅，抓获俘虏3100人，缴获96门大炮和37门反坦克炮。英军全部坦克由400辆减少到170辆。

隆美尔在阻止了英国人摧毁其坦克部队的企图之后，决定在冲出"釜"地之前先消灭比尔哈希姆的守军。6月8日，第15装甲师的几个战斗力很强的分队与轴心国其他部队协同作战，从各个方向向皮埃尔·柯尼希指挥的自由法国旅发起极为猛烈的进攻。6月10日，德军一个战斗群终于插入敌人的主阵地。大部分守军乘着夜色冲出包围，后被英军一个摩托化旅收编。只有500名盟国官兵落入德国人手中，其中大部分都负了伤。

虽然里奇调集援军，并且还有330辆坦克——仍比非洲军的坦克多一倍，但隆美尔打击英军要害之处的通道已经畅通无阻。英国人的信心已被严重动摇，而轴心国军队尽管遭到很大削弱，却有一种胜利在望的感觉。

1942年6月11日，德军第15装甲师向东北方向的阿德姆推进。它的右边是现在只剩下1000人的第90轻装师，左边是的里雅斯待装甲师。到天黑时，这3个师已到达阿德姆的西面和南面，与英军第二和第四坦克旅对峙。第二天，隆美尔命令第21装甲师大摇大摆地向东北方向前进，从后方实施攻击。此举使英军的两个坦克旅陷入包围之中。德军用反坦克炮攻击前进，开始了一场有步骤的大屠杀。当英军第图逃跑。第二和第22坦克旅一道向北撤往几英里外的"骑士桥"矩形阵地。第二坦克旅在撤退时基本上保持了队形，而第四坦克旅则溃不成军。英国人这一仗损失120辆坦克。第二天，隆美尔掉头向北，把英国人赶出"骑士桥"矩形阵地，并继续追杀逃敌。到天黑时，里奇只剩下100辆坦克。隆美尔首次在坦克数量上占了优势，并且占据了战场，这使他得到很多坦克。

贾扎拉防线上的英军有被截断退路的危险，里奇因此命他们于6月14日上午后撤。同一天上午，隆美尔急令非洲军越过阿克拉马，在夜里把巴尔比亚公路封锁起来。但是，德军装甲部队过于疲惫，他们还未到达巴尔比亚公路就都躺倒了。第二天上午，第15装甲师占领了制高点，把公路封锁起来。但此时，南非的大部分步兵都已逃掉，迅速撤往埃及边境。英军第50师选择了一条艰难的逃跑路线，他们向西突破意大利人的阵地，向南兜了一大圈，然后再向东退往埃及边境。

被打垮的英军坦克旅现在根本不是德军装甲部队的对手。它们都退到了埃及境内。非洲军绕过托卜鲁克环形防线，避开那里的英国守军，接着夺取了位于托卜鲁克以东35英里处的甘布特的英军机场。这样就迫使英国空军往东转移，使其不能轻易飞到托卜鲁克。德国坦克随后又掉过头来。

托卜鲁克是英国人顽强抵抗的象征，因此隆美尔决心要占领它。看到德军坦克绕道而行的英国人没料到会受到攻击。但是隆美尔迅速发起了攻击。德军凭借火炮和俯冲轰炸机于6月20日在环形防线上打开一个缺口。步兵拓宽了突破口，德军坦克随之一拥而入，打垮了惊得目瞪口呆的守军。托卜鲁克于次日投降，3.5万人成为俘虏——仅次于日本人占领新加坡时英军的被俘人数，那是英国在第二次世界大战中所受的最大的一次损失。希特勒非常感动，于是提升隆美尔为元帅。但是隆美尔在写给他妻子的信中说："我宁可让他再给我一个师。"

突然丢失托卜鲁克使里奇万分惊恐，结果他放弃了边境附近的萨卢姆和哈拉法亚关的坚固阵地，尽管他在那里有3倍于隆美尔的坦克和3个几乎完整无损的师，并且北面还有一个师。里奇计划在边境以东130英里的马特鲁固守。但是奥金莱克——看到里奇已丧失领导第八集团军的信心——于6月25日直接接过第八集团军的指挥权。他决定再往东后退110英里，一直撤到阿拉曼。阿拉曼距英国海军在地中海生死攸关的基地亚历山大仅60英里。

这是个艰难的抉择，肯定会在伦敦引起巨大惊慌，因为阿拉曼简直就是英国人在中东的最后一道防线。如果隆美尔威胁到亚历山大，英国舰队将被迫放弃地中海，使通往马耳他的补给线中断，献出马耳他，把地中海变成轴心国的内湖。到那时，隆美尔就可获得足够的补给，用以夺取尼罗河三角洲、巴勒斯坦和叙利亚。

但是，奥金莱克的选择是非常明智的，而且从战略上讲也是很高明的。他知道隆美尔几乎已到山穷水尽的地步，他只还有几十辆坦克，并且以前的那些兵力也所剩无几。阿拉曼可以吞噬他仅存的一点儿优势——他的机动能力，因为南面35英里的地方就是面积很大的盖塔拉洼地，那里的盐碱沼泽和软沙几乎是坦克难以逾越的障碍。奥金莱克把坦克、步兵和火炮部署在不长的阿拉曼防线上，就可以阻挡隆美尔剩下的坦克前进，并迫使隆美尔打一场他精心布置的战术消耗战，而打消耗战则是英国人的特长。

奥金莱克一旦挡住了隆美尔的进攻，轴心国军队的阵地就难以保住，因为英国人离其补给地近，并且可以随时调集更多的坦克、飞机、大炮和军队。另一方面，隆美尔靠的是弱小的意大利海军。由于害怕与英国皇家海军对阵，意大利海军肯定不会把船队开往托卜鲁克或马特鲁，而是把补给运往班加西或的黎波里。要把补给从这两个地方运到阿拉曼，还需要走750英里至1500英里的陆路。

隆美尔看到了这种危险，因此他无情地驱赶着他的车辆和部下，希望在英国人组织好防御之前突破阿拉曼防线。但是，他只有40辆装备有射击武器的德国坦克和2500名德国机动步兵，而剩下的6000名意大利步兵机动性差，行进速度也较为缓慢。

尽管奥金莱克作了上述决定，但是英国人还是试图保卫马特鲁。隆美尔知道，现在的一切都取决于胆量、速度和建立在先前胜利基础之上的士气。于是，他在6月26日命令3个极弱的德国师发起攻击。

第90轻装师在第二天晚上抵达马特鲁以东的滨海公路，截住了英军的退路。第21装甲师向南渗透，对部署在这个地区的第13军机动部队的退路构成威胁。第13军军长戈特将军下令撤退，但直到第二天上午才告知守卫马特鲁环形防线的那两个师。到第二天夜里，几乎2／3的守军都分散逃走了，但是仍有6000人当了俘虏——这比隆美尔突击部队的全部人马还要多。

隆美尔命令他的所有坦克都开往阿拉曼。它们于6月30日到达指定地点。奥金莱克在从海边到盖塔拉洼地长达35英里的地带构筑了4个矩形阵地，但是阵地与阵地之间的空地只由数量很少的机动部队防守。然而，隆美尔以为奥金莱克把他的坦克部署在洼地北面，而没有意识到它们仍在洼地东南的沙漠上，正拼命赶往阿拉曼。结果，隆美尔犹豫不决，没有组织进攻。停止进攻虽然不可避免，但却是致命的。隆美尔并不知道这些。在英军坦克到来之前，他只有一次突破阿拉曼防线的机会。假如他进攻及时，他可能已经在向亚历山大和尼罗河三角洲推进。然而，他没有进攻。这是北非战场的转折点。

第二天，即1942年7月1日，星期三，隆美尔开始进攻了。尽管他的兵力很少，但是他的名声大得令人害怕。因此，他进攻的消息吓坏了英国人。英军舰队迅速撤出亚历山大港，驶过苏伊士运河，到达红海的安全水域。在开罗，英国人焚烧了敏感的档案。英军指挥官急忙制订了撤往尼罗河三角洲的计划。

　　非洲军的进攻在海岸附近的代尔谢恩南面12英里的地方开始了。那里有一个矩形阵地。隆美尔事先并不知道。守卫这个阵地的是印度第18旅。到晚上，德国人占领了阵地，并俘获大部分守军。英军坦克终于赶到了，但为时已晚，它们未能阻止德国人占领阵地。不过，它们及时遏制了隆美尔夜间向英军后方渗透的努力。从此，轴心国在非洲的军队的命运就已经注定了。

　　尽管隆美尔次日发起了新的攻势，但是德国人只有不足40辆坦克。当他们看到英国坦克挡住他们的去路，并且一部分坦克正在包抄其侧翼时，他们被迫停止了进攻。隆美尔下定决心，又于7月3日做了一次尝试。此时他仅有26辆坦克，但是它们前进了9英里才被英军炮火阻住。这一天，新西兰的一个营从意军侧翼发动了一次进攻，缴获了阿列特师几乎所有的火炮，意军残部纷纷逃走。

　　隆美尔意识到他的部队过于疲劳，而且人数也太少。因此他停止进攻，让他们稍事休息。奥金莱克终于掌握了主动权。他于7月4日进行反攻。轴心国军队顽强坚守阵地。双方很快就因疲惫不堪停止了战斗。在随后几个星期里，他们都发动过猛烈进攻，试图突破对方防线。战术形势几乎未变，但战略形势对轴心国来说变得日益恶化，因为隆美尔没有指望能与英国集结的大量军火和兵力相匹敌。

　　8月4日，丘吉尔飞抵开罗。当他发现奥金莱克坚决顶住要其重新发动进攻的压力时，他决定要更换英国中东军的指挥官。奥金莱克想等到9月份再发动进攻，以便使新到北非的英军学会在沙漠上作战。丘吉尔让哈罗德·亚历山大将军接替奥金莱克的职务，让从英国与他一道来的伯纳德·蒙哥马利将军指挥第八集团军。结果，蒙哥马利甚至比奥金莱克还固执，坚持要在进攻之前集结兵力，完成准备工作，并且按照他精心设计的作战方式训练军队。丘吉尔无奈，被迫作了让步。

隆美尔于8月30日发动了一次进攻。尽管他取得了一些胜利，但是他的装甲部队怎么也无法突破英军坚固的防线。从这个时候起，轴心国军队只是在苟延残喘，等着英军打击的到来。

1942年10月23日，蒙哥马利发起攻击。这次进攻是有意安排在11月8日英美联军在摩洛哥和阿尔及利亚登陆之前进行的。此时，蒙哥马利有23万军队、1440辆坦克，此外后方还有1000辆坦克。而隆美尔的兵力不足8万人（其中有2.7万是德国人），只有210辆装备有射击武器的德国坦克和280辆过时的意大利坦克。在空中，盟军拥有1500架第一流的飞机，而德国人和意大利人只有350架飞机。更为重要的是，英国皇家海军的潜艇已扼住了轴心国军队的脖子。9月份，英国潜艇击沉轴心国运往北非的全部补给的1／3，10月份则将其1／2的补给沉入海底。

当蒙哥马利开始进攻时，隆美尔在奥地利养病。他于次日飞往北非，但他已没有回天之力。然而，他表现出了一个将军的伟大才能。他组织了向的黎波里塔尼亚的大撤退，一路上从未让他的部队遭到英军的包围。

尽管隆美尔1943年2月19日-20日在突尼斯的塞林关大败美军，但是他的军队徒劳无益地执行希特勒的命令，想在突尼斯保住立足之地，阻挡第11军和从阿尔及利亚开来的英美大军的前进。这种努力消耗的兵力是1941—1942年隆美尔占领整个北非和中东所需兵力的很多倍。然而，当轴心国军队最后的失败到来时，隆美尔已经到了欧洲。他指挥德军抗击盟国1944年6月6日在诺曼底登陆的部队。在那里，他打了一场同样毫无获胜希望的仗。

第10章 麦克阿瑟：在朝鲜战争中表现出两重性的人物

第二次世界大战后，两个超级大国之间最猛烈的碰撞点出现在朝鲜半岛。

1945年，朝鲜被沿着38度纬线分割开来。这一暂时的分割很快就得到巩固，变成了东西方之间的一条相互对峙的壁垒；美国在韩国建立了一个以李承晚为首的右翼政府，而在朝鲜，则建立了一个由金日成领导的共产党国家。

朝鲜人民普遍对自己国家的分裂感到严重不安。1950年6月25日，朝鲜人试图用武力恢复国家的统一。

美国趁苏联抵制联合国安全理事会[编者注：因为美国阻止中国加入联合国。]之机，使联合国同意展开一场攻势，把朝军赶回到38度纬线北侧。杜鲁门授权美国陆军上将、远东司令道格拉斯·麦克阿瑟征用可以立即用上的仅有的美军部队——占领着日本的4个兵力不足的师；与此同时，五角大楼开始大力动员大量美军。

朝鲜军队的进攻势如破竹，击溃了力量薄弱得多的韩国军队，他们主要依靠的是装甲很厚的苏制T34坦克。韩军的寥寥无几的美制2.36英寸口径的火箭筒和105毫米口径的榴弹炮，奈何不了这种坦克。

最先投入的美军部队也没有任何武器能够阻止T34坦克，因而同样溃败了，直到1950年8月，在终于装备了自己的坦克和有效的反坦克武器之后，他们才在港口城市釜山周围组成了一条很小的"釜山环形防线"。朝军一次又一次地进攻了这道防线，企图迫使美国人撤退。美军拼命防守，因为他们明白，一旦他们放弃这个半岛，就很难得到联合国其他成员国的支持来收复韩国了。

不管怎样，麦克阿瑟将军早就谋划了一项计策，以将朝鲜军队连同朝鲜国家一起摧毁。为了实现他的目的，必须把朝鲜军队的主力全部牵制在釜山防线上。

正当全世界屏息静观这些美军和韩国军队放慢溃退速度，最终遏

统帅13：道格拉斯·麦克阿瑟

制住朝鲜部队的时候，一场激烈而秘密的戏剧性事件，在五角大楼的参谋长联席会议和待在其东京总部的麦克阿瑟之间发生了。参谋长联席会议和麦克阿瑟发生最激烈分歧的主要问题是，麦克阿瑟的处方将会取得一场了不起的胜利，还是有惨败的危险？

麦克阿瑟因为在第二次世界大战中在西南太平洋和菲律宾同日军作战中功绩卓著，而已经享有很高的名望；此时，他的意志压倒了参谋长联席会议的反对。由于他的冒险取得了巨大成功，所以他成了一位传奇式人物。这就使麦克阿瑟对自己卓越贡献的感觉进一步膨胀，并使参谋长联席会议沉默下来，因为他们的决策曾经严重失误。其后果是，麦克阿瑟在获得美国历史上一次惊人的胜利以后，引导美国误入歧途，遭受了最惨重的失败。这样一来，麦克阿瑟就证明自己在军事上是一位具有两重性的人物，既拥有最杰出的战略洞察力，又造成最严重的失误。

麦克阿瑟认识到，朝鲜军队向南推进得越远，就越深地跌入美军能够从后面任意收紧的口袋。这是因为，美军彻底控制了海洋，能够在朝鲜军队的背后任何地方部署一支两栖部队。麦克阿瑟还发现了一处登陆的绝好地方：首尔西面仅有大约20英里的仁川港。

首尔不仅具有政治意义，而且朝鲜唯一的一条双轨铁路，和能够给釜山前线上的朝鲜军队供应给养的唯一公路都从这里经过。倘若美军能够夺取首尔，就会切断朝鲜军队的生命线，因为首尔东面寥寥无几的土路作为朝鲜军队的给养供应线是不够的。

因此，如果在仁川登陆并夺取首尔，就意味着不发一枪就摧毁朝鲜军队，并给釜山解围。一支现代军队没有食物、石油和弹药是不能长期生存的。更重要的是，这支军队的后方交通线如果被切断，它便不攻自破。

战争开始后不久，麦克阿瑟就着手策划在仁川登陆。参谋长联席会议反对选择这个地点，因为那里海浪极大，只能从南面进入的进港海峡又很狭窄。在仁川，狭窄的黄海中流动范围很小的海水造成了大浪和淤泥滩。东边是朝鲜半岛；西面是中国山东半岛。情况很像夹在新不伦瑞克和新斯科舍之间的加拿大芬迪湾。

海军专家们认为，小型登陆舰要想在仁川的淤泥滩上活动，至少将需要23英尺的海潮，而坦克登陆舰要想入港，则起码需要29英尺的海潮，因此，只有在从涨潮涨到23英尺到落潮落回23英尺这段时间，即大约3小时里，海军才能够运送士兵和装备登陆。已经登陆的部队只有等到下次潮汐，即大约12小时后才能行动。潮汐表确定，9月15日是海潮达到足够高度的最早日期。而继续等待将招致坏天气和登陆的无限期推迟。

由于这些限制因素，参谋长联席会议支持易地，即在群山登陆：群山是仁川南面100英里左右的一个小港，在釜山前线西面只有

70多英里。

麦克阿瑟指出，如果在群山登陆，将不会切断朝鲜军队的供应线，他们将能够迅速调整，在韩国建立一条新的防线。这样一来，美军以后的任何进攻都将不得不是对防御工事的正面冲锋，因而只是驱赶朝鲜军队退守到其后备力量和给养所在地，而不是切断两者之间的联系。

麦克阿瑟的仁川登陆计划是拿破仑的"迂回包抄，攻其后部"的翻版，即在敌军及其给养供应来源之间，建立一道战略弹幕或壁垒并切断敌军退路。此计利用了敌人抵抗力最弱的路线，因为它完全出乎朝鲜领导的意料。朝军的指挥官们认为没有必要为仁川担忧，或者在那里驻扎重兵，因为他们知道那里浪大，认为实际上不可能从那里登陆。

而麦克阿瑟则认为，地势条件上的障碍不管多么可怕，其内在危险和难以确定性都比作战的危险小。物质上的问题是可以估计和解决的，但是人的抵抗则是不可预料的。

在现代战争中，一位军事领导人看到机遇，而另外一些领导人则看到危险；其中最说明问题的事例之一，就是麦克阿瑟和参谋长联席会议之间的冲突。使这个事例更加引人注目的是，参谋长联席会议没有认识到，麦克阿瑟的建议很像第二次世界大战的太平洋战役中所采用的获胜的"岛屿跳跃"战略。美军绕过日军重兵把守的岛屿或阵地，袭击其后面的目标，以致被搁置在那里的日军毫无进一步的用武之地。美军如从仁川登陆，同样会使釜山战线上的朝鲜军队被困在那里，迫使他们要么投降，要么因试图撤回朝鲜而崩溃。

1950年7月13日，在一次有陆军参谋长柯林斯和空军参谋长范登伯格参加的会议上，麦克阿瑟第一次发表了他的关于从仁川登陆的论点。会议期间，他宣布他打算歼灭朝鲜军队，而不仅仅是将其赶回到38度纬线后面去。只有摧毁朝鲜这个国家，才能实现这一目标。

柯林斯对选择仁川这个地点持怀疑态度。当他向总参谋长布莱德利汇报时，布莱德利回答说："我必须同意，这是我有生以来所听说的风险最大的军事建议。"他称之为一项"不切实际的"计划，他说："仁川可能是有史以来为两栖登陆选择的最不利的地方。"

参谋长联席会议竭力反对选择仁川为登陆地点，并且像杜鲁门总统和艾奇逊国务卿一样，没有正视麦克阿瑟把消灭朝鲜作为目的的影响。这样一来，将会对中国构成巨大挑战。

此举之所以更具挑衅性，是因为杜鲁门在朝鲜战争爆发时就在中国台湾建立了一个受保护区；中国共产党人的敌人国民党于1949年逃亡到那里。相信阴谋论的杜鲁门确信，中国共产党人与斯大林联合，正在帮助朝鲜人，尽管中国共产党人是无辜的，他们只不过谋求恢复国家统一而已。

因此，美国军队在鸭绿江这条中朝边界上大兵压境，只能被共产党理解为美军或者美国支持的国民党入侵中国大陆的前奏。

麦克阿瑟于8月23日在东京向柯林斯将军、海军行动部主任谢尔曼将军和另外几位高级军官正式提出关于经仁川出兵的计划。参谋长联席会议倾向于推迟仁川登陆，直到他确信美军[编者注：第八集团军。]能够守住再次遭到攻击的釜山防线为止。但是，杜鲁门总统、约翰逊国防部长和杜鲁门的巡回大使哈里曼对此举信心十足；杜鲁门称之为一项大胆的战略构想。因此，文官们赞成麦克阿瑟的计划，而军界最高层，即参谋长联席会议则犹豫不决。

这时，朝军司令部发动了最后一次进攻，企图突破釜山环形防线，把美国和韩国军队赶下海去。他们集结了大约9.8万人，其中1/3是在韩国征集的、没有训练就急忙投入战斗之中的新兵。为了与其对抗，联合国军司令部纠集了12万人的作战部队，加上6万后勤人员。联合国军的火力几倍于朝军。因此，朝军的进攻尽管十分坚决，但伤亡很大。

参谋长联席会议被朝军的攻击吓住了，它在9月7日发出的一份信息中暗示，仁川登陆也许最好是推迟一下，因为"除第82航空兵师以外，美国现有的所有经过训练的军队都调给你了"。麦克阿瑟措辞激烈地回答到，这次登陆"标志着从敌人手中夺取主动权，从而提供进行决定性打击机会的唯一希望"。他还说，如果从仁川包抄，"将立刻解除南部防线上的压力。……夺取首尔地区敌军的分布体系的核心，将彻底破坏正在韩国作战的敌军的后勤供应，因而最终造成敌军的瓦解"。

9月8日，参谋长联席会议终于通知杜鲁门，他们支持从仁川登陆。但是，这一批准最终仍是出于无奈。布莱德利将军写道："在这场竞赛中，参谋长联席会议正式否决仁川登陆计划实在为时太晚了。"

1950年9月15日发动的仁川进攻，与比较势均力敌的地面战斗不同，它使美军和朝鲜军队之间的悬殊差距暴露无遗。仅举一个例子：朝军拥有19架活塞驱动的飞机，而美军则拥有如此巨大的空中力量——喷气式和活塞式飞机都包括在内——以致战场上空及其附近空中机满为患。联合国征集了230艘军舰，包括两艘护航航母和两艘攻击航母，另外还有一艘攻击航母正从加利福尼亚疾驶而来，一艘英国轻型航母在掩护部队中服役。

攻占仁川的关键在于使巴掌大的小岛月尾岛中立化；该岛有1000英尺宽，位于仁川近海，据说隐蔽着严密伪装的高速75毫米口径火炮，虽然美国海军和空军几天来一直在轰炸月尾岛和海滨的若干其他地方，以迷惑朝鲜人，使之不知道美军将从何处登陆，但是海军指挥官们明白，他们必须先找到并摧毁隐蔽起来的火炮，然后才能登陆，因为这些火炮能够重创登陆时使用的装甲很薄的海军陆战车辆。

因此，9月13日，海军少将希金斯率领两艘美军重型巡洋舰、两艘英军轻型巡洋舰和6艘美军驱逐舰沿着狭窄的飞鱼海峡驶来，开始炮击月尾岛；其中5艘驱逐舰在该岛附近海域抛锚，故意吸引朝军炮兵开火，以找到其隐藏位置。朝鲜炮兵指挥官等了3分钟；他明白。开火是他的职责，但是这也会招致自己和部下的毁灭。最后他的高速火炮开始射击了，虽然击中3艘驱逐舰，造成一定破坏和少量伤亡，但是也暴露了这5门火炮的所在方位。驱逐舰上的炮手们以神枪手般的精确度确定了它们的高度和方位，然后万弹齐发，正中火炮。月尾岛上的火炮陷入了沉默。

9月15日早晨6：33，载着第三营、海军陆战队第五团和9辆M26潘兴式坦克的登陆艇在月尾岛靠岸，迅速夺取了该岛。

发动主攻的道路已经打扫干净；海军陆战队第五团登上红滩，越过一道15英尺高的石筑海堤，直接攻入市中心，第一团在城市东南面的蓝滩登陆。这两次进攻都是在下午5：30进行的，而且所向披靡。

9月16日早晨7：30，海军陆战队的这两个团相互取得联系，并封锁了该市。与此同时，海军陆战队第七团和步兵第七师登陆，而上述两个先锋团则向首尔进军。虽然海军陆战队和陆军的挺进切断了同南方的铁路和公路联系，从而在头几天里就实现了登陆的目的，但是朝鲜军司令部像麦克阿瑟一样，了解首尔的巨大象征重要性，并试图死守这个首都。海军陆战队第一师师长史密斯少将正中朝鲜人的计策。

史密斯忽视了海军陆战队的一位连长巴罗少尉所发动的一次出色的奇袭；这次袭击使海军陆战队在永登蒲占据了一个极好的战术位置。朝军阻止了海军陆战队第一师从南北两面攻占这一郊区的努力，但却没能守住中心位置上的一片低洼的稻田。巴罗率领他的连悄悄穿过这片水田，直接进入市中心，坚守北面永登蒲的主要出口处的街垒。

这样一来，朝军就不得不从这个郊区撤走，使海军陆战队得以趁机从首尔南面直接渡过汉江，从而包抄朝军在汉江北岸和首尔西面不远处建立的一条3英里长的坚固防线。

然而，史密斯将军拒不从南面实施包围，坚持要求使海军陆战队直接从正面攻击朝军在河北岸建立的构筑了工事的阵地。虽然史密斯大量采用了空袭和炮击，这次战斗仍然沦为一次大浴血。虽然海军陆战队最终攻破了这条防线，但是却花费了3天的宝贵时间[编者注：9月22日至25日。]。

艾尔蒙德将军对史密斯的代价极高的正面攻击十分恼火，于9月25日派陆军第七师第32团渡过汉江，从而使朝鲜军无法守卫其首尔阵地；直到这时，朝军的司令官才下令撤出首尔。

虽然朝军将其机动部队北撤，但是他们在首尔街道上的许多齐胸高的街垒后面留下了小股部队；这些街垒是用装满泥土的袋子筑成，前面埋下了反坦克地雷。在街垒背后，朝军操纵着反坦克武器和机枪；而另外一些朝鲜士兵则躲藏在附近的建筑物内，从窗户和门向外射击。这迫使海军陆战队和陆军的士兵们展开了一系列小规模的恶战，双方都有伤亡，该市的很大部分被毁。

美军部队一遇到街垒，就派海军陆战队或海军的飞机对这些阵地发射火箭或进行低空扫射。然后，榴弹炮和火炮齐射，以使朝军的士兵们无法抬头，工兵趁机引爆地雷。然后，两三辆中型坦克向街垒进攻，摧毁其中的枪炮，突破屏障，而步兵则紧随其后。突破一座街垒有时要花费一小时，留下的则是首尔扭曲的、燃烧着的一部分。

仁川登陆取得了引人注目的成功。正是这次惊人的胜利促使美国迅速入侵朝鲜。仁川登陆后，麦克阿瑟的声望迅速升高；杜鲁门政府比以往任何时候都更加重视他的意见，即消灭朝鲜军队，创建一个统一的朝鲜。

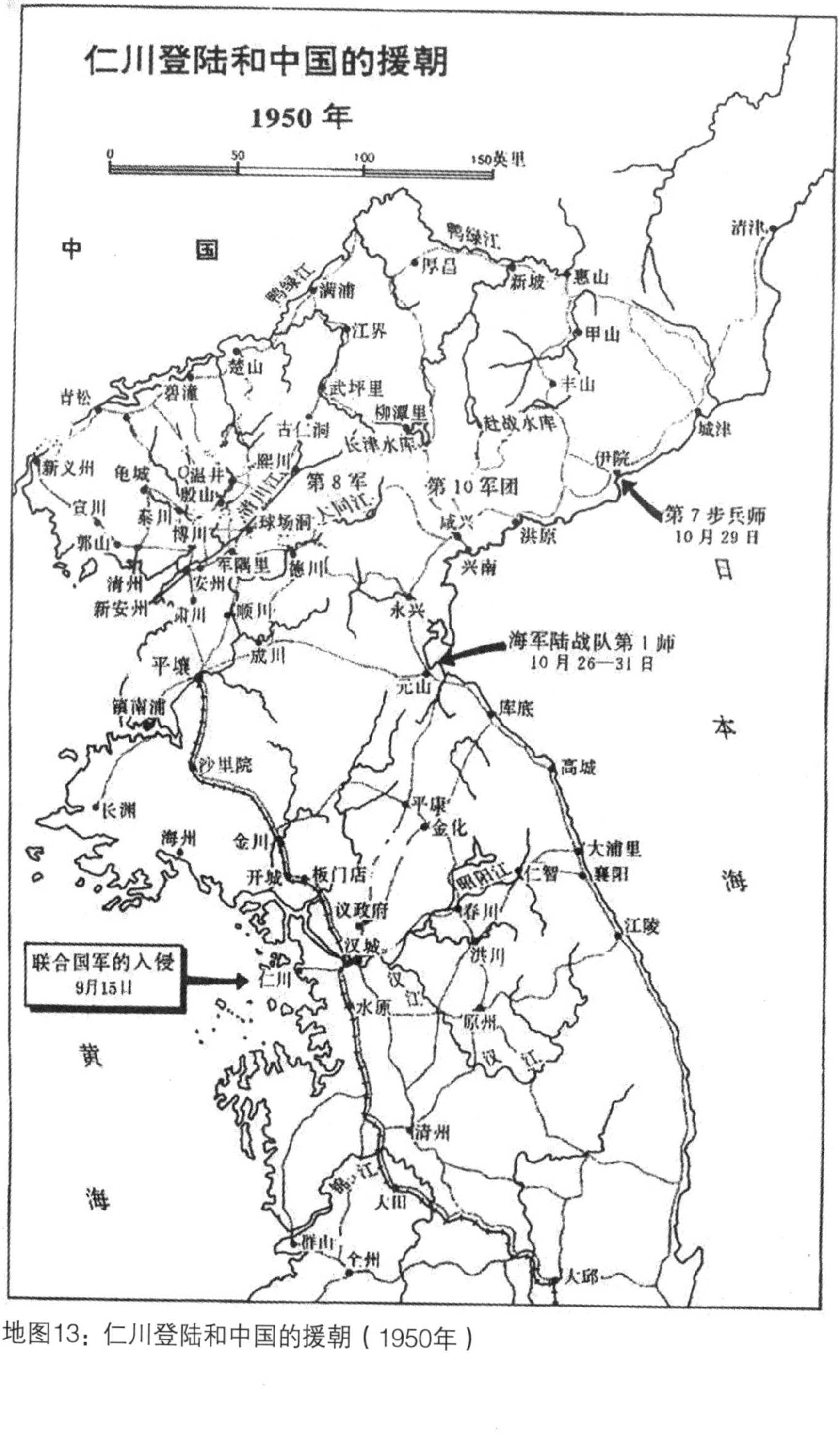

地图13：仁川登陆和中国的援朝（1950年）

在听取麦克阿瑟意见的同时，杜鲁门政府却忽视了中国军队在鸭绿江畔的集结，而是断定，斯大林不会在朝鲜问题上冒爆发世界大战的风险。由于杜鲁门、艾奇逊和其他美国高级领导人确信，中国是苏联顺从的卫星国，所以他们认为中国共产党军队不会采取独立的行动。

杜鲁门政府在决定入侵朝鲜时没有考虑到中国，而是听从了一心想击溃中共军队的麦克阿瑟的意见以及美国的舆论。仁川登陆成功后，美国舆论倾向于其一贯的争取彻底胜利的愿望。

9月27日，杜鲁门批准了参谋长联席会议的一项指示，即授权麦克阿瑟向三八线以北进军。美国在下达了这项命令之后才寻求联合国通过联大授予的出兵统一该国的权力。1950年10月7日，联合国以47票对5票批准出兵朝鲜和举行联合国监督下的选举，以建立一个统一的朝鲜。杜鲁门指示麦克阿瑟完成在三八线以北的行动，他顾及苏联和红色中国的唯一表示，是命令麦克阿瑟在靠近朝鲜北部边界的地区使用韩国部队，但也没有禁止他在那里动用美军。

与仁川登陆的战略杰作不同，麦克阿瑟为出兵朝鲜而做的准备糟糕到惊人的程度。正像人们后来看到的那样，麦克阿瑟将其部队暴露在巨大的军事危险之下；而这些危险大多是可以避免的。

麦克阿瑟的这些决策表明，他不像拿破仑、“石壁”杰克逊或者隆美尔那样是一位高明的统帅。虽然仁川登陆证明他能够做出出色的战略决策，但是，他企图征服朝鲜的计划却显示出了不完全正确的判断力和对所面临的挑战的忽略。高明的军事统帅像任何领导人一样也会犯错误。但是，高明帅才的一个特点是能够清楚地观察战略局势，克服危险，抓住机遇。

麦克阿瑟缺乏这种眼光。他看到了一些机遇，比如夺取首尔，从而切断朝鲜军的生命线。但是，麦克阿瑟没有越过他的这一最大胜利看到更大的范围。虽然他已经对华盛顿说他打算毁灭朝鲜，但是他并没有制订关于采取这样一项行动的计划——要么通过杜鲁门批准，权衡中苏两国干预的可能性；要么制订一项作战计划。在他夺取首尔之后的混乱之中，他本来会有一个机会，侵占朝鲜的绝大部分领上，使朝鲜来不及集结大部队来与他抗衡。同样，当杜鲁门批准出兵朝鲜的时候，麦克阿瑟没有采取预防措施来防止可能遇到的反击，任凭他的军队被分散成两翼，彼此无法相互支援。

仁川登陆的成功也许提供了现代史上一个最好的例子，说明一次伟大的胜利能够在公众心目中造成一种信念，即这样一次胜利的创造者不会失误。由于麦克阿瑟也相信自己的军事才能，所以他在工作中并没有遇到内部的不利因素。这种公众的爱戴和个人的傲慢加在一起，造成了美国历史上最惨重的军事失败之一。

消灭朝鲜军事力量的最佳方案，是派遣具机动能力的部队从首尔前往日本海之滨的元山，以封锁集结在三八线北面不远处、半岛中部草原和金化附近的朝军的退路。此后，联合国军本可全部集合起来向北进攻朝鲜首都平壤。但是，麦克阿瑟撤走了他的唯一新增部队——已经集中在首尔的第十军团——派它经过海上的长途航行，到元山去登陆，同时派由于从釜山长途跋涉而精疲力竭的第八集团军向北进攻平壤。

麦克阿瑟原来的想法是由第十军团从元山向西，第八集团军从首尔攻击，形成一个巨大的钳形运动，以孤立草原和金化周围的朝鲜部队。但是第十军团的两栖运动姗姗来迟，以至于韩国步兵徒步行军，已经于10月10日到达元山，而第十军团的部队则还没有上船。因此，朝军仅存的少量训练有素的部队得以重新组成朝鲜军队。

布莱德利事后说，要是在美军的指挥和总参学院的课堂上，麦克阿瑟的计划会遭到嘲笑，被扔出教室。可是，麦克阿瑟的声望当时如此之高，因而参谋长联席会议未加评论就予以批准。

从仁川登陆开始，美国一直无视北京的抗议和中国部队在鸭绿江彼岸的大批集结。1950年10月3日早晨，中共总理兼外交部长周恩来发出了他的最强烈警告。他对印度大使——因为当时华盛顿与北京没有外交关系——说，如果美军越过三八线，中华人民共和国将进行干预，但是如果只有韩国军队越过三八线，他则不会干预。华盛顿于几小时后得到这一消息，但杜鲁门总统和艾奇逊国务卿不予理睬，而是允许麦克阿瑟的入侵于10月9日展开。

10月6日，中共中央政治局举行了一次紧急会议 [编者注：在10月上半月多次召开会议。]，做出了一项机智的决定，即派遣"志愿军"赴朝 [编者注：10月8日，毛泽东发出《给中国人民志愿军的命令》。]。

红色中国因而没有对美国提出直接的挑战；这项决定使美国无法进攻中国，但也是符合美国利益的，因为杜鲁门政府担心，倘若苏联认为红色中国遭到直接威胁，便可能进行干预。

这场战争被限制在多山的朝鲜，这样一来，中国人便能够利用他们在军事上的长处——人力、挖掘堑壕和构筑工事的能力及轻型武器——同时使美军在重型武器和空中力量方面的优势部分地失去作用。

在彭德怀将军指挥下，中国人在鸭绿江沿岸集结了12万人[编者注：12个师。]，6万后备部队随后；

10月18日 [编者注：北京时间为10月19日。]，这支部队开始往朝鲜进发；这是历史上最令人瞩目的秘密调动之一。部队只在黄昏到凌晨4点期间行进，每天早晨5点之前就隐蔽起来。因此，美军的空中侦察人员没有看到任何行动；不出几天，全军就隐蔽在江南40到50英里处的高山之中。

与此同时，杜鲁门总统飞到东京东南2000英里的威克岛，于10月15日会见了麦克阿瑟，企图说服麦克阿瑟相信他的对外政策观点，并借助于这位将军的荣耀，争取在11月份的国会选举中使民主党同党们获胜。在这次会晤中，麦克阿瑟对杜鲁门和布莱德利将军说，中国人不会插手朝鲜战争，如果插手，将被剿灭。虽然中国人的警告是明确的，鸭绿江沿岸的备战也是未加掩饰的，但是麦克阿瑟的声望十分令人生畏，以至于杜鲁门和布莱德利没有对他的判断提出异议。

第八集团军突破朝军的抵抗，长驱直入，夺取了平壤，然后向北压过去；与此同时，第十军团在从元山登陆后沿东海岸北上，企图夺取朝鲜东北部。麦克阿瑟允许这两项行动在同一时间里彼此分离地进行，以至于分散了他的两支主力部队。使这种在敌人面前未能集中兵力的根本性失败加重的，是纵穿朝鲜半岛的由高山形成的脊柱。这些高山使两翼保持分散，无法相互配合。假如美军的这些师保持集结状态，它们即将遭受的灾难本来是能够避免的，起码是能够减轻的。

麦克阿瑟还犯了一个军事错误：他允许第八集团军指挥官沃克中将将挺进部队分散成一些彼此不连接的纵队，分别单独地沿着不同道路向鸭绿江前进。这种不协调的战术只适用于清除士气低落的故军残余，而不适用于向着可能与一支庞大敌军对峙方向前进。

彭德怀将"敌人趾高气扬的、分散和莽撞的挺进"视为一个大好机会，修改了他所制定的谨慎防御战略。彭集中了9万大军来对付第八集团军，准备发动一次毁灭性和警告性的打击。

1950年10月23日，第八集团军的先头部队到达鸭绿江南面大约60英里的一条大河——清川江。虽然没有中国军队的影子，但是在如此靠近前线的地方，杜鲁门关于只动用韩国军队的命令应得到执行。但是，麦克阿瑟取消了所有限制，命令美军也向鸭绿江压过去。

10月25日，中共军队从清川江北岸不远处的山中冒了出来，击败了一支由3个师组成的韩国部队，使之分散成惊恐的小股部队；并歼灭了韩国军队的另外一个团。沃克将军动用了美军第一骑兵师[编者注：实际上是一支步兵部队。]的一个团，但是在此后几天里的一系列激战中，中国部队歼灭其中的一个营，将其余溃不成军的部队赶回到清川江彼岸。

沃克大惊，撤退了他在江南的所有部队。11月6日，中国军队突然退出了战场，进入了北面的山中。中国方面从未透露过他们为什么这样做，但是情况很可能是，北京希望这一警告性打击会使敌人停止前进，双方能够就在鸭绿江南面某处建立一条共同停火线达成协议，从而使美军免于接触中国边界。

麦克阿瑟没有吃一堑，长一智。当参谋长联席会议小心翼翼地提议谨慎行事时，麦克阿瑟激烈地驳斥说，阻止中国人参战的唯一办法是向鸭绿江挺进。可是，中国军队已经在江南严阵以待，并且已经袭击了联合国军！参谋长联席会议无视这些事实，听从麦克阿瑟的意见，展开了进攻。

在从11月6日至11月24日联合国军发动新攻势的间歇期间，彭聚集了30万以上的中国军队，18万在西部，12万在东部面对第十军团。联合国军司令部纠集了24.7万人，空战人员除外；他们的火力几倍于中国人。

中国军队拥有很少的火炮；他们依靠小型武器、机枪和榴弹炮。他们没有多少车辆，徒步投入战斗，靠人背肩扛运输其武器、弹药和食品。虽然这严重限制了他们的机动性，但是他们不必依靠公路，能够翻山越岭，在完全出人意料的地方出现。这种灵活性使中国军队得以利用其十分有效的战术：夜间渗透、正面攻击、侧面包抄和后方封锁。

第八集团军的攻势在最初几天里取得了纵深突破。但是，中国军队知道，位于右侧或东侧的、装备和素质都不如美军的、有3个师的韩国军团是联合国军链条上的薄弱环节。11月24日至25日夜间，在韩国军团的最右端、清川江沿岸的美军主要阵地东面25英里的太白山区的德川，中国军队攻击了韩国军队的第八师。从战略上讲，这是对清川江畔的美国整个阵地的一项包抄行动，它取得了立竿见影的效果。

中国军队采用渗透、包抄和切断后路的战术，粉碎了这个韩国军团。到11月27日为止，他们已经突破到第九军团背后、炮兵支援部队的位置；该军团包括美军第25师和第二步兵师以及新近到来的有5200人的土耳其旅，把守着联合国军战线的中央位置。这些突破有彻底打乱第八集团军方寸的危险。此后不久，在第十军团的前线上，中国军队包围了海军陆战队第一师的很大一部分，在长津水库南端附近将第七步兵师的3个营歼灭殆尽。

11月25日至26日晚，中国军队袭击了第25师和第二师。第25师当时正在渡河，因而能够撤退到河岸上，并退向南方，从而逃脱了中国军队的最沉重打击。而位于右面的有1.5万人的第二师却首当其冲。

第二师的阵地集中在清川江畔球场洞附近，距离德川15英里。中国军队从四面八方打击了该师的左翼，即第九团，使之濒于崩溃。

虽然后备部队暂时阻止了中国军队的突破，但是这个师处境极端危险。右翼上的韩国部队的崩溃，破坏了向东南撤退的任何可能性。球场洞附近的河畔没有南北方向的道路。这样一来，就只剩下了一条撤退路线：一条沿河谷向西南15英里到达军隅里的道路；从那里才有一条18英里长的路向南通往秀泉。在那里第一骑兵师和英军第27旅严阵以待，企图阻止中国军队任何进一步南进的行动。

保持通往军隅里道路的畅通至关重要，否则，第二师会被阻挡在球场洞附近，被迫投降。11月26日至27日夜，中国军队像前一天夜间一样猛烈地袭击了第二师。拂晓时分，由于右翼有崩溃的危险，第九军团司令库尔特派土耳其旅沿从军隅里到德川的路东进，以期使中国军队的前进速度放慢。土耳其人只向军隅里以东走了8英里，就与一支中国部队遭遇，被其迅速包围。

　　面对这一严重威胁，沃克将军命令整个第八集团军撤退。其中的大多数部队迅速照办了，但第二师和土耳其旅处境仍十分危险。然而，土耳其人突破包围，向军隅里撤退。他们损失惨重，但是阻止了中国军队封锁第二师的退路。

　　第二师的一些部队在清川江谷地旁边的山上形成阻挡阵势，坚持了足够长的时间，使主力部队得以撤向军隅里。然后他们也撤向这个村庄。该师和土耳其人准备南进到顺天。

　　然而，11月29日晨，第二师师长凯泽获得惊人的消息：中国军队在军隅里南面10英里处的通往顺天的生命线上建立了一条封锁线。凯泽派一个步兵侦察连试图突破封锁，但是失败了。虽然英军第27旅从顺天北进，但是它需要一段时间才能到达这条封锁线。

　　凯泽将军意识到，他的师和土耳其部队有崩溃的危险，因而于次日早晨7：30命令他的第九团——此时只剩下400人，是正常兵力的1/8——在从军隅里通向顺天的路上发动进攻，该师的其余部队随后。

　　第二师和土耳其部队的溃退是惨重的。第九团在中国军队的顽强抵抗下慢慢地突破了封锁。与此同时，其他中国部队在道路两旁的丘陵上集结，向任何行进的物体射击。美国人和土耳其人很快就意识到，他们要走面前这条路，不死也得重伤。

　　每当隐蔽起来的中国士兵开始射击，联合国军士兵便躲进壕沟，他们丢弃的车辆妨碍了部队的行进。

　　虽然装备着火炮的防空半履带式车辆有时向路旁喷射火焰，但是这支部队所以死里逃生，最主要的原因是美军飞机不断沿这条路飞来飞去，对路边任何显得可疑的东西都进行扫射。

　　当飞机轰炸时，中国军队的榴弹炮和枪炮便陷入沉默。但是，一旦一架攻击机在扫射之后抬起机头，中国军队就重新开火。因此，行进是短暂而间断的，不是由于中国军队的射击，就是因为被击毁或燃烧的车辆。这些车辆必须被绕过或推到路旁。剩下的卡车和运兵车辆很快就载满了伤员。沿路尸横遍野。

到晚9:30，先头部队清除了最后的封锁，土耳其人和美国人进入了顺天。土耳其旅大多数阵亡或被俘，而美国第二师也伤亡5000人，因而丧失战斗力。

虽然彻底的灾难是避免了，但是联合国军的士气崩溃了。第八军全军开始向南疯狂地溃退。到12月中旬，它已忐忑不安地守卫在三八线以南的地方，溃退120英里——这是美军历史上最长的撤退——完全丧失了主动性。

与此同时，在第十军团中，2.5万美国和少量韩国及英国部队在极冷的天气中开始了艰难的撤退，损失了6000人才到达海边的兴南，于12月24日撤回韩国。企图征服朝鲜而做出的巨大努力失败了。

杜鲁门政府如果不理睬麦克阿瑟将军的施压，而是冷静地考虑美国的国家利益，本来是能够避免大量伤亡和失败的屈辱的。麦克阿瑟本人的声望也丧失了许多，因为他判断失误，使美国遭到连续惨败，包括失去首尔和于1951年初向韩国撤军。只是由于利用了中国人落后的后勤系统这一缺陷，美军才得以于1951年春重新逼近三八线。

麦克阿瑟始终都寸兵不让。1951年3月，他故意破坏了华盛顿为实现停火而做出的努力。这一叛逆行为臭名远扬，以致杜鲁门终于解除了他的职务。虽然这结束了这位将军在军事决策上的影响，但是杜鲁门政府于1951年6月拒绝了中国的一项停火建议，任凭战争继续下去。身为共和党人的艾森豪威尔总统于1953年7月最终结束了敌对行动；停战条件与中国人两年前所提出的基本相同——沿着战线停火。

第11章 战争的持久统一性

在本书中，我们同战士们一起走过了两千多年的历史。我们的战友们包括罗马军团的士兵、蒙古骑兵、拿破仑时代的军人、美国南北战争中的叛军和北方佬、第一次世界大战中的英国兵、阿拉伯的劳伦斯手下的贝都因人、中国的革命者、英国被称为"沙漠跳鼠"的装甲师士兵、隆美尔的非洲军团和麦克阿瑟的仁川入侵者。

不管武器多么不同，其机动能力相差多么大，所有这些时代的士兵们所追随的指挥官都必须克服几乎完全相同的障碍。

现在也许应当做的一项工作是，总结我们所考察过的战役中的教训，证明在我们所研究过的两千年兵法中始终不变的战略原则。这将向我们表明，战争具有一种同一性，超越了时代和科技的发展，它使得公元前210年的西庇阿的任务同1991年指挥沙漠风暴行动的施瓦兹柯普夫的使命实际上是相同的。

战争仍然是一门艺术，而不是一门科学，尽管从有组织的社会出现以来，取得了大量的武器发明，建立了庞大的军火工业，科技的发展一日千里。我们已经看到，虽然战争的原则很简单，任何人都能学会，但是每项原则的应用却要求人们专心致志、技艺高超、小心谨慎。我们看到，高明的统帅们认识到，在一个具体情况中，应用一项原理能够取胜，而另外一项同样合理的原理却可能带来灾难。仅举一例：南方邦联军如果抱成一团并处于消极状态，便会灭亡；面对这一情况，罗伯特·李和"石壁"杰克逊违反了集中兵力原则，把部队分散开来，以实施另外一项原理，即部分兵力出人意料地袭击敌人后部。这样一来，他们便于1862年夏季在塞肯德马纳萨斯打了胜仗。

让我们根据前面几章中的实例说明，不同时代的高明统帅们如何应用兵法中的一些突出的原则，并且表明这些原理是不变的，尽管它们在其中得到应用的情况发生了深刻的变化。

出其不意，攻其无备

公元前217年，汉尼拔率其军队穿过托斯卡尼的阿努斯河畔险恶的沼泽地，而不是从正面迎战罗马军队。罗马人没有料到这一招，所以没有封锁这条道路，使得汉尼拔得以在罗马军队背后出现，占据了通往罗马的一条畅通无阻的道路，从而迫使罗马人放弃其有利地势，追击迦太基人。汉尼拔在特拉西梅诺湖畔设下埋伏，袭击了慌乱中的罗马人，几乎使之全军覆没。

位于西班牙的迦太基人认为西庇阿会袭击他们的军队，因而没有守卫其首都和主要港口新迦太基。西庇阿于公元前209年夺取这座城市，切断了同迦太基的主要海上联系，使得几个西班牙部落倒戈到罗马人一边，很快就使迦太基人陷入战略上的守势。

1220年，成吉思汗猛烈攻击了土耳其斯坦的锡尔河沿岸城市，从而使花剌子模军队的注意力集中在那里。此时，他率领一支蒙古军队穿过被认为不可逾越的克孜勒库姆，以夺取敌人后方远处的不花剌，从而孤立了花剌子模首都撒马尔罕，阻止了南来的增援。蒙古人一举攻克撒马尔罕，摧毁了花剌子模帝国。

1862年，两支联邦军部队向弗吉尼亚州的谢南多厄谷地中的斯汤顿挺进；与此同时，由麦克道尔率领的另外一支联邦军部队则从弗里德里克斯堡进军，以增援等待与其会师、共同进攻里士满的麦克莱伦。"石壁"杰克逊没有迎战这三支部队中的任何一支，而是赶到蓝岭山脉以东的一处铁路会合点。联邦军领导人以为他可能会北进，因而命麦克道尔停止前进。杰克逊未发一枪就使麦克道尔部失去作用，并使麦克莱伦对里士满的进攻推迟。这时，他回到谢南多厄谷地中，迫使一支联邦部队退入阿巴拉契山脉，使另外那支部队陷于孤立，很容易受到他的打击。

1940年，当德国大军袭击荷兰和比利时的时候，英法两国的机动部队急忙北进，以阻止德军的挺进。早已料到这一招的曼施坦因说服希特勒，派其绝大部分装甲部队越过被认为不可逾越的阿登高原，去夺取仅由杂牌军守卫着的色当。这样一来，德国装甲部队便可以几乎不受任何阻挡地长驱直入，到达英吉利海峡，使赶到比利时的同盟军队落入陷阱，使法国必败无疑。

迂回包抄，攻敌后部

1796年，拿破仑率领其部分军队在意大利北部波河畔的瓦伦扎示威，从而使奥地利军队的指挥官相信，那里是法军的唯一目标，把奥地利的守卫部队吸引到此处。然后，拿破仑率主力部队沿河而下，来到皮亚琴察，从而破坏了敌人所有可能的防线，迫使奥军放弃除曼图亚之外的整个意大利北部。

1862年，"石壁"杰克逊使联邦军司令班克斯相信，他即将从正面攻打谢南多厄谷地中的斯特拉斯堡；而班克斯的绝大部分军队都集中在那里。但实际上，杰克逊却翻过马萨纳滕山，夺取了敌后的弗兰特罗亚尔，切断了同华盛顿的直接铁路联系，迫使联邦军部队溃不成军地撤退。

1918年9月，英国的艾伦比将军在巴勒斯坦佯攻土德两国军队的东部战线，实际上却出人意料地攻击了地中海附近的西侧前线，突破敌人防线，形成一个巨大缺口。这时骑兵和装甲车从这个缺口冲过去，迅速穿过沙龙平原，夺取了卡尔迈勒山上的关隘，封锁了土耳其人的所有铁路线和北撤路线。土德两国军队在试图向东退入约旦河谷时崩溃。英国和阿拉伯军队攻克叙利亚的大马士革，并进一步向前推进，迫使土耳其于10月31日投降。

1941年初，跟在19辆坦克后面的一支英军部队绕过正沿利比亚海岸公路撤退的意大利部队，在贝达福姆建立了一条战略封锁线。在此处，英军装甲兵摧毁了试图撤退的大多数意军坦克。由于失去坦克的支援和退路被切断，其余的意军投降了。

占领中央位置

1796年，意大利战役的战幕一拉开，拿破仑就在热那亚以西的亚平宁山脉中使自己的军队处于皮耶迪蒙特军和奥地利军之间，从而得以各个击破。后来在卡斯蒂廖内，他使自己的军队处于两个奥军主要进攻纵队之间，击溃其中之一，然后打败另一个。

1862年，"石壁"杰克逊进军谢南多厄谷地中的共和港，从而阻止两支联邦军会师，然后攻击其中一支部队，迫使其后退，从而使得另外那支联邦军也撤退了。

遵循"分进合击"原则

虽然这一术语是法国18世纪军官皮埃尔·博塞创造的，但是在1241年蒙古对欧洲的入侵中，速布台就采用了这一原则。一个蒙古骑兵纵队向西很快地攻入喀尔巴阡山脉以北的波兰和德国，从而吸引所有敌军集中到这一地区。与此同时，速布台向多瑙河畔的布达佩斯派出了三个纵队，一个纵队从北面兜一个大圈包抄，另一个纵队从南面穿过特兰西瓦尼亚，第三个纵队直取这座城市。这些相距很远的分别突破使奥地利等国军队无法与匈牙利人会合。即使一个纵队被阻挡，其他部队也能到达布达佩斯。几天后，蒙古人就歼灭了已经毫无援助的匈牙利军队。

1796年，在意大利战役之初，拿破仑命令各纵队从前线上一些相隔很远的地点前进；他明白，敌人不能同时无处不在，假如一个法国纵队受阻，其他纵队能够继续前进，去夺取敌人的重要阵地。一俟主要的抵抗力量被摧毁，拿破仑就采用了这一原理的一个变种，即派三个纵队，彼此相距一天路程，进攻皮耶迪蒙特首都都灵。每个纵队，像一只章鱼摇动着的触角，能够抓住其道路上的任何敌手，这时其他纵队就能够包围上来。这一威胁使皮耶迪蒙特政府俯首称臣。

1864年，联邦军的谢尔曼将军在夺取亚特兰大之后，兵分几路穿越佐治亚州。南方邦联的守军不知道北方军队是瞄准了东北方的奥古斯塔，还是东南面的梅肯，因而分兵把守两地。谢尔曼从这两地之间穿过，夺取了萨凡纳。当谢尔曼掉头向北攻入南卡罗莱纳州时，邦联军吃不准他的目标是查尔斯顿还是奥古斯塔。谢尔曼又从两地之间穿过，攻占了哥伦比亚，从而迫使叛军放弃了奥古斯塔和查理斯顿。最后，邦联军又是不知道谢尔曼是向夏洛特还是威尔明顿进军。而他却夺取了两地之间的斐德维尔，然后进军戈尔兹伯勒；这时，他已经把南方邦联的后方摧毁殆尽，迫使战争停止。

1935年年初，在中国中南部的贵州省，中国共产党的军队腹背受敌，遭到由蒋介石指挥的占有巨大优势的国民党军进攻。共产党领导人毛泽东命令一个纵队佯装向西直取贵州省会贵阳。这样一来，就把从他背后逼近的全部国民党部队吸引开了。这时，毛迅速向东北进军，使蒋以为他打算进入湖南省，便把一支庞大的国民党军留在湖南边界地区。可是，毛转向西北方向，袭击了他的真正目标、贵州北部的遵义；他几乎没有遇到任何抵抗，就夺取了该地。虽然毛未能像他所曾希望的那样在遵义建立一个根据地，或者渡过长江上游，进入中国西部省份四川，但是他已经大大分散了蒋的兵力，以致当他沿旧路返回，进军西南省份云南时，国民党军无法集结起来对付他。

进行会合式的战术打击

这是实战方案的精髓，是通过把进攻力量分成两个或更多部分同时攻击目标来实现的。这一方案的最了不起的实例之一是公元前216年在坎尼发生的战斗。汉尼拔命其不大可靠的高卢和西班牙士兵作为阵势的中央部分向前推进，与此同时，令两侧的比较可信赖的非洲步兵停止前进。当罗马人逼迫这条凸出的战线后退时，汉尼拔派其非洲兵攻击罗马人的两侧。与此同时，迦太基骑兵在赶走罗马骑兵之后，袭击了罗马军的后部，切断了它的退路。这是历史上最了不起的歼灭战：7.6万罗马人有7万阵亡。

公元前206年在西班牙的伊利帕，西庇阿出其不意地以这样一种阵形组织其只有迦太基人的阵线一半宽的、兵力也只及其一半的军队：他把他的不可信赖的西班牙新兵放在中央，把坚强的罗马军团士兵置于两翼。而吉斯艾则把他的迦太基王牌正规军放在中央。把比较虚弱的西班牙步兵置于侧翼。西庇阿命其西班牙兵缓慢地进攻迦太基正规军，将其牵制住，同时派其罗马军团士兵快速前进。在接近敌人前线时，罗马士兵们从斜刺里进攻了西班牙兵的前部和两侧，将其彻底粉碎，迫使中央位置上的迦太基正规军——他们根本未与敌人交战——溃败。

1796年在意大利北部的卡斯蒂廖内，拿破仑展示了其"具有战略意义的战法"，即"包围、突破和扩大战果"；他靠这种战术打了许多胜仗。他的第一步做法是以一场正面进攻牢牢地牵制住敌人，并吸引敌人的所有后备力量。然后，他派一支强大的部队从侧翼迂回，袭击敌人的给养供应线和撤退路线。敌人指挥官不得不派兵反击，因而削弱了侧翼防线的一部分。拿破仑能够在战斗之前确定这一点的方位，事先在其对面阵线上集结一支强大的突破力量。这支部队在这个薄弱点上打开一个缺口，然后骑兵和步兵从这个缺口涌入，从而破坏敌军的力量均衡，造成其溃败或解体。

结论

高明的统帅，不论有意还是无意地，都试图遵守孙子在差不多2400年前阐述的一条箴言："不战而屈敌之兵，善之善者也。"当然，这是一个理想，在实践中很少能够实现。但是，高明的统帅们几乎总是千方百计地打击对敌人来说至关重要的、但没有防卫或者防卫力量薄弱的目标，从而尽量缩小自己将会遇到的抵抗力量。

他们有时通过攻击敌人后部来做到这一点，成吉思汗、拿破仑和"石壁"杰克逊使这一做法遐迩闻名。有时他们袭击敌人虚弱的侧翼，譬如西庇阿在伊利帕就是这样做的。还有时，他们兵分几路，使敌人对其意图迷惑不解。速布台和谢尔曼靠着这一方案征服了大片领土。

一位高明的统帅必须使对手以为他瞄准一个目标，而他的实际目标却是别处；抑或，他必须迫使对手为保住一地而让出另外一地。鉴于没有任何指挥官愿意暴露自己的弱点，所以高明的统帅必须智取敌军。因此，历来的伟大将帅们都实行了"石壁"杰克逊于1862年阐述的策略：对敌人，要"迷惑、引入歧途和出其不意"。